AF252255

LE
DANGER DES MILICES

PAR

le Général LEWAL

PARIS

LIBRAIRIE MILITAIRE DE L. BAUDOIN

IMPRIMEUR-ÉDITEUR

30, Rue et Passage Dauphine, 30

—

1898

LE

DANGER DES MILICES

Extrait du **Journal des Sciences militaires**

(Années 1897 et 1808.)

LE
DANGER DES MILICES

PAR

le Général LEWAL

PARIS
LIBRAIRIE MILITAIRE DE L. BAUDOIN
IMPRIMEUR-ÉDITEUR
30, Rue et Passage Dauphine, 30

—

1898
Tous droits réservés.

LE
DANGER DES MILICES

I.

LES FORMES DU RECRUTEMENT.

Parmi les problèmes que tient, entre ses griffes, le Sphynx des âges futurs, la question militaire occupe la première place. Elle se lie à tous les intérêts sociaux, de quelque ordre qu'ils soient.

Entre la guerre et la paix, l'hésitation ne se peut. La paix est préférable, et la guerre nécessaire. La guerre est en opposition avec le sentiment naturel de conservation de l'être. Les principes religieux, comme ceux d'humanité, la réprouvent. Néanmoins elle a toujours existé, dure encore et se prolongera, sans doute, bien longtemps.

La guerre est une œuvre de diffusion, de civilisation, de salubrité pour les nations. Le sentiment populaire l'éprouve d'instinct : il craint la guerre, par suite des malheurs qu'elle engendre ; il l'aime, à cause de sa grandeur et de ses bienfaisantes conséquences. La guerre est la poésie des masses ; elle frappe vivement leur imagination. Les premiers bardes colportaient des chants d'amour et de guerre. Le plus ancien poète connu, Homère, a célébré les combats.

Ces sentiments des premiers âges subsistent encore actuellement. Ils se maintiendront probablement toujours dans le cœur des hommes. La forme a varié, elle se modifiera peut être dans l'avenir : le fond restera intact.

La guerre, plus que la paix, est l'objectif. Le moyen, c'est l'armée, la nation en armes, la milice ou rien, selon le point de vue où l'on se place.

L'armée permanente ou la foule armée, le militarisme ou le milicianisme constituent les termes opposés de ce débat. Comment résoudre cette énigme de l'avenir, au point de vue des meilleurs intérêts de notre pays d'abord, et de l'humanité ensuite ? La question se présente toujours ; sa solution reste contestée.

En tous pays aujourd'hui, le lettré, le savant, le physiocrate, le moraliste, le politique se sentent violemment attirés vers cette étude. Chacun l'examine selon sa spécialité, en y apportant ordinairement peu de connaissance de la question. Les jugements assez superficiels de la partie civile de la population, se trouvent en contradiction avec ceux des militaires, assurément plus compétents.

La discussion n'est pas un mal, quand elle repose sur des arguments approfondis. Souvent il n'en est pas ainsi, et l'on traite parfois les institutions militaires avec une légèreté regrettable. Le patriotisme imposerait plus de gravité ; il est le pivot et le but ; il domine tout dans ce débat.

Chose étrange : les socialistes réclament à présent la milice, qui existait à l'origine des sociétés et s'est représentée maintes fois depuis. Quelle évolution s'est accomplie dans les idées sociales, pour renverser à ce point les idées militaires ! Après avoir passé par des périodes d'armées permanentes, on préconise aujourd'hui la décadence des institutions militaires. En même temps, les adeptes passionnés du nombre, les partisans des nations armées, effrayés de la multitude même, reviennent peu à peu à la forme du service restreint intensif et veulent reconstituer des armées permanentes réduites.

D'un côté comme de l'autre, quelques-uns se prononcent également contre ce qui existe, contre le résultat de tant d'efforts. On ne saurait y voir qu'une tendance peu justifiée à l'innovation. Deux systèmes tranchés et opposés sont en présence : les uns émettent des aspirations plus ou moins réfléchies vers la milice, substituée à l'armée ; les autres proposent une armée limitée, purement professionnelle.

Ces deux formes s'accusent dans des publications diverses. Elles se manifestent dans des projets de loi, déposés en grande quantité sur la tribune de la Chambre des députés, surtout dans ces derniers temps. On peut les résumer par ces deux termes : armée ou milice. Leur discussion, leur comparaison est à la fois un sujet des plus importants et des plus intéressants de l'époque actuelle.

Les longues périodes de paix ont une influence émaciante; le bien-être y tient une place énorme. On oublie les enseignements du passé, les fautes, les erreurs, les changements, et, cherchant à préparer l'avenir, on revient au point de départ, qui semble une nouveauté. On tourne en cercle, croyant avancer.

L'opinion, entraînée par les rêveurs, les internationalistes, les utopistes, semble disposée à les suivre, faute de connaître la question. Elle a consenti à diminuer le service, qui lui semblait trop pesant, sans envisager combien les étapes sont rapides à la descente. Subissant à son insu les effluves décadentes, d'autant plus dangereuses qu'elles se présentent séduisantes, elle a successivement admis déjà des amoindrissements regrettables sous bien des rapports.

A plusieurs reprises, on a demandé la réduction de la durée du service, en assurant qu'elle ne changeait rien au nombre des combattants, tout en voilant l'altération de leur capacité. La nation ayant approuvé, on a sollicité davantage.

En 1895, j'ai combattu, dans ma brochure : *Contre le service de deux ans*, les propositions de diminution de trois à deux ans. En 1896, j'ai lutté, dans une seconde brochure : *La Chimère du désarmement*, contre la réduction de deux ans à un an par un commencement de désarmement.

A présent, les efforts continuent, s'exaltent même. Socialistes et anarchiques posent assez clairement la destruction de l'armée et son remplacement par des milices. Les progrès en faveur de la désorganisation militaire s'accentuent.

Il faut donc lutter de nouveau et toujours, contre ces tentatives insensées de destruction militaire totale. Ce sera l'objet de cette troisième étude. Leur ensemble présentera ainsi une trilogie : *Contre le service de deux ans; Contre le service d'un an; Contre l'anéantissement de l'armée.*

Le sujet reste le même au fond. Nous essayons d'ajouter, aux arguments déjà présentés, de nouvelles considérations, afin d'empêcher notre pays de suivre les imprudents qui le mènent à sa perte, en enveloppant leurs desseins de séductions trompeuses, de promesses folles.

Le meilleur moyen de les démasquer est de bien faire connaître la question, de montrer ses nécessités, et d'insister sur les dangers des propositions fallacieuses, qu'on s'acharne à présenter comme un progrès.

Le recrutement des forces combattantes est le nœud de toutes les discussions, l'objet de toutes les attaques. Le maintenir ou l'annihiler à peu près complètement, telle est en résumé le fond exact des prétentions formulées.

L'accomplissement du devoir militaire est l'essence même des sociétés, barbares ou civilisés, antiques ou modernes. Il a pris selon les temps des modes et des applications très variés. Considéré longtemps comme un droit, un honneur, on a essayé plus tard de l'assimiler à un servage, à une corvée. Battu en brèche à présent, on tâche d'en diminuer l'importance aux yeux de beaucoup de gens; on s'efforce de le faire passer pour une charge; seulement, on l'appelle l'impôt du sang, et conséquemment on prétend le réduire, l'éluder ou le supprimer.

Le principe du recrutement a existé de tout temps; son application s'est faite selon des modes et des systèmes très divers. Un coup d'œil rapide sur les vicissitudes qui l'ont accompagné sera tout d'abord utile, nécessaire même au début de ce travail, afin de ranimer les souvenirs de ceux qui ont oublié et d'instruire ceux qui n'ont jamais connu ces détails, si instants à présent.

Aux premiers âges des sociétés, apparaissent les guerriers et les milices. Après tant de siècles écoulés, tant de progrès dans les mœurs, des habitudes si différentes, une civilisation qui a tout modifié, on redemande encore des guerriers et des milices.

Étrange bizarrerie de l'esprit humain. Il est assurément instructif de rappeler les transformations des idées en matière de recrutement, d'en montrer les évolutions d'âge en âge, avec leurs causes et leurs résultats. Ce ne sera point une revue rétrospective, mais une véritable argumentation apportée par les faits eux-mêmes. En redisant rapidement cette singulière épopée, on reverra la fin à peu près identique au commencement. Malgré la transformation des mœurs et des sociétés, on revient aujourd'hui à l'ornière ancienne; on veut nous doter, comme progrès,

d'institutions aussi vieilles que l'humanité et tant de fois con-
damnées par la pratique.

Le lecteur trouvera certainement dans cet exposé les éléments
d'une leçon et il sera mis, pour le moins, en garde contre les
prétendues nouveautés, que les décadents propagent en ce
moment.

Le métier des armes est le devoir le plus naturel comme le
plus ancien. Tout le monde est d'accord sur ce point. A l'origine,
la nécessité de protéger la famille a fait de l'homme un combattant. L'établissement des sociétés a confirmé et grandi ce
devoir ou ce privilège. Une nation est contrainte de lutter pour
son indépendance, à peine de ne plus exister. Qui possède
entend conserver, qui manque veut acquérir. D'un côté le conflit
et le vol; de l'autre la guerre et la conquête. La guerre est la
lutte pour l'existence, la propriété, la croyance, la liberté. Elle
est de soi, éternelle. Pour la soutenir il a toujours fallu des
guerriers.

Sans organisation, sans réglementation chez les peuples pri-
mitifs, tout homme est combattant et marche à l'ennemi, sans
exception, sans protestation. Ainsi procèdent encore toutes les
nations sauvages. La nécessité en impose la loi; la récompense
c'est l'honneur, la gloire.

L'essence du guerrier antique est d'être prêt, quelle que soit
l'heure de l'appel, tant que ses forces lui permettent de marcher.
Il s'arme lui-même, il se nourrit à ses frais, ne reçoit aucune
rétribution. Il accomplit un devoir, un acte de dévouement à ses
proches. La compensation est le butin, la considération et les
charges publiques.

Quand la famille devint tribu, et que les tribus formèrent des
nations, le mode de recrutement changea. Le général de Guibert
dépeint ainsi cette transformation : « Le premier art qu'aient
« inventé les hommes a été celui de se nuire. Les passions
« naquirent avec le monde; elles enfantèrent la guerre. Celle-ci
« produisit le désir de vaincre et de se nuire avec plus de succès,
« l'art militaire enfin. A sa naissance, il ne fut d'homme à homme
« que le talent de tirer parti de son adresse et de sa force. Bien-
« tôt il s'étendit avec les sociétés, combina plus de moyens et de
« forces, rassembla une plus grande quantité d'hommes. »

Les armées naquirent de l'obligation d'avoir des hommes

exercés au combat, au lieu de volontaires improvisés. Cette remarque, qui se place aux plus anciens âges, a une imporportance saisissante en raison, précisément, du principe inverse, tant prôné à présent.

II.

CASTE GUERRIÈRE PERMANENTE EN ÉGYPTE.

Les plus vieilles troupes formèrent d'abord une caste guerrière. Chez le premier peuple connu, les Égyptiens, la nation se divisait en trois castes : les prêtres, les guerriers et le peuple. Cette antique société, législatrice initiale du monde, eut tout d'abord la notion d'une institution permanente militaire et l'appliqua nettement.

Selon Hérodote « le nombre des guerriers s'élevait à 250,000 « et chacun jouissait d'une portion de terre (12 aroures) exempte « d'impôt. Répandus dans 17 nomes ou provinces, ils n'avaient « d'autre occupation que l'étude et la pratique constantes de « toutes les parties de l'art militaire, auxquelles ils se livraient « même durant la paix pour se trouver prêts au moment du dan-« ger. »

Ces quelques lignes du père de l'histoire, reproduisent exactement les principes nous guidant aujourd'hui. La profession militaire est créée, une armée permanente est établie, un corps de 12,000 à 14,000 hommes réside en chaque province. Les prêtres prient, le peuple travaille, les guerriers sont chargés de leur protection et de la défense du pays. On ne les paye point, ils reçoivent des terres en échange du service militaire auquel ils sont astreints. C'est le mode encore en usage de notre temps : chez les tribus Makhzen de l'Algérie, dans les colonies frontières de la Russie, et cependant cette organisation florissait déjà en Égypte à l'époque où Joseph était ministre d'un Pharaon.

La vallée du Nil lui devait sans doute une partie de sa splendeur à cause de la puissance qu'elle lui assurait. Cette organisation s'altéra ; la déchéance l'accompagna au point que l'Égypte, conquise par quelques Hyczos (nomades), se vit obligée de laisser partir les Juifs qui y résidaient en qualité d'esclaves, n'osant ou ne pouvant les retenir.

La décadence militaire entraîna la décadence politique puis la décadence sociale. Le fait est à retenir.

J'insiste sur ce point de départ du recrutement des forces permanentes, à cette époque si éloignée de nous. La permanence est de nos jours la forme à laquelle certains esprits reviennent après une longue suite de siècles. C'est, en définitive, la spécialisation militaire et l'abstention du reste de la population dans la défense active du pays. Ces idées, absolument contraires à nos besoins actuels, se retrouvent notamment dans un projet de loi présenté par un député dans les derniers mois de 1896.

De nombreuses transformations se placent entre ces deux termes extrêmes et semblables au fond.

III.

LA FOULE CHEZ LES ISRAÉLITES.

Les Hébreux, vers 1720 avant notre ère, en commençant leurs migrations vers la Palestine, représentent un peuple qui marche. Il comptait au départ « *environ six cent mille hommes de pied, sans* « *les petits enfants. (Exode,* chap. XII, 37.) Il s'en alla aussi avec « eux un grand amas de toutes sortes de gens et de fort grands « troupeaux ». (*Exode,* chap. XII, 38.)

Si chaque homme représentait 6 personnes, ce serait un total de 3 millions et demi. C'est beaucoup d'exagération sans doute.

Au chapitre III, verset 43, le dénombrement des premiers nés mâles de tout âge existants donna 22,273, chiffre relativement faible et ne portant pas le total de la population au delà de 200,000 à 300,000 personnes tout compris. (*Les Nombres.*)

Pourtant, au chapitre XXVI, le recensement ordonné « dans les « campagnes de Moab auprès du Jourdain de Jérico » de tous ceux qui pouvaient aller à la guerre, depuis 20 ans et au-dessus (versets 2 et 4), aurait donné un total de 601,730 hommes faits (verset 51).

Dans leurs années de marche, ils eurent à combattre et furent sans cesse défaits, jusqu'à ce que la génération élevée en esclavage eût été remplacée par une autre mieux trempée.

Ce n'était pas des guerriers ces Israélites ne connaissant

que les travaux manuels. Ils n'avaient, pour ainsi dire, pas d'armes et se battaient à coups de bâton et de pierres. En diverses circonstances, on choisissait dans les tribus les hommes les moins mauvais pour les envoyer à l'ennemi. Le *Pentateuque*, en citant ces modes de recrutement, n'en indique ni la forme ni les conditions.

Les Israélites se ruaient à la conquête des terres comme tous les premiers peuples barbares. On a longtemps confondu ces émigrations avec une armée, et des peuplades entières avec des combattants, choses absolument dissemblables.

La stabilité établie en Judée, une petite armée se forma. Elle remporte quelques succès sur les tribus voisines. Le peuple prospère, puis bientôt décline. En guerre perpétuelle, son armée dégénère au lieu de s'améliorer. La nation, bien des fois subjuguée par ceux qu'elle avait souvent vaincus, supporte sept périodes de servitude en quatre siècles. Elle tombe et se relève selon la situation politique de l'état du pays, mais elle conserve toujours ses mauvaises institutions militaires, résultant de ses vicieuses institutions sociales.

Redevenus indépendants sous les rois; David d'abord, puis Salomon constituent une assez forte armée permanente qui rend au pays sa prépondérance.

IV.

ARMÉES RÉGULIÈRES ASIATIQUES.

A côté de la Judée, l'Assyrie avait atteint un haut degré de puissance par le nombre et la qualité de ses troupes. Ninus poursuit ses conquêtes avec un million d'hommes, à ce que rapporte la légende.

Sémiramis pousse ses incursions dans l'Inde et dans l'Afrique. Elle accroît Babylone et augmente Ninive. Il y a exagération manifeste dans les 3,000,000 de soldats, les 500,000 chevaux, les 100,000 chars qui l'accompagnèrent dans sa marche vers l'Indus.

En faisant la part de la poésie dans ces récits fabuleux, où le merveilleux dénature la vérité, il n'en reste pas moins la preuve de l'existence de forces militaires considérables à cette époque reculée. Ninive avec ses hautes murailles, Babylone avec son enceinte gigantesque, la splendeur de ce royaume et ses importantes conquêtes indiquent l'œuvre d'une armée solide, ainsi qu'un état militaire florissant.

Une disposition particulière est à remarquer. Au temps de Sémiramis, on appelait chaque année à Ninive 400,000 soldats, tirés des différents pays de l'empire. Ils étaient commandés par des officiers régionaux et soumis aux ordres de généraux choisis par le souverain. L'année expirée, ces soldats se voyaient remplacés par d'autres. De cette façon, il n'existait ni milice privilégiée, ni fixité de garnisons, ni généraux ayant le temps de gagner les troupes, c'est-à-dire rien de ce qui détruisit plus tard tant de dynasties.

En Égypte, à partir du règne de Chéops (vers 713 avant notre ère), un grand mouvement se produisit dans l'organisation militaire. Le prêtre Séthos, arrivé au pouvoir suprême, supprima les terres concédées aux guerriers, ceux-ci se retirèrent du service; la force permanente disparut et des volontaires la remplacèrent.

Le sentiment religieux très surexcité chez les populations, joint à un grand nombre de Grecs introduits dans ces troupes improvisées, permit de maîtriser la classe des guerriers démissionnaires qui émigra vers l'Éthiopie. L'enthousiasme, vertu éphémère des volontaires, leur procura d'abord des succès.

« Séthos attaqua et vainquit les étrangers voisins avec les « marchands, les artisans et la masse du peuple qui s'étaient « volontairement rangés sous ses drapeaux, mettant ainsi aux « mains de la multitude les armes qui avaient été jusqu'alors le « privilège des guerriers. » (*Hérodote*, chapitre II, cap. 141.)

La foule succède aux gens de guerre et elle obtient des triomphes. Quel sujet de réflexion après ce que nous avons vu à la fin du siècle dernier et ce que nous voyons encore à présent. Les conséquences se montrent presque identiquement les mêmes. Feu de paille très brillant et s'éteignant vite.

Cette révolution égyptienne il y a 26 siècles, œuvre théocratique du gouvernement et sociale du peuple, détruisit la caste guerrière et aussitôt commença la décadence du pays. Elle s'accrut rapidement; moins de deux siècles après, il apparaît sans puissance et est facilement conquis par ses voisins, Mèdes, Perses, etc.

Alors paraît un grand réorganisateur militaire : Cyrus. Avec 160,000 hommes et 36,000 chevaux, il bat, sur les bords du Pactole, l'armée de Crésus forte de 360,000 fantassins et 60,000 cavaliers. La victoire de Thymbrée (541 avant notre ère) livre presque toute l'Asie à Cyrus. Il fonde l'empire des Perses, s'étendant de la Méditerranée au fleuve Oxus et à la mer des Indes.

Il lui donne une forte constitution militaire. L'armée comprenait quatre catégories ou armes : l'infanterie lourde, les soldats légers, les archers et frondeurs, puis la cavalerie.

Le premier, il crée une garde ou corps de réserve forte de 15,000 fantassins et de 10,000 cavaliers, dont les vacances, sans cesse comblées, lui avaient attiré le surnom d'Immortels.

Cyrus s'attacha surtout à l'instruction de son armée et elle devient invincible. Mais après toutes les conquêtes réalisées, le butin et la richesse, la fréquentation des vaincus, altérèrent les mœurs des vainqueurs. Le bien-être succéda à la rusticité, la mollesse à l'énergie. L'armée s'affaiblit comme valeur et comme quantité, et, impuissante, va tomber sous les coups de la nation grecque qui s'élevait alors, jeune, peu nombreuse et vaillante.

En rapportant tous ces détails, Thucydide nous a laissé une grande leçon à méditer. Il semble, à en juger par divers écrits contemporains, qu'elle soit restée lettre morte.

V.

LE SERVICE MILITAIRE EN GRÈCE.

La guerre de Troie, métamorphosée par les brillantes légendes d'Homère, montre des roitelets réunissant leurs petits contingents dans une œuvre commune. Cinquante-sept États grecs, îles et terre ferme, y prennent part. La réunion de leurs forces approche de 100,000 hommes. Ce sont des tribus indépendantes, soumises momentanément à un chef suprême.

Jusqu'alors, les Grecs n'avaient aucun principe militaire. Assemblage de guerriers suivant leurs chefs et combattant selon leur inspiration, rien ne ressemblait moins à une armée.

Après la destruction de la royauté, les républiques grecques établirent une organisation militaire, analogue dans l'ensemble, diverse dans chaque État. Les Lacédémoniens, les Thébains, les Athéniens tenaient la tête.

En 884 avant notr. ère, Lycurgue, voulant faire des Spartiates un peuple de soldats obligea tous les hommes, et même les femmes à des exercices physiques continuels en dehors de leurs occupations habituelles. En réalité il décréta la nation armée et tourna toutes les idées vers la guerre. Le service militaire, commençant à 20 ans, se poursuivait jusqu'à 60. Tout le monde, façonné durant la paix, prenait les armes dès que l'ennemi approchait.

A Athènes, les citoyens servaient de 18 à 40 ans, et pouvaient être encore rappelés ensuite. Dès la guerre résolue, les généraux soumettaient un projet au peuple, et on commençait l'enrôlement. On dressait un tribunal sur la place publique, et les chefs appelaient dans chaque tribu ceux dont le tour était venu de marcher. Tous y étaient contraints, sauf en cas d'excuse légitime. On accordait un délai de sept jours pour mettre en ordre les affaires domestiques, et l'on ne dérogeait à cette loi que dans des circonstances urgentes.

Les enfants, astreints aux exercices gymniques, recevaient en même temps l'instruction militaire. Ce noviciat se prolongeait jusqu'à 15 ans à Sparte, et jusqu'à 18 à Athènes. Ces souvenirs ont inspiré la malencontreuse création des bataillons scolaires en France, dans ces dernières années. Tandis que l'instruction était si bonne autrefois en Grèce, elle s'est trouvée si défectueuse chez nous qu'il a fallu supprimer ce système.

Le service obligatoire atteignait tous les citoyens. Il formait un devoir et constituait un privilège comme un honneur. Les hommes libres, les chefs de famille, les propriétaires, étaient seuls admis à porter les armes, puisqu'ils avaient seuls le titre de citoyens.

Les levées comprenaient tous les hommes se trouvant dans ces conditions. Parmi eux, on choisissait d'abord les plus jeunes et les plus riches, et on les faisait partir selon les besoins de la guerre. On prenait ainsi les plus aptes, les plus fortunés ; ceux qui avaient le plus d'intérêts à protéger.

Le citoyen et le guerrier se confondaient dans les républiques grecques. Les armées représentaient en quelque sorte l'État tout entier. Elles offraient la collection de tous les défenseurs des intérêts compromis par la guerre, et en même temps elles se composaient seulement de tous ceux qui pouvaient supporter les charges d'une campagne.

Le dévouement à l'État était en résumé le dévouement aux intérêts particuliers; nul ne reculait devant ce primordial devoir, nul ne le trouvait périlleux ou onéreux, parce que tous étaient appelés également à l'accomplir.

On excluait naturellement de l'armée les pauvres et les esclaves, parce que, ne possédant rien, ils n'avaient aucun intérêt au salut de la République.

Le service militaire constituait ainsi une sorte de dignité, d'aristocratie, légitimée par le danger. Les soldats propriétaires avaient des serviteurs pris parmi les esclaves. Chacun disposait au moins d'un valet pour porter ses armes et ses vivres. On le renvoyait au convoi au moment de l'action, quand son maître, dont les forces avaient été ménagées, se ruait au combat. Le nombre des valets fut souvent considérable. A la bataille de Platée, chaque soldat spartiate en possédait sept (479 avant notre ère).

Tout récemment, on a tenté de ressusciter cette antique coutume, sous le nom d'homme-tender, annexé au combattant, sans s'apercevoir de la différence des temps. L'égalité a tout nivelé et il n'y a plus dissemblance entre les combattants.

L'organisation grecque présentait une grande solidité; elle en donna la preuve lors de sa lutte contre les Perses.

Darius Ier ayant soumis l'Inde, s'avance sur la Grèce avec une armée de 100,000 hommes. Elle est battue à Marathon par 10,000 Athéniens.

Son fils Xercès, avec une armée d'un million de guerriers, suivie d'un nombre égal ou supérieur de femmes, de serviteurs, etc., présentant un peuple entier, vient attaquer la Grèce. Il est arrêté par Léonidas et 300 Spartiates aux Thermopyles, et sa flotte est détruite à Salamine. C'est le triomphe des hommes exercés sur la multitude, des petites armées solides sur une foule armée inconsistante.

Cette période glorieuse marque le commencement de la décadence. Elle se produisit dès qu'on introduisit parmi les hommes de choix composant les armées, des éléments de valeur inférieure, moralement au moins.

Les Républiques grecques, au dire d'Aristote, n'admettaient au droit de porter les armes que des citoyens propriétaires. Le reste des auxiliaires militaires n'avait aucune discipline, aucune aptitude.

Quand Darius, puis Xercès, fondirent sur l'Attique, le péril apparut immense. Malgré les usages et les préjugés, Athènes arma ses esclaves.

Les Lacédémoniens introduisirent souvent des Ilotes dans leurs troupes, en raison de crises extraordinaires. Il s'en trouvait notamment un grand nombre à la première bataille de Mantinée.

Les guerres contre les Perses, entre autres, obligèrent les grands, dans tous les États, à enrôler le peuple et à lui fournir les occasions de s'aguerrir, puis ensuite à prétendre au rang de citoyens. Le régime démocratique se développa, et Aristote en a indiqué les causes dans l'accession au gouvernement d'un plus grand nombre de personnes.

L'emploi des esclaves augmenta le nombre des combattants, en diminuant la valeur des troupes. Le fait est saillant dans les guerres, et plus grave encore dans les conséquences qu'il amena. Le péril commun égalisant les combattants, il fut difficile de refuser la liberté à ceux qui avaient soutenu l'État les armes à la main. Le service militaire grandit ainsi les humbles et, en même temps, l'influence de la démocratie.

Lorsque beaucoup d'hommes du peuple eurent été enrôlés, ils acquirent de la valeur et de la discipline. Ils prirent confiance en eux-mêmes et, après avoir rempli leurs devoirs comme les citoyens, ils en réclamèrent le titre et les droits ; puis, tournant alors contre leurs oppresseurs les armes dont ils s'étaient servis contre l'ennemi, ils renversèrent les oligarchies.

C'est le moment de la grandeur d'Athènes et de Sparte. Les succès des Grecs s'accusent en Asie. A leur tour, ils en deviennent victimes. Leurs triomphes accroissent leur orgueil, les dissensions éclatent entre eux, et la guerre du Péloponèse, terrible guerre civile, vient désoler la Grèce.

Pourtant, la sève militaire lui restait encore. En 401 (avant notre ère), après la victoire de Cyrus le Jeune à Cunaxa, la fameuse retraite des Dix Mille, sous Xénophon, qui dura huit mois, indique chez les Grecs un état militaire supérieur

Cette appréciation se trouve confirmée, quelques années plus tard, par le vigoureux rôle des Thébains et la victoire d'Epaminondas à Leuctres.

Alors la Grèce, épuisée par tant de luttes intestines et en proie aux rhéteurs, substituant la parole à l'action, perd sa prédominance et tombe sous le joug du roi Philippe de Macédoine. Ce prince, comme le père de Frédéric II, de Prusse, avait lentement recruté une bonne armée et l'avait exercée avec soin. Grâce aux cataphractes (cavaliers couverts de fer) et à la phalange, il en avait fait une force admirable comme valeur, quoique minime comme quantité.

Il possédait 30,000 hommes seulement, et les Grecs qui le reconnaissaient pour généralissime disposaient, dans leurs divers contingents, de plus de 200,000 fantassins et 15,000 cavaliers. Quel exemple !

Son fils Alexandre le Grand part, à la tête de cette troupe d'élite (336 ans avant notre ère), et va conquérir l'Asie, l'Égypte, puis pousse jusqu'à l'Indus. Avec 30,000 fantassins et 4,500 cavaliers, il triomphe des 600,000 hommes de l'armée des Perses. La petite armée, bien recrutée, bien organisée, a facilement raison de la multitude. Cette remarque, déjà faite, se reproduira encore souvent.

VI.

LE RECRUTEMENT A ROME.

Durant ces événements en Asie, grandissait en Italie une colonie macédonienne échappée du siège de Troie. Bandits d'abord, les Romains organisèrent assez promptement de fortes institutions militaires, en adoptant, comme bases, celles qui avaient cours en Grèce.

Tout citoyen devait le service militaire, dès qu'il était appelé. Il pourvoyait à son armement comme à sa subsistance et retournait à son champ après la guerre.

A chaque dénombrement quinquennal, chacun devait déclarer

au censeur s'il avait accompli le nombre de campagnes exigé par la loi en raison de son âge.

Les Romains ne distinguaient pas, alors, le civil et le militaire. Chacun était à la fois propriétaire et combattant au besoin, marchait à l'ennemi en cas de danger, puis, la lutte terminée, regagnait son foyer où il reprenait ses occupations agricoles.

Selon l'institution de Romulus, chaque homme était enrôlé de 17 à 46 ans. Le service n'existait que rarement, pour les exercices du Champ de Mars, mais il fallait accomplir 13 campagnes pour être libéré.

Servius Tullus partagea la population en six classes. La dernière, la plus nombreuse, composée des plus pauvres, fut dispensée du service. Il n'admit dans les troupes que les propriétaires acquittant l'impôt. Ainsi les riches allaient d'autant plus souvent à la guerre qu'ils étaient plus fortunés. Le fardeau pesait en totalité sur eux, et les misérables ne supportaient rien, ni impôt financier ni impôt du sang. Cette inégalité apparente avait son bon côté dans une équitable répartition des charges.

« L'effectif des troupes n'étant pas excessif, on avait attention « à ne recevoir dans la milice que des gens qui eussent assez de « bien pour avoir intérêt à la conservation de la ville. » (Montes-« quieu.)

Comme en Grèce, la propriété était, à Rome, la base du recrutement. Il fallait posséder des ressources pour s'entretenir durant la guerre et des serviteurs pour travailler la terre en l'absence du maître, puisque tous constituaient des agriculteurs.

Les pauvres, ne remplissant pas ces conditions, se trouvaient exempts ou exclus. Cette disposition forcée, en fait, présentait un caractère de sagesse politique. Ne pas servir leur fermait toutes les magistratures, dont l'accès n'était ouvert qu'à ceux ayant rempli leur devoir militaire. Par suite, on ne confiait les armes et le pouvoir qu'aux notables, aux plus sages, à ceux qui avaient intérêt à la conservation de la République, et on en excluait les plus turbulents.

La liberté, si vénérée à Rome dans sa première époque, constituait le citoyen, le propriétaire autrement dit. Quiconque n'était pas libre ne pouvait être accepté comme combattant. C'est un principe essentiel du recrutement romain, comme du recrutement grec. L'honneur de servir et la possibilité de servir présentaient une entité indivisible. La qualité de citoyen et celle de propriétaire donnaient seules le droit de porter les armes.

Pendant longtemps, les Romains s'attachèrent à ce recrutement d'élite. Ils n'enrôlaient que des hommes d'ordre, des chefs de famille, des notables en un mot, et ces conditions assurèrent la bonne discipline de leurs armées, comme leur prééminence sur leurs adversaires.

Composée de l'élite de la population, la légion n'admettait ni l'étranger, ni l'affranchi, ni le prolétaire (Duruy, *Histoire romaine*, t. VII). Les condamnés et les faillis, les gens exerçant des métiers peu relevés : taverniers, cuisiniers, baladins, etc., n'avaient pas accès dans les troupes. Le service militaire était considéré comme un honneur, non comme une corvée. On en éloignait tous ceux qui n'avaient aucun intérêt dans la République ou manquaient d'honorabilité.

Quelques exceptions se produisaient néanmoins, par l'admission au demi-service. Les affranchis pouvaient, en quelques cas, entrer dans les légions. Ils n'y occupaient pas le même rang que les citoyens et ne recevaient aucun avancement.

Tout homme libre, citoyen, propriétaire, constituait un combattant et se trouvait inscrit sur les listes de recrutement. Leur nombre était considérable par rapport aux besoins. On établissait des tours entre les classes, et le choix s'exerçait dans chaque classe.

En cas de guerre, les hommes se réunissaient au Champ de Mars, à l'appel des décurions, et les consuls levaient leurs armées, selon certaines règles établies. Ils choisissaient successivement, ceux qui leur semblaient les plus solides, les plus propres à supporter les fatigues d'une campagne. La loi désignait les classes et parmi elles s'exerçait le choix des magistrats. Le recrutement procédait ainsi de deux modes, qui assuraient à la fois son équité et sa valeur.

Le système autoritaire des Romains comportait des tempéraments, que nos idées actuelles, trop absolues, repoussent avec entêtement. Ils adoucissaient ce que le principe offrait de trop dur, ils en facilitaient la marche, ils en diminuaient le poids. La loi était générale, et le service obligatoire pour tous. Il existait cependant certaines dispenses, car, après le siège de Rome par les Gaulois, le dictateur Camille, appelant aux armes tous les citoyens, refusa d'admettre aucune exemption.

La force des armées romaines résidait dans une incomparable infanterie. La cavalerie y figurait à titre d'auxiliaire. On la recrutait à Rome parmi les possesseurs de chevaux en petit nombre et on l'accroissait par les alliés. Les cavaliers, obligés de nourrir leurs chevaux appartenaient, par conséquent, à la classe la plus fortunée. Peu à peu, des privilèges leur furent concédés et ils formèrent l'ordre équestre ou des chevaliers, intermédiaire entre les patriciens et les citoyens.

Quand la guerre s'effectuant rapidement se réduisait à une opération de courte durée, l'obligation du service militaire, se présentait légère et s'accomplissait sans observation. Mais si la campagne se prolongeait, la mission devenait lourde pour les appelés, obligés de s'entretenir à leurs frais. La République n'allouait rien. Le service était à la fois pénible, périlleux, surtout onéreux, et les légionnaires se plaignirent.

La durée de la guerre s'augmentant amena une dérogation grave dans l'organisation militaire. La solde fut établie et le guerrier libre se transforma en soldat.

Jusqu'à cette époque, la guerre se trouvait limitée à quelques courses de peu de durée, en pays ennemi, et à quelques combats. Une campagne de vingt à trente jours épuisait les ressources apportées par le guerrier et il fallait hâter son retour dans ses foyers.

Ce moyen, assurément économique pour l'État, s'est vu appliqué maintes fois depuis, et les inconvénients ont reparu avec plus de gravité encore, engendrant fatalement comme autrefois la maraude et le pillage.

Afin d'éviter cet inconvénient pour la discipline et de disposer d'assez de temps pour achever les entreprises commencées, il fallut recourir au trésor public de manière à assurer la subsistance des troupes.

Le siège de Véies, menaçant de se prolonger longtemps, le Sénat accorda une solde aux troupes d'investissement qu'on voulait maintenir, afin de leur permettre de se procurer les vivres nécessaires. Cette mesure, prise à l'égard des fantassins (en 347 avant notre ère), fut étendue trois ans après aux cavaliers. Ceux-ci, plus fortunés, avaient pu se soutenir plus longtemps, mais le siège durant toujours et leurs ressources épuisées, ils furent admis à la solde. (TITE LIVE, liv. IV, cap. 59.)

Les troupes soldées, durant la guerre, constituèrent une sorte de révolution pour le présent et surtout pour l'avenir. Les gens à courte vue ne virent que le fait et s'en réjouirent. Les combattants, pour la plupart obérés par les emprunts contractés en vue du service, furent enchantés de cet allègement. Ils témoignèrent une grande reconnaissance au Sénat, et promirent de prodiguer tout leur sang pour le pays.

Enthousiasme d'un moment, il ne devait pas durer. Louanges trompeuses pour une mesure qui allait changer fatalement les conditions du service militaire, et atteindre les institutions civiles de la République. Les tribuns du peuple s'opposèrent au vote de la solde. Ils en indiquèrent les inconvénients possibles et probables. Ils voyaient juste et parlèrent courageusement ; on ne les écouta point.

L'opinion fut dominée alors par la pensée de poursuivre de grandes choses sans être interrompu. L'armée momentanément appelée acquérait par la solde une certaine permanence. Des troupes entretenues par le trésor public, occupées à s'exercer et toujours prêtes à marcher, constituaient naturellement une grande puissance. Elle sera d'une haute utilité pour le pays et conquerra le monde, jusqu'au jour où les factieux, dénaturant l'institution, s'en serviront pour opprimer la patrie.

Les troupes soldées, dans le IVe siècle avant notre ère, sont un changement considérable dans le recrutement primitif des Romains et constitue un événement remarquable.

L'extension du territoire de Rome, l'obligation d'entretenir de grandes forces sur pied et de les envoyer au loin, forçaient la plupart des citoyens à vivre aux camps hors de chez eux, à négliger par conséquent leurs propriétés et leurs familles. La culture en souffrait beaucoup, comme la reproduction. De là vint le besoin de ménager les citoyens encore en petit nombre, et l'on fit appel aux étrangers pour augmenter les troupes de la République.

L'armée consulaire, composée de deux légions ou de 13,000 hommes environ, se renforça normalement de deux légions alliées prises chez les peuples voisins soumis. Les Romains les plaçaient à côté d'eux et non dans leurs rangs. La démarcation restait nanifeste. Ce n'était plus des troupes nationales assurément, mais râce à une organisation similaire elles les valaient habituelle-nent.

Ce fut cependant une coutume fâcheuse surtout par ses consé-juences. Elle infiltra peu à peu chez les étrangers l'instruction upérieure des Romains et en constitua plus tard des ennemis edoutables.

Malgré cette dérogation au principe, l'armée restait la nation lle-même, distraite temporairement de ses occupations ordi-naires. Chacun courait au danger, mû par l'intérêt personnel de onservation qui se confondait avec l'intérêt général de la Répu-blique. A l'époque des guerres puniques, les forces romaines emblaient n'avoir point d'égales. Une vive passion pour les con-quêtes et la gloire, une certaine rusticité d'existence, l'habitude des armes, une sévère discipline, élevèrent très haut ce peuple guerrier et lui permirent d'échapper aux plus grands dangers, même lorsque parut Annibal.

Ce grand homme conduisait une armée, uniquement composée de mercenaires ou de stipendiés. Carthage, commerçante, n'avait point de troupes et s'en procurait par de l'argent. On y voyait des Africains, des Lybiens, des Numides, des Baléares, des Ibé-iens, des Grecs, des Gaulois. L'amour de la patrie ne les guidait pas, ils n'en avaient point. L'intérêt seul les animait et les portait réquemment à la révolte.

Néanmoins, et ce fait est à noter, conduits par un chef habile t sévère, cette réunion de gens soudoyés accomplit de grandes hoses, passa d'Espagne en Italie, battit les Romains, campa ous les murs de leur capitale et fut sur le point de l'anéantir. a force des institutions latines parvint à conjurer ce péril. Les roupes nationales finirent par obtenir de définitifs succès sur es armées mercenaires et à détruire Carthage.

Dans sa défaite, elle porta un coup néfaste à Rome. Elle intro-uisit chez elle le principe pernicieux qu'elle avait tant pratiqué. 'enrôlement par de l'argent est un amoindrissement dans la aleur du recrutement. Le développement de ces vices amena la uine de l'armée d'abord, celle de Rome ensuite.

L'admission des esclaves dans les troupes fut imposée par des éfaites réitérées. Quelque mauvais que fut ce moyen, il fallut y voir recours, pour empêcher l'État de périr. La force des événements l'imposa. Après la défaite de Cannes (216 avant notre ère), succédant à tant d'autres, les Romains appelèrent tout ce qui restait de citoyens valides et, dans leur détresse, ils firent fléchir leurs principes de recrutement. Comme l'avaient fait les Grecs, ils ouvrirent les rangs des légions aux esclaves.

Cette modification fut le commencement de l'émancipation sociale. Le consul Sempronius promit la liberté à quiconque rapporterait une tête ennemie, à la suite d'une bataille gagnée. La guerre affranchissait de la servitude, les armes anoblissaient l'homme dégradé. On n'a pas assez remarqué l'importance de ce principe appliqué alors ; il se reproduira plusieurs fois en France jusqu'à son triomphe complet, exagéré même.

L'armement des esclaves, réitéré plusieurs fois, porta un coup funeste aux troupes romaines. L'affranchissement concédé, refusé, discuté, surprit la foule non préparée à cette transformation. On ne put faire immédiatement des hommes librés, avec les gens asservis depuis longtemps et qui, selon l'expression de Florus, formaient une seconde espèce humaine : « *Quasi secundum* « *hominum genus sunt* ». (Liv. III, cap. XX.)

La transition fut trop brusque et, comme pour nos colonies en 1789, il en résulta de très grands malheurs. Peu à peu, des hommes sans intérêt matériel à la défense du pays prirent la place des anciens possesseurs du sol, classe conservatrice libérale et républicaine. L'effacement, sinon la disparition de cet élément solide et stable, permit aux faméliques de séditionner le pays, de l'énerver par la guerre civile, de renverser les lois et d'y substituer un maître.

La guerre sociale de 91 (avant notre ère) amena la guerre civile en 88. Les séditieux introduisirent toutes sortes de gens dans l'armée pour accroître leurs partisans et les gratifièrent pour maintenir leur fidélité. Sylla distribua des terres à ses vieux soldats et montra que la guerre pouvait conduire à la richesse.

L'armée romaine déclinait comme les vertus républicaines. Les révoltes d'esclaves, conduites par des déclassés, se renouvelaient, fréquentes. Celle de Spartacus fut plus terrible encore. A la tête de 120,000 hommes, il vient menacer Rome (en 71).

A ce mal si grand s'en joignit un autre plus grave encore. Le déclassement des recrues avait abaissé l'armée, la corruption l'acheva. L'argent pénétra les légions, distribué par les chefs de partis pour se les attacher. A ce moment même, la conquête de l'Asie livra l'armée romaine à toutes les séductions des pays orientaux.

« Le luxe, la vanité et la mollesse, qui en aucun siècle n'a
« quitté les cours d'Asie, régnait surtout dans celle de Syrie. Le
« mal passa au peuple et aux soldats et devint contagieux pour
« les Romains mêmes, puisque la guerre qu'ils firent contre
« Antiochus est la vraie époque de leur corruption. » (MONTES-
QUIEU, chap. V.)

L'action dissolvante des climats chauds est la ruine des armées. Elle attaque à la fois le physique et le moral. Elle amollit
les corps comme les caractères et détrempe les individus. Les
influences climatériques et les séductions de l'Orient exercèrent
une action débilitante sur les troupes romaines. « Sylla ruina
« dans son expédition d'Asie toute la discipline militaire; il
« accoutuma son armée aux rapines et lui donna des besoins
« qu'elle n'avait jamais eus. Il corrompit les soldats qui devaient
« dans la suite corrompre les capitaines. » (MONTESQUIEU, chap. XI.)
L'austérité, qui avait fait la force des légions, disparut; la
recherche du bien-être envahit l'armée romaine sous Lucullus.
Dès ce moment, on peut dire qu'il n'y eut plus de soldats, mais
des entrepreneurs de guerre allant à la conquête non de pays,
mais de butin. Ce fut bien pis peu après.

Les mœurs de l'Orient changèrent complètement celles de
Rome. Action de l'armée sur la population et réaction de celle-ci
sur les légions.

Après la conquête de Syrie, Pompée octroie à chacun de ses
fantassins une gratification de 1500 drachmes, achetant ainsi des
partisans, des soldats, aux dépens de la République.

Le sentiment de la gloire s'efface dans les troubles publics
pour faire place à l'ambition personnelle et à l'or. La vieille
armée honnête et morale n'existe plus. La force brutale achetée
subsiste seule. Cette situation rendit possible les dictatures, les
proscriptions, les dissensions civiles. La corruption de l'armée
enfanta Sylla, Marius, Pompée, César enfin qui ramena pendant
quelques années la victoire en restaurant un moment la discipline
des troupes.

Durant la guerre des Gaules, il maintint les légions dans le
devoir et en obtint des efforts énormes. Leur recrutement n'était

pas mauvais alors. Il les avait en grande partie levées dans le nord de l'Italie à la manière ancienne. Habitant loin de Rome, les mauvaises mœurs ne les avaient pas encore pénétrées. César les entraîna par ses succès, les récompensa par un butin abondant, les fanatisa par ses largesses.

Dès la première campagne en Gaule (57 avant notre ère), l'enthousiasme des Romains fut extrême. On proroge César pour cinq années dans le proconsulat des Gaules. Il est autorisé à lever autant de troupes qu'il lui plairait, à exiger des rois et des peuples alliés autant d'argent et de secours qu'il le jugerait convenable. Dès ce moment, il put disposer de tout et en usa largement.

Il enrichit ses officiers et ses soldats, qui n'étaient plus ceux de la patrie, comme le fait remarquer Montesquieu : « Le « Romain, passant sa vie dans les camps, ne revenait guère « visiter son petit champ; la plupart même n'avait plus d'autres « dieux domestiques que les aigles des légions. »

La prolongation de la guerre et l'abus des gratifications modifièrent le recrutement. Les mêmes hommes restèrent sous les armes, renforcés sans cesse par des recrues italiennes venant combler les pertes. Les anciens constituèrent la principale force de l'armée. Ainsi se créa une nouvelle sorte de gens, des soldats de profession, des hommes dont la guerre était le seul métier.

Les légions, depuis longtemps permanentes, se trouvaient mélangées d'un certain nombre d'étrangers. Le principe d'utiliser les hommes du pays conquis, en les enrôlant, fut appliqué en partie par César. Il créa en Gaule une légion indigène nommée l'Alauda (l'Alouette) ne comprenant que des Gaulois. C'était peut-être un peu prématuré au moment de la conquête et dans l'état d'ébranlement du gouvernement romain. Cet exemple a été suivi de notre temps par tous les peuples européens pour maintenir leurs colonies.

Grâce à ses largesses, César développa l'institution des vétérans, soldats depuis longtemps dévoués à sa personne. Ce fonds de soldats expérimentés et toujours en campagne lui était particulièrement précieux. Avec de petites forces excellentes, après avoir soumis les Gaules, il dompta Rome et triompha de Pompée à Pharsale, en Égypte, en Afrique. En récompense, il distribua à ses vétérans des terres et de l'argent.

Le recrutement régulier n'existait plus. Des enrôlements volontaires avaient pris sa place. « Aux derniers siècles de la République, écrit Duruy, on voit des soldats de Marius, de Sylla, « de Pompée, de César. On ne voit plus l'armée de Rome. » (*Histoire romaine*, t. VII.)

Elle cessa d'exister, en effet. L'imitateur heureux de Catilina, s'étant emparé du pouvoir, changea la République en Empire, les citoyens en sujets et les légionnaires en prétoriens. Tout était à César. L'armée, comme le reste, lui appartenait. La décadence, commencée dans les troupes, s'acheva promptement.

L'armée romaine devint permanente dès l'établissement de l'empire. Assez mal recrutée et tenue au loin, elle jalousa la garde prétorienne, résidant à Rome et protégeant le souverain. La paix, se prolongeant, tarit la source du butin. Les soldats, guidés seulement par l'intérêt, se plaignirent de leur sort. Ils se souvenaient des abondantes distributions de terres au temps des guerres civiles. Ils réclamèrent ouvertement contre leur suppression et contre la modicité de leur gratification en argent lorsqu'ils se retiraient du service.

Ils en arrivaient à ce point d'audace de tarifer eux-mêmes leurs récompenses. Auguste céda et promit des sommes plus considérables : 12,000 sesterces aux légionnaires après 20 ans de service et 20,000 aux prétoriens après 16 ans. Il fallait particulièrement soigner ces derniers auxquels on laissait prendre une influence qui n'allait pas tarder à se changer en domination.

Aucun militaire ne provenait plus du recrutement basé sur la propriété. L'enrôlement à prime amenait dans l'armée tous les déclassés et poussait peu à peu les intrigants et les violents dans les prétoriens. La dépense croissait en proportion énorme.

L'Empire entretenait dix cohortes prétoriennes, soit 10,000 hommes, pour la garde de l'empereur, puis 25 légions évaluées à 150,000 hommes et un nombre presque égal de troupes auxiliaires, mercenaires payés.

Auguste établit un trésor particulier pour assurer le payement de la solde, des gratifications et des récompenses aux vétérans. Il créa naturellement un nouvel impôt spécial destiné à l'entretien de ce trésor.

Les institutions militaires semblaient exister toujours, mais la base manquait. Les déviations successives du recrutement entraînaient de fatales modifications dans l'organisation sociale. L'empereur personnifiait la patrie; peu à peu, on ne se préoccupa plus d'elle. Citoyens faillis, esclaves, étrangers, composaient les troupes. Ce n'était plus l'armée romaine que de nom.

Ainsi se préparaient les mécomptes et les déceptions qui devaient atteindre ces légions, jadis si vaillantes, et dont il ne restait plus guère que le souvenir.

Il est étrange de voir un monarque tel qu'Auguste se tromper aussi complètement sur le recrutement des forces appelées à le soutenir, lui et son empire. D'après Dion Cassius, il tint une conférence avec Agrippa et Mécène sur l'organisation militaire à établir. Le projet de Mécène était ainsi conçu :

« Tout le peuple sera partagé en deux classes : l'une, choisie
« parmi les indignes et les gens robustes, sera livrée unique-
« ment à la profession des armes ; l'autre, désarmée, composée
« des riches, des gens industrieux et des faibles, sèmera, récol-
« tera, jouira tranquillement et entretiendra la portion armée.
« Par là, on remplira en même temps l'objet de nourrir une foule
« d'hommes inquiets, turbulents, qui répandraient le désordre
« dans l'Empire et y vivraient de rapines. La masse de la nation
« paisible et heureuse subira seulement un impôt général et
« perpétuel pour la solde et l'entretien de ses défenseurs. »

Quelle déchéance depuis Servius Tullius! Quelle honte que ce projet de recrutement! Il révèle à quel point de décadence Rome était déjà tombée.

Auguste adopta le projet de Mécène.

Il n'admit plus dans les légions que des misérables à la disposition de qui les payait. Il fit tous ses efforts pour écarter les riches du métier militaire et leur en ôter le goût. Sous prétexte de les laisser à leurs affaires et à leurs plaisirs, il les éloigna des armes, sûr moyen de ruiner leur influence et de les maintenir subjugués.

Il accrut la séparation déjà commencée d'une classe militaire distincte de la population, qui restait étrangère à la défense de l'Empire, et se bornait à payer un impôt pour l'entretien des troupes.

A ce moment, c'était inepte. Jamais Rome n'avait eu plus besoin de défenseurs sérieux et honnêtes. On les éloignait pour recourir à des gens turbulents et tarés. Auguste fomenta les engagements volontaires parmi les hommes libres sans ressources, et les esclaves. Aux uns il offrait de l'argent, et des terres à l'époque de leur retraite ; aux autres il promettait l'affranchissement ; à tous il présentait la séduction d'une prime d'argent immédiate.

A ce recrutement déjà bien médiocre, il joignit des alliés, des colons, des étrangers et des barbares même.

Parmi les écrits circulant en ce moment dans notre France, combien sont inspirés de l'esprit de Mécène. On propose encore, comme alors, la diminution sinon la suppression du service obligatoire, des enrôlements avec primes, des vétérans. Il y a peu de changements, et cependant notre situation politique et sociale est assurément meilleure. On se demande comment nous sommes entraînés vers ces moyens peu moraux, qui ont amené l'effondrement complet de l'Empire romain, et qui causeraient plus vite encore le nôtre, s'ils étaient adoptés.

Les effets de ce recrutement se produisirent rapidement à Rome. Les légions, composées de gens sans aveu et d'étrangers, n'eurent plus de nationalité. L'argent leur tenait lieu de patriotisme. Les abus devinrent si grands qu'ils ne pouvaient plus être redressés.

Septime-Sévère le tenta. Il renouvela les cohortes prétoriennes par des soldats choisis dans les légions. Cette garde, ordinairement de 12,000 hommes, fut élevée au delà de 40,000. Il augmenta ainsi le nombre des professionnels militaires corrompus, donnant l'exemple de l'indiscipline, également prêts à élire ou à égorger des empereurs, vivant parfois de la guerre et toujours de largesses, vendant le trône pour de l'argent. Il accrut la quantité, mais non la qualité, et l'abaissement continua plus rapide.

Afin d'accroître la déconsidération militaire et de flatter la multitude, l'empereur Gallien (en 268) interdit aux sénateurs le commandement militaire. Ils tournèrent naturellement leur activité vers les magistratures civiles. On vit alors, innovation sans exemple, la décomposition légale de l'autorité unique, et son partage entre deux catégories : la robe et l'épée.

Ce fut le dernier coup porté d'en haut aux troupes romaines, que tant de causes désagrégeaient déjà d'en bas. La fin de l'Empire était proche. Il désorganisait ses forces, et les barbares arrivaient.

VII.

INVASIONS DES BARBARES.

Les peuples du Nord-Est se jettent sur l'Empire romain. Ils inondent l'Europe, descendant comme un torrent du plateau central de l'Asie, apportant le pillage, la destruction, le désordre. Tout subit leurs forces aveugles et inconscientes. Comme les premiers peuples de l'Orient, ils n'ont point d'organisation. Ils forment des hordes, poussant celles qui les devancent, et poussées par celles qui les suivent.

Émigrations formidables et affamées, elles ne ressemblent en rien à des armées. Les femmes et les enfants accompagnent les guerriers. Ce sont de nouveau des populations en marche, cherchant un climat plus doux, des terres plus fertiles.

Bien différents du peuple d'Israël, réunion de simples artisans, ou des foules persiques et médiques, formées d'esclaves amollis, cette foule de sauvages du Nord se composaient de guerriers ne connaissant que la chasse pour vivre et la guerre pour avoir des terres à habiter. Leur existence très dure sous des huttes et la poursuite des animaux dans les forêts, leur avaient donné une rusticité extrême et l'habitude de se jouer du danger.

La nécessité les entraîne au combat. Ils se battent en furieux et meurent avec courage. Ils n'ont aucun principe d'organisation militaire. Tous les hommes sont guerriers sans exception. Ils ne consentent à parler en public à leurs enfants que quand ceux-ci peuvent porter les armes. Au moment du danger, tout le monde prend part à la lutte. Les femmes mêmes les secondent.

D'abord nomades, ils ne tenaient qu'à leurs troupeaux. La chasse était leur occupation constante et, parfois, la guerre. Agglomérés en tribus, en peuplades, parfois en nation, ils reconnaissaient des chefs de différents degrés, auxquels ils s'attachaient dans le combat. Les anciens, les vaillants surtout, exerçaient l'autorité totale sur leurs fractions, comme nous le voyons encore à présent chez les Arabes indépendants du Sud. Ils marchaient au signal de leurs chefs.

Une des plus remarquables parmi ces migrations armées fut

celle d'Attila, en 451. Il vint désoler la Gaule à la tête de vingt peuples ou tribus : Huns, Sarmates, Tartares, Alains, etc. L'ensemble de ces hordes est évalué de 500,000 à 700,000 hommes. Tout cela s'avançait dans le désordre, l'absence d'organisation. C'était un cortège barbare, une foule immense sans grande force. Le courage, la lutte individuelle, constituaient les seuls éléments de la guerre. La multitude se ruait sans solida-...é. Elle fut en réalité facile à repousser, par les débris des légions romaines et les troupes frankes.

Les Franks pénétrèrent par petites fractions dans le nord-est de la Gaule. Ils firent d'abord des incursions, pillant pour vivre. Peu à peu, ils s'attachèrent au sol et s'y établirent, en s'adonnant à l'agriculture. Ils avaient conquis les terres et réduisirent les habitants en esclavage.

Quoique influencés par la civilisation gallo-romaine, les vainqueurs ne modifièrent pas leurs traditions ni leurs usages en matière de recrutement. Leur arrivée ne changea qu'une seule chose à la situation des Gallo-Romains. Ils perdirent en grande partie la possession du sol et en même temps le droit de porter les armes.

Les vainqueurs conservèrent le service militaire, qui leur avait servi à conquérir. C'était la conséquence de leur propriété des terres. L'ancienne doctrine des Grecs et des Romains reparaît, conforme du reste à la nécessité, dans les sociétés primitives. Le possesseur est seul chargé de la défense de la propriété.

Ainsi s'établit deux classes distinctes : le peuple vaincu, esclave attaché à la terre et la fécondant, puis le peuple vainqueur, propriétaire, toujours armé. Le guerrier et le serf. Les Gaulois travaillaient; les Franks fournissaient seuls le service militaire.

Chlovis ayant affermi sa domination, établit un certain ordre. Il partagea et sous-partagea les terres conquises entre ses compagnons, sous la condition de marcher en guerre, dès qu'ils en seraient requis. Un certain nombre de Gallo-Romains furent compris dans la répartition, et acquirent ainsi le droit de figurer dans les troupes.

C'était l'application du recrutement, basé sur la possession du sol. La terre procurait les ressources nécessaires pour satisfaire aux exigences du service militaire, et créait pour le propriétaire l'obligation de la défendre contre les convoitises.

Les Franks, satisfaits de leur sort favorisé, ne connaissaient dans leurs institutions sociales que les formes militaires. Les chefs rendaient la justice l'épée au côté. Un bouclier indiquait le lieu des séances de ce tribunal.

Tout homme libre marchait en campagne sur la réquisition de son chef ou seigneur, dont il suivait la bannière et exécutait les ordres. Les gens de guerre s'entretenaient de tout à leurs frais. Ils vivaient ordinairement sur le pays, qu'ils pillaient, à défaut de fournitures régulières. Ils n'avaient d'autre indemnité que leur part de butin et le produit de la vente des captifs.

Cette situation, sans législation militaire écrite, se prolongea longtemps au milieu de difficultés et d'abus de toute sorte. Les chefs de districts, de provinces ou de royaumes, entourés un moment de nombreuses troupes, se voyaient abandonnés peu de jours après. Quand le pays était vide, quand les ressources manquaient, les guerriers demandaient à rentrer chez eux et le faisaient souvent sans autorisation. On traitait alors de la paix, ou la guerre s'arrêtait faute de combattants.

VIII.

LE RECRUTEMENT FÉODAL.

Charlemagne tenta une réorganisation sociale et militaire, que les usages nouveaux rendaient nécessaires. La division du pays en duchés, comtés et seigneuries, conféra aux titulaires à peu près tous les pouvoirs. Terres et gens leur appartenaient. Ils faisaient des levées sur l'universalité des propriétaires et hommes libres. Ils imposaient en outre au territoire la nourriture et l'entretien des gens de guerre pendant la durée de la campagne, soit environ 3 mois.

En restaurant l'ordre et l'administration, Charlemagne reprit le principe romain du recrutement. Le nombre des appelés fut basé sur l'étendue de la propriété et non sur le chiffre de la population. Le propriétaire seul est soldat, parce qu'il a des intérêts à défendre, et les moyens de subvenir à un service gratuit. L'esclave, le serf, l'affranchi même, ne possédant rien, ne doivent rien, ni au fisc ni à l'armée.

Les capitulaires qui nous sont restés, fixent les dispositions du recrutement. Le service militaire est gratuit. Le soldat se procure à ses frais ses armes et ses vivres. Le service est dû à raison d'un fantassin par quatre manses de terrain et d'un cavalier par douze manses ou manoirs.

« Celui qui possédait quatre manoirs était obligé de marcher
« en guerre, celui qui n'en avait que trois se trouvait joint à
« un homme libre n'en possédant qu'un; celui-ci le défrayait
« pour un quart et restait chez lui. On associait de même deux
« hommes libres qui détenaient chacun deux manoirs; celui des
« deux qui marchait était défrayé de moitié par celui qui res-
« tait. » (Montesquieu, liv. 30, chap. 13.)

Ce système pesait sur le riche. On ne demandait rien au pauvre; il demeurait sur le sol occupé à le cultiver. Il se trouvait exempt des risques de guerre. Le riche seul se voyait exposé, et c'était justice, privilège, honneur, dévouement, comme on voudra, glorifié par la souffrance, le péril, le sacrifice de la vie.

La composition des armées exigeait alors cette modification. Les Franks, comme les Germains, comme toutes les nations primitives, ne possédaient que de l'infanterie. Une cavalerie très peu nombreuse formait l'escorte du chef.

A partir de la chute de l'empire romain, la proportion de la cavalerie augmente jusqu'à effacer presque l'infanterie.

Les Asiatiques, Tartares ou Musulmans, dans leurs larges conquêtes, recherchaient la cavalerie permettant de franchir vite de grands espaces. Ainsi agissent les successeurs de Mohammed, s'emparant de l'Afrique et d'une portion de l'Europe, jusqu'à la bataille de Poitiers où Charles Martel les arrête. De même la Chine, ravagée par les irruptions continuelles des Tartares, appelle les Mongols à son aide. Leurs hordes nommées sotnias, sous les ordres de Gengis-Khan, la délivrent, mais restent maîtresses de leur pays.

L'usage du combat à cheval se développe de plus en plus. Sous Charlemagne, la cavalerie prit un ascendant marqué sur l'infanterie qui disparut presque complètement peu à peu.

L'adoption des armures lourdes nécessita des chevaux; les dépenses militaires s'accrurent. Peu de gens pouvaient les supporter. De là, réduction dans l'effectif des armées. La chevalerie commença vers la fin du règne de Charlemagne et les paladins mirent leurs prouesses à la place de la tactique.

La profession des armes exigeait une grande force physique, beaucoup d'habileté en escrime, une monture et une grosse dépense. Elle devient fatalement le privilège du petit nombre. A mesure que la propriété s'accroissait, la quantité des propriétaires diminuait. C'était logique.

Le possesseur de la terre, le seigneur, se chargea de protéger et de défendre ses serfs, ses vassaux. Il versait son sang en échange du travail des autres. Le privilège des armes, présenté comme une garantie pour le faible, un rempart contre l'ennemi, se justifiait d'un côté par l'apparence du dévouement, par l'obligation de donner largement son sang et sa vie. Il consacrait néanmoins l'inégalité sociale et entraîna l'oppression du faible par le fort.

Le régime féodal n'a point d'institutions militaires. La force publique, éparpillée en mille mains, ne montre que des groupes temporaires de barons indisciplinés, entourés de paysans avilis. Des disputes, des conflits surgissent sans cesse; on se bat partout; on ne voit plus de grandes batailles.

La noblesse seule combat et à cheval. La principale masse de l'armée comprend seulement des nobles, chevaliers et écuyers; le reste, toute l'infanterie, est formé d'une multitude de paysans mal armés, mal vêtus, amenée par les seigneurs plus pour les servir que pour combattre.

Depuis le temps de Hugues Capet, les troupes levées par les seigneurs prétendaient ne devoir que quarante jours de service, limite de leurs ressources en vivres. Après quoi elles se retiraient en bloc ou en détail et il fallait les renvoyer ou subir cette désertion.

Les querelles intestines entre seigneurs et surtout le départ de la noblesse pour les croisades, dont une faible partie revint, affaiblirent les sources du recrutement. L'armée diminuait manifestement.

Le petit nombre des chevaliers et l'absence de l'infanterie, ne suffirent plus aux exigences de guerre. On essaya d'accroître l'effectif des combattant de diverses manières.

Tout d'abord Louis-le-Gros (en 1108) voyant l'indocilité des grands vassaux pour lui fournir des contingents, chercha à se passer de leur intervention. Il s'était adressé aux communes pour avoir des subsides; de même il leur demanda des soldats.

Ce nouveau mode imposa aux villes l'obligation de lever elles-mêmes un certain nombre de combattants à pied ou à cheval, et entretenus par elles. Ils devaient marcher par paroisse et une commission de 6 à 12 membres, selon les centres de population, était chargée d'assurer tous les détails d'exécution.

De la sorte le recrutement ne dépendait plus des hauts barons. Les milices communales appartenaient aux villes qui les tenaient à la disposition du roi.

Un nouveau principe d'appel aux armes se trouvait ainsi proclamé. Il était basé sur le chiffre de la population. On prenait tant pour cent ou pour mille hommes, et la terre ne figurait plus dans les conditions du recrutement. Cette réforme, quoique peu importante au début, abandonnée puis reprise, est restée jusqu'à nos jours, en s'étendant sans cesse, le fondement de la constitution des armées.

L'institution des milices communales ne dispensait pas, bien entendu, les seigneurs et les nobles de répondre à l'appel du roi en cas de guerre et de s'y faire accompagner par un certain nombre de leurs vassaux, libres ou serfs. Les principaux, les hommes d'armes, se nommaient chevaliers ou écuyers. Chacun des chevaliers avait une suite de serviteurs, de clients, de satellites, attachés à sa personne et dont l'ensemble constituait une lance, soit 5, 6 ou 7 personnes.

Le recrutement provenait d'une double origine et il en résultait deux sortes de gens, les nobles avec les hommes libres, puis les paysans à cheval ou à pied. La manie des armes défensives se développa à l'excès; depuis le commencement de la seconde race jusqu'aux croisades, où elle atteignit son maximum. Sous Philippe-Auguste, les guerriers se trouvaient si hermétiquement enfermés dans leur armure qu'il était presque impossible d'atteindre leur corps. En revanche elle présentait un poids si considérable que l'homme ne pouvait agir qu'à cheval. La marche à pied lui était interdite et, une fois tombé, il se trouvait dans l'impossibilité de se relever.

Avec ce blindage de fer, il existait de grosses armes d'attaque, la hache, la masse, etc. La lance, l'épée, le poignard, la masse d'armes n'appartenaient qu'à l'aristocratie couverte d'acier. L'arc et l'arbalète servaient aux vilains et se trouvaient en grande réputation depuis la fin du règne de Philippe-Auguste. Déjà s'accusait cette distinction : l'arme blanche était réputée aristocratique, l'arme de jet était considérée comme démocratique.

IX.

RETOUR A LA SOLDE. — LES MERCENAIRES.

On commençait à voir poindre une ère de libéralisme. Les milices semblaient opposées à l'armée du roi et plus disposées à soutenir l'esprit d'indépendance, qui grandissait dans les communes émancipées.

Néanmoins, les armées reprirent corps et leur effectif s'augmenta. Les opérations devinrent plus longues, et les charges, s'exagérant, firent naître quelque protestation de la part des communes. La conséquence fut de ramener à l'institution de la solde, jadis concédée à Rome et disparue depuis la chute de l'empire.

Cette reprise vint d'Angleterre qui en avait reconnu la nécessité, pour s'assurer des bandes d'aventuriers, au commencement du XIIe siècle. L'usage s'en introduisit en France sous le règne de Louis-le-Gros.

Avant son application, le riche seul pouvait aller à la guerre ; avec la solde, le pauvre fut en situation d'y figurer aussi, et cette mesure eut un effet démocratique très notable. Philippe-Auguste (1191) accorda une paye à chaque homme de pied appelé à le suivre à la croisade. Il étendit ensuite cette mesure à toutes les troupes lorsqu'il entreprit de châtier le comte de Flandre révolté.

La solde était devenue également indispensable par suite du changement qui s'effectuait dans le recrutement. Les ressources nationales se trouvaient peu à peu mises de côté et on recourut pendant une assez longue période aux mercenaires. De Philippe-Auguste à Charles VII les rois de France eurent à leur solde un ramassis de déclassés, guerriers ou bandits de profession.

Jusqu'alors l'homme d'armes avait dominé, parce que seul il était armé. Le roturier à pied sans armes défensives, n'ayant que son bâton ou sa fronde, ne pouvait rien contre le noble à cheval blindé d'acier. Le peuple constituait le nombre, et ce nombre n'était pas la force, faute des moyens de combattre plutôt encore que faute de savoir. La découverte de la poudre effaça cette hérésie sociale. L'arme à feu a été le principal instrument du relèvement populaire. Tout plébéien pût se mesurer avec le plus éminent des preux et recouvrer sa liberté. Dès lors il eut la faculté d'être soldat et devint citoyen. Il ne saurait oublier la cause primordiale de son émancipation.

Après les croisades, nombre de gens se trouvèrent dans la misère. Déclassés, habitués aux aventures, audacieux, entreprenants, ils avaient longtemps vécu de la guerre. Ne sachant ou ne voulant pas faire autre chose, ils louèrent leurs services aux princes en querelles, qui consentaient à les rétribuer.

Rançonnant amis et ennemis, détroussant sur les chemins, tablant sur le pillage et le rapt, ils acceptaient les coups et les blessures en échange du plaisir et du butin. Sans croyance aucune, sans patrie et sans bien, ils vivaient sur le commun, faisaient un métier de la guerre : c'était leur gagne-pain.

Sous Philippe-Auguste, ces routiers, gens de sac et de corde, se composaient d'un ramas de paysans, que le goût du brigandage rangeait sous les ordres de chevaliers déchus ou de bâtards de grande maison. Ces aventuriers, formés en grandes compagnies du XIIIe au XVe siècle, se donnaient à l'ambitieux le plus offrant, au chef le plus entreprenant.

Sous le nom de malandrins ou de brabançons, ils se recrutaient dans le rebut de la nation, dans la lie de tous les pays. Leurs chefs, comme ceux des routiers leurs devanciers, constituaient de simples entrepreneurs de guerre. En attendant l'ouverture des hostilités pour lesquelles ils avaient traité, ils faisaient vivre leurs gens de rapines afin d'éviter de les payer pour ne rien faire.

Ces soudards ne présentaient pas une nouveauté. On en avait vu autrefois en Grèce, allant offrir leurs services aux satrapes d'Asie. Ils reparaissaient alors au XIIIe siècle avec la même destination. Ils prenaient une place restée libre. La chevalerie était en partie détruite par les longues expéditions d'outre-mer, et l'infanterie déconsidérée ne servait plus que dans les grandes occasions. On fut obligé de recourir à un autre mode de recrutement ; on adopta les mercenaires, les combattants payés servant tantôt l'un, tantôt l'autre.

On les trouva d'abord à l'étranger. Parmi eux figurèrent : les Suisses, les Écossais, les reitres allemands (de *Ritter*, cavalier), les lansquenets tudesques (de *Landsknecht*, garçon de ferme), les estradiots italiens (de *Stradiotti*, coureur de routes), les miquelets (espagnols) et autres bandes dont les chefs se nommaient condottieri (de *cum* et *ducere*, mener avec).

C'étaient des aventuriers, entrepreneurs de combats, réunissant des compagnons misérables et traitant pour eux avec les souverains ou les généraux.

D'autres bandes se formèrent en France. Les argoulets qui ressemblaient aux estradiots; les routiers (*ruptarius*, de *rupta*, bande); les malandrins, les tards-venus, les écorcheurs, les soudoyers, les cottereaux, les brabançons, les grandes compagnies, etc.

Peu à peu leur nombre s'accrut; en même temps des corps étrangers réguliers entrèrent au service de France. C'est l'époque des mercenaires et des stipendiés remplaçant en partie l'armée nationale.

Malgré cette aberration de l'esprit militaire, la tradition ancienne se conservait et on maintenait le principe d'appeler à la défense du territoire les possesseurs du sol, qui sont les plus intéressés à le conserver. On ne l'appliquait pas et il s'affaiblissait peu à peu presqu'au point de disparaître. Pourtant, Philippe IV (le Bel) (1285) défendit de faire partir pour l'armée de Flandre, quiconque avait moins de 100 livres en meubles ou moins de 200 livres tournois tant en meubles qu'en immeubles. C'était un hommage rendu au véritable principe, une lueur de vérité au milieu de tant d'erreurs. Elle servira à éclairer l'avenir et à ramener plus tard dans la voie nationale, quand les abus auront atteint leur apogée.

Les variétés de bandes avaient fini par se fondre sous le nom de grandes compagnies, dont les chefs prenaient le titre de capitaines et jouissaient d'une assez haute importance. Tous seigneurs et gentilhommes ordinairement déclassés, prenaient à leur solde les bandits qu'ils pouvaient ramasser, en formaient une troupe tant bien que mal équipée et en vendaient les services au roi.

Aguerris dans de nombreuses rencontres, ils se présentaient intrépides au feu; l'amour de l'aventure et la perspective du butin augmentaient leur bravoure comme leur dédain du péril. Le repos leur pesait et leur indiscipline les rendait dangereux. Leur engagement temporaire terminé, ils en cherchaient un autre et se louaient souvent aux adversaires qu'ils venaient de combattre.

S'ils manquaient d'occupation, si les trêves se prolongeaient, la solde et le butin défaillaient également. Ils maraudaient pour vivre, tantôt ici, tantôt là, ravageant indistinctement les uns et les autres. Ils allaient piller au loin les campagnes sur lesquelles ils s'abattaient par de grandes courses, qu'on appelait alors *chevaulchées* et qui étaient de véritables raids de dévastation.

La France en souffrit beaucoup. Les maux qu'ils causaient, devenus incalculables, appelaient un remède, tant l'effroi était grand. Du Guesclin parvint à détruire ces ravageurs en les conduisant en Espagne, où ils périrent presque tous.

X.

LE RECRUTEMENT SOUS CHARLES VII.

Les bandes supprimées, on essaya de pourvoir à leur remplacement au moyen des forces régulières anciennes, et là était la difficulté. On se trouvait en présence de divers obstacles, qui semblaient insurmontables.

D'une part, les seigneurs appelaient leurs hommes d'armes et leurs vassaux, divisés en premier ban, deuxième ban et arrièreban, et les conduisaient au rendez-vous; ces forces étaient sous leur dépendance absolue. Elles n'apportaient des vivres que pour 15 jours et, au bout de ce temps, se retiraient. Voilà à quoi se réduisaient les forces féodales au XIIIe siècle.

D'un autre côté, les milices communales avaient présenté des qualités, surtout d'indépendance vis-à-vis de l'aristocratie; leur esprit libéral se développant, un sentiment d'opposition régnait parmi elles, même contre l'autorité royale, et le souverain ne pouvait compter sur leur complète obéissance.

Le terrien se présentait toujours comme le soldat né. C'est le sol qu'il faut défendre et le propriétaire est forcément combattant. Seulement l'accroissement de la propriété avait réduit beaucoup le nombre des possesseurs.

Pourtant il fallait assurer des troupes à l'autorité, et celle-ci se voyait fort empêtrée pour rencontrer une force militaire capable de lutter contre l'étranger et contre les grands vassaux.

Les souverains redoutèrent le peuple de France qui, pourtant, avait fait ses preuves. Doué d'un instinct belliqueux, il continuait d'aimer la guerre. Dégradé par la servitude, il pouvait se relever. Méconnu, sacrifié, sa valeur s'était affirmée quand personne ne combattait plus les Normands. Presque seul, il avait lutté et triomphé aux sièges de Paris et de Sens notamment. La liberté offrait le moyen de lui rendre sa gloire passée; on n'osa pas la lui donner.

On essaya des moyens à côté.

La difficulté fut pendant longtemps d'assurer la solde et même d'en donner une; on tourna la difficulté par l'exemption d'impôt.

Les populations des côtes et des frontières, exposées les premières aux agressions, furent militarisées en quelque sorte. On leur supprima toutes les redevances, à la condition de porter les armes en cas de besoin. La terre à défendre forma encore le principe du service, et la libération de toutes charges s'ensuivit en compensation de l'obligation militaire acceptée.

Ce système naturel, a toujours été pratiqué et l'est encore en beaucoup de pays. Les exemples sont nombreux : les colonies frontières des Romains, les colonies frankes, les francs-archers dispensés d'impôts, les colonies militaires en Hongrie et en Russie, les hordes de cosaques, les douairs, les zmélas, les tribus makhzen en Algérie.

En tous lieux et en tout temps, l'exemption d'impôts et l'attribution de terres sont concédées en échange du service militaire, présentant un caractère mixte à la fois volontaire et forcé.

Ce mode, excellent comme moyen auxiliaire, est insuffisant pour constituer une armée. Il ne présente ni la cohésion ni la mobilité désirable; il pèche surtout par le manque d'instruction. Le défaut apparaissait moins alors, puisqu'on ne s'occupait guère du dressage des hommes. Cependant, on commençait à en reconnaître le besoin.

Jusqu'alors, les troupes ne présentaient, en réalité, que des espèces de gardes nationales mobilisées ou des levées plus ou moins en masse. Parfois soldées quelque temps, elles se défrayaient ordinairement elles-mêmes, s'équipant, se nourrissant, aidées quelque peu par les communes et ne coûtant rien au roi. Système précaire assurément. On appelait les hommes, on les retenait quelques semaines et, les vivres épuisés, l'armée disparaissait, fondue dans la population jusqu'à une nouvelle réquisition.

En regard, les bandes, les compagnies toujours soldées par le trésor royal, revêtaient un caractère plus permanent. Elles coûtaient beaucoup plus que des troupes régulières, montraient une fidélité relative en guerre, imposaient leurs prétentions fréquemment et commettaient en paix un nombre insupportable d'exactions.

La guerre de Cent ans mit en évidence tous les inconvénients de ce système de recrutement. Une si longue suite de combats, comme les journées désastreuses de Crécy, de Poitiers et d'Azincourt, avaient détruit en grande partie la chevalerie ainsi que les forces militaires. Une fois la paix rétablie, on sentit la nécessité d'une organisation plus solide, propre à satisfaire aux besoins d'une grande nation. Il s'agissait de la composer d'éléments militaires permanents doués d'une instruction supérieure à celle possédée jusqu'alors par la noblesse volontaire, les bans de vassaux requis ou les milices communales.

A ce moment, les idées chevaleresques s'affaiblissaient. On reconnaissait tous les vices de l'ignorance militaire, accusée par tant de revers. On revenait aux connaissances anciennes que Machiavel, l'un des premiers, venait de remettre en évidence et qui semblaient des nouveautés.

Charles VII entreprit de recruter une armée permanente. Pour la cavalerie, il créa une nouvelle gendarmerie composée de 15 compagnies d'ordonnance de 100 lances chacune. Les gentilshommes y étaient seuls admis. Chacun d'eux menait avec soi trois archers, un écuyer, un coutillier et un page, soit six cavaliers par lance.

Le roi s'attacha à reconstituer l'infanterie, dont le rôle avait été si médiocre et dont on commençait à reconnaître l'importance, grâce aux efforts de la Suisse. Ce petit pays, en 1307, avait proclamé son indépendance et l'avait successivement complétée jusqu'à la victoire de Granson contre Charles le Téméraire

(1476). La vaillance déployée par ces montagnards comme leur entente à manier les bataillons, leur permirent de s'affranchir du joug allemand et acquit une grande considération à l'infanterie, qui venait de remporter tant de succès.

Charles VII, frappé de l'exemple des Suisses, songea à les imiter. Il abolit en France l'infanterie communale, fournie par les villes ou les villages et qui, malgré ses preuves d'énergie en plusieurs occasions, restait peu considérée. Il prescrivit, pour la remplacer, à chaque paroisse d'entretenir en tout temps au moins un archer toujours prêt à marcher. Le total formait un effectif de 16,000 hommes et constituait une force permanente.

Le dimanche, ils revêtaient le costume militaire, se réunissaient par groupes, s'exerçaient au tir de l'arc, se disputaient des prix et simulaient de petites actions de guerre. On tâchait alors de leur inculquer une certaine instruction militaire.

Entretenus par les communes, ils étaient exempts d'impôts, d'où leur vint le nom de francs-archers. Le principe de leur recrutement se trouvait basé non plus sur la terre, mais sur le chiffre de la population.

Les deux portions des troupes, 9,000 cavaliers et 16,000 fantassins, constituaient l'armée permanente. Pour assurer la solde des cavaliers, on établit une nouvelle taxe appelée taille des gendarmes. Les francs-archers ne recevaient de solde que s'ils étaient appelés à l'armée. Le reste du temps, ils ne touchaient rien.

Cette première organisation régulière n'empêchait pas l'existence des réquisitions féodales. Tous les hommes devaient le service militaire et rejoindre la bannière de leur seigneur en cas de guerre.

Les divers modes de recrutement fonctionnaient en même temps : troupes régulières soldées, les unes toujours, les autres en cas de guerre; territoires frontières devant le service; troupes féodales obligées de marcher; corps étrangers et bandes de mercenaires.

Cette réorganisation militaire constituait un progrès. La régularité fut complétée par la suppression des corps spéciaux indépendants.

Après l'assemblée d'Orléans, en 1439, Charles VII proscrivit tous les excès aux gens de guerre; interdit aux chefs de lever des compagnies sans l'ordre du roi et aux soldats de marcher sous leurs ordres; il défendit à tous de piller les églises, d'attaquer sur les chemins, de couper les arbres, d'arracher les vignes, de brûler les moissons, etc. Il prohiba les tailles imposées par les possesseurs de châteaux; les péages sur les routes, les arrêts de voyageurs, et surtout de marchands, pour les rançonner au passage.

Enfin le roi fit une revue générale des troupes, indiqua celles qu'il gardait et renvoya les autres avec ordre de rentrer immédiatement dans leurs foyers. Quinze jours après, il n'y eut plus un soldat sur les routes. Ce bienfait est la gloire de Charles VII et du connétable de Richemont qui le seconda.

Le système de recrutement de Charles VII était bon. Il aurait pu être amélioré. Il n'en fut rien. L'ombrageuse susceptibilité de Louis XI se défia des troupes nationales. Il supprima les francs-archers et les remplaça par des étrangers, Suisses infanterie, Allemands à pied et à cheval, Écossais à pied, etc.

Sous Charles VIII, la dame de Beaujeu, régente, renvoya les 6,000 Suisses et licencia quelques autres corps de troupes nationales qui allèrent vivre de brigandages. Bientôt on rappela des lansquenets allemands et quelques compagnies italiennes.

Louis XII prit à son service des stradiotti, cavaliers grecs, qu'on appelait cavalerie albanaise.

Peu à peu tous les abus reparurent sous des monarques sans valeur. Oublieux des grandes guerres précédentes et de leurs enseignements, ils abandonnèrent l'organisation militaire qui en avait été la conséquence. Le recrutement national s'effaça, disparut, cédant la place aux mercenaires étrangers. On n'en saurait trouver d'autre raison que le besoin de contenir les forces féodales par des soldats exotiques. Bien mauvaise raison assurément.

Cette éclipse du sentiment national ne dura pas très longtemps. François Ier, reprenant l'œuvre de Charles VII, rendit la prééminence aux forces françaises. Il licencia une partie des mercenaires et institua les légions provinciales.

XI.

LE RACOLAGE.

Les abus sont terribles à détruire. François Ier s'y efforça. Il fit du bien sans tout réparer. Il ne possédait pas encore l'esprit de méthode et manquait de la persévérence indispensable. Les choses s'aggravèrent plus qu'elles ne s'améliorèrent sous ses successeurs.

Henri IV supprima les mercenaires étrangers, sauf les Suisses. Portant haut le sentiment de nationalité française, il n'aurait voulu que des troupes du pays. Il fit néanmoins cette concession aux habitudes du temps. Il eut beaucoup de peine à faire disparaître le reste des bandes, dont les méfaits dépassaient de beaucoup les services, et qui avaient survécu durant les guerres du commencement du règne.

A ce moment, on adopta comme système de recrutement ordinaire l'enrôlement volontaire, principe excellent dont la mauvaise application amena des abus d'une autre sorte et ne dispensa pas de recourir encore au recrutement forcé.

Le roi, assez progressiste, devait lutter contre une vieille routine établie dans le pays depuis bien des siècles. Les abus y étaient reconnus, constatés, et s'y perpétuaient néanmoins. Ils se trouvaient soutenus, fortifiés, par les coutumes des pays voisins. Quoique les communications fussent assez rares entre les différents états, elles ne manquaient cependant pas. Les institutions militaires des unes et des autres étaient connues et, comme toujours, elles s'influençaient réciproquement.

En général l'Europe était moins avancée que la France sous le rapport du recrutement et, néanmoins, elle en subissait le contrecoup.

Pendant la guerre de Trente ans, les mercenaires existaient sur une grande échelle et dépassaient les proportions antérieures. La formation d'une armée constituait une véritable entreprise. Ferdinand II, empereur d'Autriche, chargea Wallenstein, un des plus célèbres condottieri, de lui en constituer une. Par sa réputation, ses promesses et sés dons. il attira près de lui tous les mercenaires de l'Europe. Il nomma des colonels et les chargea d'organiser des régiments. Ces sous-traitants désignèrent des capitaines qui levèrent chacun une compagnie. En peu de temps une armée assez considérable se trouva formée en Bohême par cet étrange rassemblement d'hommes, et la guerre se ressentit de ce caractère du recrutement des troupes.

On trouvait de ces aventuriers dans presque toutes les armées, et leurs prouesses effaçaient jusqu'à un certain point leurs turpitudes. Ils se maintinrent longtemps en France, malgré les protestations sans nombre contre leurs actes. Leur qualité de volontaires les sauvait; on les tolérait dans ce pays de France si porté à la guerre et où le servage en avait tué le goût. A part l'aristocratie, qui combattait, le peuple redoutait la guerre.

Le régime du recrutement volontaire et des capitulations admis sous Louis XIV pouvait assurément être considéré comme un progrès. Mal appliqué, il ne produisit pas les résultats qu'on était en droit d'en espérer.

On essaya d'abord d'attirer les jeunes gens en s'adressant à leur ambition. Des espèces de bureaux s'établirent et publièrent des affiches alléchantes. Des sergents recruteurs passaient de temps à autre et vantaient le bien-être de leurs corps de troupes. Des avis déposés dans les lieux publics parlaient dans le même sens. On y exaltait l'élégance de l'uniforme, la bienveillance des officiers, les nombreuses permissions accordées, la solde régulièrement fournie, la bonne nourriture, le travail modéré, la gaieté des camarades, les bals deux fois par semaine, etc. Ce programme séduisant engageait quelques jeunes gens à s'enrôler.

Néanmoins le nombre demeurait insuffisant. L'attraction ne produisant pas assez d'effet, on employa la ruse. L'enrôlement se transforma en racolage; on appliqua la presse, très en faveur en Angleterre. On attirait les jeunes gens sous divers prétextes dans des maisons mal famées; on les enivrait et on leur faisait signer un acte d'engagement. Le lendemain, quand la raison leur revenait, ils protestaient contre cette supercherie. On n'en tenait nul compte. Ils avaient donné leur signature, on les obligeait à partir de gré ou de force. C'était en général d'honnêtes gens qui succombaient ainsi à leur insu, puis, une fois enrôlés, ils se déclassaient au contact des autres.

Un document du temps établit nettement ces faits de ruse, de séquestration et de violence : « En 1656, les maréchaux condam-

« naient les officiers qui, pour faire plus facilement des levées de
« recrues, passaient des traités avec aucuns exempts, archers ou
« autres, pour leur livrer des hommes. Lesdits exempts prennent
« des enfants, escoliers, artisans, sous prétexte de leur trouver
« des conditions, les mettent en lieux écartés, les retiennent par
« force, les font sortir de nuit pour les livrer aux capitaines. »

Ces suppôts de police étaient tout simplement des marchands
d'hommes, de détenus ou de vagabonds, et quelques condamna-
tions n'arrêtaient pas leur commerce.

On allait encore plus loin. Sous prétexte d'épurer les villes et
les campagnes, on employait ouvertement la violence pour
enrôler des hommes contre leur volonté. Les autorités, au moment du passage des sergents recruteurs, leur livrait tout ce qui
se trouvait dans les fours, prisons annexées aux tribunaux;
c'est-à-dire tous les garnements et mauvais sujets détenus à un
titre quelconque. On les obligeait de souscrire un engagement
pour les troupes.

En certaines circonstances, sur l'ordre des intendants de province, les troupes faisaient des battues dans les campagnes, tra-
quaient les paysans et emmenaient de force ceux qu'elles parve-
naient à saisir.

Ce racolage éhonté a lieu de surprendre. La monarchie absolue,
bien assise en France, revenait au déplorable système de recrutement que Mécène avait jadis fait accepter à Auguste. Il abou-
tissait à remplir l'armée de la lie de la population, à en former
un exutoire pour tous les gens sans aveu qu'on y attirait ou qu'on
forçait à y entrer.

Au lieu des anciens modes appelant les propriétaires, les travailleurs au service militaire, on s'adressa aux vagabonds; au
lieu d'honnêtes gens on ne prit presque que des hommes tarés.
L'ordonnance royale de 1643, recommanda d'enrôler de préférence et même par force les fainéants, les déclassés, les individus
sans feu ni lieu.

Ce système de recrutement était ignoble. Il dura pourtant
longtemps. Les capitaines, propriétaires de leur compagnie, se
trouvaient chargés de la recruter. Tous les procédés leur étaient
bons. Le principe, l'engagement volontaire avec prime, se voyait
sans cesse faussé par la force ou la ruse, et l'argent était très
incomplètement donné.

Les compagnies formaient de véritables entreprises; les capitaines percevaient la solde pour le complet de leurs gens et les présentaient les jours de revue. Habituellement, ils laissaient les hommes dans leurs foyers et ne les payaient point. Cet abus devint considérable. En réalité, le trésor royal payait beaucoup et il avait peu de soldats.

L'insuffisance de l'effectif s'accusa par l'habitude qui s'établit de conserver toujours une partie de l'armée sur pied, au lieu de la congédier après chaque campagne. Aussi, en 1688, pour augmenter les forces et contrebalancer les pitoyables effets du racolage, une ordonnance royale rétablit les milices communales, à raison d'un homme par 2,000 livres de contribution.

Les miliciens étaient choisis dans chaque paroisse parmi les hommes de 20 à 40 ans, armés et équipés par elle. Les villages, en moyenne, fournissaient un ou deux hommes. Le sort les désignaient, mais il existait une quantité de privilèges qui en dispensaient ou en exemptaient.

Sous Louis XV, la mauvaise constitution de l'armée en rendait l'entretien ruineux et les effectifs dérisoires. Les compagnies comptaient seulement 33 hommes dans l'infanterie et 23 dans la cavalerie.

Une situation si fâcheuse, critiquée par nombre de personnes, attira l'attention de quelques chefs militaires éminents. Déjà, ils remarquèrent qu'en Prusse un système préférable existait. Le pays se trouvait partagé en districts. Chacun d'eux fournissait un régiment et devait le maintenir au complet. De cette manière, la nation se trouvait liée à l'armée. C'était le recrutement régional et surtout local qui s'est toujours perpétué dans ce pays.

L'obligation du service national réapparaissait à quelques esprits. Le maréchal de Saxe publia ses idées à ce sujet. Il demandait une loi obligeant tout homme, de quelque condition que ce fut, à servir pendant cinq ans, et il ajoutait dans ses *Rêveries* : « Cette loi ne saurait être désapprouvée, parce qu'elle est « naturelle et qu'il est juste que les citoyens s'emploient pour la « défense de l'État. Mais pour y parvenir, il faudrait n'en « excepter aucune condition, être sévère sur ce point et s'attacher « à faire exécuter cette loi, de préférence aux nobles et aux « riches; le pauvre serait consolé par l'exemple des riches, et le « riche n'oserait se plaindre en voyant servir le noble. »

Le maréchal posait, dès cette époque, le principe du service obligatoire. L'idée théorique était bonne. Elle ne fut pas comprise. Elle sembla inapplicable dans la pratique. Cependant son influence ne fut pas nulle.

Les idées se mûrissaient, se publiaient; on sentait tous les vices du système en vigueur, on cherchait autre chose. Les inconvénients de l'engagement volontaire frappaient tellement que, au lieu de détruire les abus, on supprima le principe lui-même.

L'ordonnance de 1724 réorganisa les milices nationales avec le tirage au sort. Elles devinrent permanentes à dater de 1726, en conservant leur nom.

Le roi interdit les engagements volontaires et le remplacement. La durée du service fut fixée à quatre ans pour tous les hommes non mariés de 16 à 40 ans, parmi lesquels on choisissait les recrues par la voie du sort.

Des exemptions et privilèges en très grand nombre se trouvaient stipulés en faveur d'individus ou de catégories. La noblesse ne participait pas au tirage. Elle servait de droit et volontairement.

Une dispense fort curieuse est à noter, car elle implique un retour aux usages grecs et romains. Les domestiques étaient exempts de droit du service de la milice, sans doute parce qu'on ne les considérait pas comme libres.

L'ordonnance de 1762 se préoccupa des éventualités de guerre future. Elle régla la composition des cadres, de manière que chaque corps pût recevoir à l'ouverture des hostilités un supplément d'effectif qui augmentât sensiblement sa force. C'est, en germe, un des principes de la mobilisation adoptée à présent.

Cette mesure présentait, en outre, l'avantage de faciliter l'apprentissage des recrues, en leur donnant un fort cadre qui leur servait d'instructeurs et de guides. C'est ce que les adversaires de l'armée contestent aujourd'hui.

Malgré les progrès réalisés, un grave abus continuait de se maintenir. Les compagnies restaient au compte des capitaines et leur propriété. Cette disposition offrait de fâcheuses conséquences sur le recrutement et les effectifs.

Bientôt, à côté de l'armée réorganisée sur des bases assez fragiles, on voit paraître une force nouvelle stable, de vieux soldats portant le nom antique de vétérans, qu'on cherche à remettre en honneur à présent.

Ils doivent leur origine aux compagnies de l'Hôtel des Invalides qui, en 1696, demandèrent à être envoyées faire du service sur les frontières. Ces retraités firent valoir que si leur âge, leurs infirmités, leurs blessures, les rendaient incapables de soutenir une campagne et de pénibles marches, ils étaient cependant aptes à un service sédentaire et demandaient à être employés.

On fit droit à leur requête et des compagnies distinctes de vétérans furent instituées. On se prit d'un assez fort engouement pour elles. L'ordonnance de 1724 en porta le nombre à 177, comprenant chacune 6 officiers et 60 hommes, et l'ensemble atteignait près de 12,000 hommes en 1760.

Ce fut leur chiffre le plus élevé; depuis lors, il décrut sans cesse. Les vétérans avaient été prônés par le maréchal de Saxe dans ses écrits. Il songeait à les substituer aux grenadiers et même à en faire un corps d'élite. L'ordonnance de 1771 en avait concédé le titre à quelques hommes dans les régiments. Néanmoins, ces vieux soldats, fatigués, ne rendaient pas de grands services. C'était des retraités en définitive à peu près sans retraite et on les gardait par commisération.

En 1776, ils ne présentaient plus que 5,846 hommes au total. Leurs services, pour honorables qu'ils fussent, ne constituaient qu'un appoint, un accessoire, et l'armée souffrait toujours de son très imparfait recrutement. On s'en occupait de plus en plus, on ne trouvait rien. Les idées arriérées plus que les nouvelles avaient cours.

Le comte de Saint-Germain, ministre de la guerre, 1775-1777, les expose ainsi dans ses Mémoires : « Il serait à souhaiter, sans « doute, que l'on pût former des armées d'hommes sûrs, bien « choisis et de la meilleure espèce; mais, pour former une « armée, il ne faut pas détruire une nation, et ce serait la « détruire que de lui enlever ce qu'elle a de meilleur. Dans l'état « actuel des choses, les armées ne peuvent guère être compo- « sées que de la bourbe des nations et de tout ce qui est inutile « à la société. C'est ensuite à la discipline militaire à épurer cette « masse corrompue, à la pétrir, à la rendre utile. »

C'est la reproduction du plan de Mécène adopté par Auguste.

Composer l'armée de gens tarés, déclassés, avilis, est la même idée immorale, à 18 siècles d'intervalle.

Beaucoup de gens, aujourd'hui, ne sont pas éloignés de partager ces sentiments, en les voilant sous une forme différente. Au temps même du ministère Saint-Germain, des voix éloquentes protestèrent contre cette pensée de donner à la France une armée d'avilis.

Le général de Guibert surtout réprouva énergiquement « cet « assemblage de stipendiaires, de vagabonds ou d'étrangers, que « l'inconstance ou la misère amènent sous les drapeaux et que « la discipline y retient. » (Tome Ier, page 14.)

S'inspirant des idées plus hautes du maréchal de Saxe, il montra la possibilité d'une armée nationale, en indiquant des procédés de recrutement plus rationnels. Il fut le précurseur de la rénovation militaire.

Au moment de la Révolution, en 1789, il écrivait encore : « C'est un problème digne d'occuper l'Assemblée nationale que « celui de tâcher de lier l'armée à la nation et de faire en sorte « que, citoyenne sans cesser d'être militaire, énergique sans être « indisciplinée, l'armée suffise à la défense du royaume, sans « pouvoir devenir dangereuse dans les mains du monarque. » (Tome V, page 192.)

Ses vœux ne furent pas exaucés sur le moment; toutefois, ses efforts n'avaient pas été stériles et, après quelques années de troubles, ils exercèrent une influence notable sur le recrutement de l'armée.

XII.

LES APPELS SOUS LA RÉPUBLIQUE ET L'EMPIRE.

En 1789, il existait 102 régiments d'infanterie, 7 d'artillerie, 62 de cavalerie, environ 173,000 hommes, recrutés par des enrolements volontaires. Les milices ou troupes provinciales, fournies par le tirage au sort, présentaient 29 régiments et 78 bataillons de garnison, ou à peu près 55,000 hommes.

Quand la révolution s'ouvrit, les idées sentimentales prirent d'abord le dessus. L'imagination eut plus cours que la raison.

On crut à la fraternité des peuples. On se prononça contre l'armée malgré les périls qui apparaissaient de tous côtés. On la redoutait à l'intérieur. On décida cependant que le recrutement s'effectuerait par l'unique mode des engagements volontaires sans s'inquiéter de ce qu'il pourrait produire.

Bientôt, l'impossibilité de l'application amena un désaveu manifeste du principe proclamé. On déclara tout citoyen astreint au service militaire personnellement ou par un représentant. Ce fut l'établissement du système dégradant du remplacement qui dura trois quarts de siècle et sembla juste tant les idées étaient alors dévoyées.

On établit théoriquement l'égalité des droits et celle des charges. Tandis qu'on s'attachait vivement aux premiers, on s'inquiétait assez peu d'égaliser, ou au moins d'équilibrer les secondes.

Dans un élan d'enthousiasme naïf, on crut y arriver sous le rapport militaire en créant dès 1789 la garde nationale, dont l'action néfaste allait se perpétuer durant 80 ans.

La garde nationale n'apparut pas au début avec ses propriétés nocives. Armée semi-civile, mais civile surtout de pensée et d'idée, elle se montra vite un gros embarras pour ceux qui l'avaient créée. Ingouvernable en paix, incapable d'agir en campagne, elle se retrouve dans toutes les émeutes ou révolutions, presque toujours contre le gouvernement, bravant l'autorité, entravant son action.

Ce n'était pas une nouveauté. La monarchie ancienne en avait fait l'épreuve maintes fois. La Ligue et la Fronde, notamment, montrèrent tous les côtés défectueux d'une force indépendante par essence, libre dans ses agissements, subissant toutes les influences politiques, naturellement portée à prendre parti contre le pouvoir qu'elle devait soutenir et qu'elle affaiblissait ou même détruisait. Le sabre de M. Prudhomme avait longtemps fonctionné avant qu'on en eût donné la définition. Néanmoins ces précédents n'arrêtèrent pas ; l'exemple du passé ne prévalut point contre l'enthousiasme un peu inconsidéré régnant à ce moment.

La désorganisation s'introduisit progressivement dans l'armée. Au 1er octobre 1790 il manquait plus de 30,000 hommes; on ne s'en préoccupa point. Les soi-disant patriotes ne l'aimaient pas et la craignaient. Pour eux la garde nationale devait suffire. On l'estimait théoriquement au chiffre de deux millions cinq cent mille hommes! et on vivait dans cette incroyable illusion.

Les esprits, hantés par les antiques doctrines grecque et romaine, s'imaginaient revenir aux anciens temps en appelant toute la nation aux armes, en réveillant les vieux principes du devoir militaire, la loi sacrée de la défense du territoire par ses propres enfants. L'assemblée nationale, convaincue peut-être, entraînée certainement, décréta la garde nationale, et la divisa en 16 légions devant donner 480,000 hommes.

C'était trop ou trop peu. Le résultat fut médiocre à l'application. Tout le monde parlait alors, mais peu marchaient. Si élevé que fût encore ce chiffre déjà bien réduit, les événements ne tardèrent pas à montrer combien était vaine cette institution. D'autres mesures s'imposèrent, hâtives et précaires.

Un décret du 28 janvier 1791 prescrivit la levée, par engagement volontaire, de 100,000 auxiliaires pour l'armée. Ils ne reçurent pas cette destination et ceux qui partirent devinrent les premiers volontaires nationaux.

En mars 1791, sur la réclamation presque unanime des provinces contre le tirage au sort, on supprima les milices quoique assez bonnes cependant.

En juin, la Constituante ordonne une conscription libre de gardes nationaux de bonne volonté, dans la proportion de 1 sur 20.

En juillet et août, on met en activité la garde nationale, environ 100,000 hommes, et on décide que les officiers seront nommés à l'élection. La moitié seulement de ce chiffre s'organisa à peu près.

Les mesures d'application, mal exécutées, eurent un résultat des plus médiocres; malgré l'exagération des rapports et l'exaltation des paroles, l'armée entière comptait à peine 140,000 présents au drapeau.

Pourtant la guerre était déclarée, l'ennemi s'avançait, il fallait se mettre en état de résister. On prit diverses demi-mesures plus apparentes que réelles; des corps francs, des compagnies départementales, des légions, etc. Il en sortit de partout. Il en parut de toutes les espèces, la plupart ignorés du ministère. Tout cela faisait la guerre à son gré et cependant ne suffisait pas, loin de là. On résolut de reconstituer l'armée sur un meilleur pied.

La loi du 20 juillet 1792 ordonna une nouvelle levée extraordinaire, sous le nom de gardes nationaux volontaires, de manière
à élever l'effectif de l'armée à 450,000 hommes. La même loi
créa un corps de vétérans nationaux, divisé en cent compagnies,
qui furent composés des anciennes compagnies royales analogues. On n'y admettait que des hommes ayant déjà 24 ans de
service, tandis qu'on appelait dans l'armée toute la jeunesse,
beaucoup d'adultes, des enfants, des malingres même.

Cette contradiction montre le désordre qui régnait alors dans
les idées comme dans les choses. On conservait le vieux rouage
monarchique; des vétérans usés, fatigués, à côté des nouveaux
volontaires, jeunes, très jeunes, sans résistance pour la plupart.

Ces volontaires ne l'étaient que de nom. Ils ne se présentaient
guère de bonne volonté, et leur nombre, dans les rangs, ne suffisait pas aux besoins. On crut les contraindre à se rendre au drapeau par la réquisition et la levée en masse. On décréta en fait le
service obligatoire pour tous, mais on n'osa pas l'appliquer.
D'un côté on demandait des volontaires, de l'autre on les forçait
de partir. Contradiction et confusion, résultat médiocre. La situation empirait toujours.

Le 11 juillet 1792, la patrie avait été déclarée en danger. Tous
les citoyens en état de servir sont requis et tenus de désigner
parmi eux la quantité des contingents demandés. On fait appel
de tous côtés aux bonnes volontés. Les uns quittent leur corps
pour entrer dans un autre. Des compagnies franches, des appelés,
des requis, des volontaires, produisirent une mêlée assez con-
fuse d'où sortirent quelques bataillons de fédérés. En somme le
grossissement des effectifs avançait peu.

Afin de pourvoir au plus pressé, on fit une levée de 30,000
hommes à Paris et aux environs. On y joignit divers corps francs
et les débris des anciennes troupes de ligne. Telles furent les
forces en partie improvisées qui vainquirent à Valmy. Le succès
de cette armée presque sans organisation, sur des adversaires
disciplinés, est dû à la surexcitation morale extraordinaire qui
la galvanisait. Elle engendra un grand enthousiasme et tourna à
l'encontre de la bonne organisation des troupes. On célébra les
volontaires, on les exalta, on ne voulut plus qu'eux.

Le résultat ne tarda pas à montrer l'erreur où l'on s'était jeté.

Les surexcitations excessives ne durent pas. On méconnaît sans cesse cette vérité. Quand la tension des nerfs est parvenue à son summum, elle ne se maintient plus et s'abaisse rapidement. On avait beau appeler des hommes, les chiffres ne s'élevaient que sur le papier.

. D'une part, la Convention avait autorisé le remplacement parmi les volontaires. Les gens aisés achetaient un homme et le faisaient partir à leur place. Dans ce système les pauvres appelés représentaient l'honnêteté, le patriotisme, et les riches se trouvaient représentés par des individus quelque peu tarés. Cette mesure absolument vicieuse, surtout en raison des circonstances, soulevait de nombreuses récriminations qu'on ne voulait pas entendre.

D'autre part, le décret du 28 décembre 1791 avait imprudemment reconnu aux volontaires le droit d'abandonner l'armée après chaque campagne, dont le terme était fixé au 1er décembre, à la seule condition d'en donner avis au capitaine deux mois à l'avance. Aussi au 1er décembre 1792, les volontaires de 1791, les meilleurs par leur origine, sollicitaient en foule leur rentrée chez eux. Beaucoup même étaient partis avant. La Convention leur fit une adresse les invitant à rester. Ces paroles demeurèrent à peu près sans effet. La rigueur de l'hiver et le dénuement presque absolu avaient réduit de plus d'un tiers toutes les forces au printemps de 1793, et le danger allait croissant.

Le 20 février, on décréta de nouveau un appel de 300,000 hommes, en appliquant la réquisition à tous les citoyens de 18 à 40 ans. Chaque commune fut taxée à un certain nombre de volontaires. On y ajouta cette prescription bien significative : « Si les « inscriptions volontaires (dans les 3 jours) ne suffisent pas pour « compléter le contingent demandé, les communes adopteront le « mode qui leur paraîtra le plus convenable pour y parvenir. »

On suppléa de la sorte l'enthousiasme défaillant, par le volontariat forcé et, néanmoins, on n'obtint pas le résultat désiré. Quelques mois après, une nouvelle mesure plus radicale devint nécessaire. Elle était motivée de la manière suivante, dans une adresse présentée le 12 août 1793 à la Convention, par le Comité de salut public :

« Si vous demandez des millions de républicains, vous les

« verrez se lever pour aller écraser les ennemis de la liberté. Le
« peuple ne veut plus d'une guerre de tactique. Que la grande et
« universelle affaire des Français soit de sauver la République,
« *que les moyens d'exécution ne vous inquiètent pas.* Décrétez
« seulement le principe. »

Le 23 du même mois, sur le rapport de Barrère, une réquisition générale fut décrétée au cri de : « Point de recrutement,
une levée en masse. »

Le dédain des moyens d'exécution s'accuse nettement dans
cette phraséologie déclamatoire. Un but général indiqué ne suffisait pas; les mesures d'ordre manquèrent. Le décret voté, tous
étaient requis, mais tous ne se présentèrent pas. Les millions de
républicains demandés se bornèrent à quelques centaines de
mille. Le mouvement national se réduisait à peu de chose. On se
contenta de cette apparence et on l'exalta. Toute la France est
debout disait-on. Cette figure était fort inexacte.

Une faible portion agissait en réalité. Une minime fraction
combattait avec un admirable courage. Parmi ceux qui avaient
répondu à l'appel, beaucoup se retiraient successivement. On
retenait difficilement le reste sous les drapeaux. Les faits parlent
plus haut que tous les arguments.

Six mois après la levée en masse, on décréta de nouveaux
appels. Dubois-Crancé, montrant la nécessité d'un nouvel appel
de 300,000 hommes avant un mois, ajoutait : « Cet appel ne peut
« s'effectuer que par la conscription de tous les citoyens en état
« de porter les armes, en raison de leur nombre effectif, *sauf à*
« *donner à ceux qui seront appelés la faculté de se faire rem-*
« *placer.* »

La Convention rendit ce décret le 24 février 1793, reproduisant
à l'article 4 cette déplorable restriction : « Les volontaires ne
« pourront être liés que pour une campagne. » Néanmoins le
remplacement fut interdit par l'article 7, puisque la levée était
totale.

A mesure des décrets, la valeur des corps allait toujours
s'amoindrissant. Le premier appel : les volontaires de 1791; la
réquisition de 1792 et la levée en masse de 1793 accusaient une
diminution notable de la qualité.

Sur les 900,000 hommes appelés en trois fois, une faible proportion existait aux armées. Le rapport de Dubois-Crancé à la Convention, le 7 février, les évalue à 517 bataillons paraissant donner 289,000 hommes. Sur ces présents, on estimait à un tiers le nombre des incapables de tout service; des malades incurables, des imbéciles, des borgnes, des boiteux, des vieux, des faibles, des enfants. Les villes, pour former leurs contingents, rassemblaient les mauvais sujets, les gens sans aveu; dans les campagnes, on prenait les mendiants, les vagabonds. Chaque localité cherchait ainsi une épuration en expédiant d'inutiles soldats.

Quelle singulière compréhension du recrutement ! Idée funeste, mais bien ancienne, vantée comme avantageuse, régnant encore à présent dans un certain nombre de cerveaux, et pourtant idée désastreuse pour l'armée, c'est-à-dire pour le pays.

L'armée restait bonne quoique affaiblie. On ne pouvait plus la recruter, tout le monde allait à la garde nationale où l'on était autrement libre.

Dès 1792, Aubert-Dubayet, d'après le mémoire du général de Custine, avait proposé l'amalgame, c'est-à-dire la réunion d'un bataillon de ligne avec deux bataillons de gardes nationales. Ce fut repoussé.

L'idée se trouva reprise dans le rapport de Dubois-Crancé à la Convention, en février 1793, au nom du Comité de la guerre. Il faisait valoir comme principe que tous les hommes sous les drapeaux devaient être égaux en droit et considérés comme volontaires nationaux. Cette habileté de langage décida l'Assemblée à revenir sur sa première décision, et elle autorisa l'amalgame le 10 juin 1793. Le 12 août, un autre décret indiqua les procédés d'exécution, mais bien des causes en retardèrent l'accomplissement.

Enfin, un décret du 8 janvier 1794 prescrivit l'exécution immédiate de l'embrigadement, et les volontaires disparurent de fait dans la ligne. Il existait alors, même après la réforme de tous les corps de fantaisie, 725 bataillons de volontaires nationaux qui, réunis aux 213 bataillons de ligne, donnèrent 251 demi-brigades. Peu après, le 24 février 1794, la Convention prescrit encore un appel : « Tous les Français de 18 à 40 ans non mariés ou veufs « sans enfant sont mis en réquisition permanente jusqu'à l'époque

« du recrutement effectif de 300,000 hommes et jusqu'à celle où
« ces 300,000 hommes, armés, habillés, équipés, auront été
« réunis aux armées. »

Deux autres décrets prescrivirent encore la levée de 70,000 hommes destinés à renforcer la cavalerie et l'artillerie.

Le total présent aux armées ne dépassa pas 620,000 hommes, maximum de sa plus grande force en 1794.

Les appels, les réquisitions et les levées se succédaient et, à part quelques moments, les effectifs demeuraient faibles. Dix-huit mois après le décret de levée en masse (23 août 1793), huit mois après le décret de réquisition permanente (24 février 1794), Merlin de Thionville écrivait, le 24 octobre 1795, dans son rapport au Comité de salut public : « Nos bataillons sont réduits à « rien par la désertion à l'intérieur. »

La Convention, le Comité de salut public, le Gouvernement demeuraient impuissants. Les décrets succédaient aux décrets et, malgré les rigueurs alors employées, on ne parvenait pas à en assurer l'exécution. Le mode de recrutement était vicieux ou plutôt il n'y en avait pas. On appelait ou réquisitionnait tous les valides, tous les jeunes hommes dès que l'âge était arrivé. On les faisait partir, beaucoup ne rejoignaient pas les armées. Ceux qui s'y rendaient s'en éloignaient bientôt pour la plupart.

En 1796, le Directoire prescrivit une refonte des premières demi-brigades trop affaiblies. Leur nombre de 251 tomba à moins de moitié, 140 seulement.

Pour faire flèche de tout bois, une loi de 1797 autorisa 200 nouvelles compagnies de vétérans nationaux, destinées à recevoir les militaires blessés aux armées. Leur nombre s'éleva ainsi à 300.

Après avoir tant loué les milices, tant recherché les volontaires, tant fait appel au patriotisme, on reconnaissait le défaut énorme de ce procédé. Il fallait cependant remédier à l'état déplorable du recrutement et renoncer aux volontaires si aléatoires, afin d'obtenir des forces plus réelles et plus stables.

En 1798, au conseil des Cinq-Cents, Jourdan fit voter la conscription, s'appliquant à tous les hommes de 20 à 25 ans avec tirage au sort désignant les appelés, sans remplacement. Chaque année, on devait lever un certain nombre de recrues; les autres étaient exempts de tout service. Aucune mesure compensatrice n'atténuait l'inégalité choquante de cette tombola humaine où la carrière, l'existence même dépendait du hasard. Ce système si mauvais parut excellent à cette époque; il s'est prolongé et existe encore en partie.

La durée du service était fixée à six ans; l'état de guerre continuel rendit cette mesure fictive.

Cette loi fut cependant la base de tout le recrutement pendant 72 ans, jusqu'à la guerre fatale de 1870. Sa durée semblerait prouver sa bonté, et cependant elle était bien vicieuse.

Quelques dérogations y furent parfois apportées sans en altérer le fond.

En 1799, plus de 150,000 hommes furent appelés sans opposition. Le système régulier commençait à s'organiser.

En 1800, le Premier consul réorganisa le corps des vétérans nationaux en dix demi-brigades de trois bataillons à six compagnies.

Cette époque de gloire fit oublier les mécomptes qu'avait donnés le recrutement depuis 1790 jusqu'en 1798. On ne se souvient plus que des belles troupes qui, pendant dix-sept ans, firent triompher notre drapeau. Il ne faut pas cependant perdre la mémoire de leurs déplorables débuts au commencement de la République. Ils forment un avertissement, concluant contre l'adoption de tout système de recrutement qui voudrait s'en inspirer.

Peu à peu, l'armée prenait une meilleure allure à mesure que l'ordre se rétablissait dans les esprits. Sous le Consulat, elle reçut divers perfectionnements et une certaine stabilité. Bonaparte changea les formes de l'existence de la garde nationale; elle ne dut plus devenir active qu'en cas d'attaque étrangère. En septembre 1803 il rendit le nom de régiments aux demi-brigades. Ce fut la fin légale des milices, qui n'existaient déjà plus en réalité.

L'Empire maintint le système de la conscription avec le tirage au sort. Les événements de guerre le forcèrent à rappeler plus tard des classes antérieures, comme à appeler par anticipation des classes trop jeunes; puis à incorporer dans l'armée des cohortes de la garde nationale. De même qu'on avait exagéré le chiffre des troupes de la République, on présenta plus tard comme immenses les forces de l'Empire. Elles ne s'élevaient pas si haut. « Le maximum des troupes n'a pas dépassé 600,090. On « commettrait une étrange erreur si l'on supposait que toutes les « conscriptions décrétées aient été effectivement levées; c'était « une ruse de guerre dont on se servait pour en imposer aux « étrangers. » (*Commentaires de Napoléon*, tome VI, page 92.)

Un décret de 1805 divisa les vétérans impériaux, alors au nombre de 12,533, en cent compagnies. Quinze d'entre elles formèrent un régiment en garnison à Paris. Les autres furent mises dans les places et forts pour empêcher les dégradations.

En 1812, la garde nationale fut divisée en premier, deuxième et arrière ban. Le premier, destiné à la garde des frontières et places, se composa d'hommes de 20 à 26 ans n'ayant pas été appelés. Le deuxième comprenait les hommes de 26 à 40 ans. Le troisième renfermait les hommes de 40 à 60 ans. Chaque cohorte était forte de huit compagnies.

En présence des nouveaux et grands besoins, Napoléon, en 1813, forma en régiments de ligne les cohortes du premier ban de la garde nationale, levées en 1812. On y joignit des bataillons de dépôt, des engagés volontaires, etc. Les 150 régiments ainsi formés étaient très inférieurs encore à ceux détruits durant la campagne précédente. Ils avaient bon courage sans doute, mais, composés en partie de contingents anticipés, ils manquaient de force, de résistance à la fatigue et d'expérience de la guerre.

En 1814, les vétérans, au nombre d'environ 12,000, furent réorganisés en cent compagnies de sous-officiers, de fusiliers et de canonniers.

En présence de l'invasion de la France par l'Europe coalisée, de formidables levées furent décrétées. On accourut. L'embarras fut grand pour les incorporer et les instruire, alors que les débris des cadres se présentaient si dégarnis. Afin d'éviter la confusion, on n'envoya dans les dépôts que les 160,000 conscrits de 1815; les autres classes ne devaient être mobilisées que successivement.

En 1815, Napoléon, retour de l'île d'Elbe, essaye non de réorganiser l'armée, mais d'en élever les effectifs. Il confie la défense des places à la garde nationale, aidée de bataillons de retraités. On appelle tout ce qu'on peut, ceux du passé et ceux de l'avenir, les classes arriérées comme les classes futures. Ces efforts ne produisirent pas énormément. Le délai était court, il est vrai. En deux mois, l'armée est doublée comme nombre et cependant atteint à peine 125,000 hommes pour la dernière lutte au moment de l'écrasement de la France.

XIII.

LE RECRUTEMENT SOUS LA RESTAURATION.

Un mouvement de réaction se produisit sous la Restauration et se fit sentir dans le recrutement. Afin de réorganiser l'armée, battue et disséminée, on revint en partie aux anciens errements pour se procurer des recrues. Aux Cent-Jours, la conscription et le tirage au sort sont abolis. On rétablit les primes d'engagement.

En 1815, on reprend les compagnies suisses dans la maison du roi.

La garde nationale est d'abord maintenue, puis bientôt après reconstituée, à raison d'une légion par arrondissement et de six compagnies par légion.

On prépare la réorganisation définitive de l'armée, qui se traduit par les lois de 1818 et de 1824.

Contrairement à la mesure prise quatre ans auparavant, on est obligé de revenir à la conscription et au tirage au sort, afin d'obtenir un recrutement normal assuré. Le remplacement est plutôt toléré qu'autorisé. La durée du service est fixée à 12 ans, dont six dans l'armée active et six dans les vétérans, qui constituaient la réserve des troupes actives, ou du moins la figuraient.

La loi de 1818 stipula que les hommes ayant achevé leur temps de service prendraient le titre de vétérans et seraient astreints, en temps de guerre, à un service territorial de six années. On les nomma fusiliers et canonniers sédentaires; on ne leur donna pas d'officiers et ils n'avaient aucune réunion d'exercices. Il existait 10 compagnies de sous-officiers, 35 de fusiliers et quelques-unes de canonniers. Lors de la campagne de 1823, on les rappela à l'activité et on les envoya servir aux bataillons de guerre. On dut les renvoyer parce qu'ils refusèrent de contracter un nouvel engagement.

En 1820, la durée du service fut abaissée à huit ans dans l'armée active. La loi du 9 juin 1824 confirma cette mesure et supprima le service de ré   ve des vétérans; toutefois, ils conservèrent leur appellation.

Le contingent fut augmenté et la réserve supprimée légalement. En fait, elle se con erva un peu, par les hommes en congé ou renvoyés par anticipation.

La garde nationale avait été réorganisée en 1818 et 1825. Les cadres se trouvèrent réduits à 2 légions à Paris. L'esprit libéral qui l'animait la fit licencier en 1827.

XIV.

LE RECRUTEMENT SOUS LA MONARCHIE CONSTITUTIONNELLE.

Le gouvernement, jeté bas par la garde nationale, abandonna la partie, et le roi se retira. On organisa une monarchie constitutionnelle en faisant de grandes concessions à la volonté populaire, représentée par la garde nationale. A peine créé, le nouveau gouvernement s'occupa très sérieusement des lois militaires et les fit voter par les Chambres.

La loi du 21 mars 1832 concernait le recrutement. Elle déclara d'abord que tout citoyen se devait à la défense du pays. Elle proclamait ainsi le principe théorique du service obligatoire, mais recula devant son application. Afin de le faire accepter, elle y dérogea par de nombreuses exemptions et dispenses, dans l'intérêt des familles ou des carrières libérales.

La loi de 1832 portait, art. 2 : « Sont exclus du service militaire et ne pourront servir dans l'armée les condamnés à deux ans d'emprisonnement et au-dessus ».

L'article 3 divisa le contingent en deux parties : 1° l'effectif entretenu sous les drapeaux ; 2° les hommes laissés ou envoyés en congé dans leurs foyers. Il constituait ainsi une sorte de réserve non instruite.

L'article 5 maintint le tirage au sort.

L'article 13 désigna tous les cas d'exemption et, par une concession nécessaire à l'esprit de l'époque, l'article 19 autorisa le remplacement; cette fois légalement, et le réglementa, tel qu'il était plus ou moins en usage depuis 1790.

A ce moment, la richesse publique prenait un grand essor. On trouvait à utiliser fructueusement ses facultés dans bien des carrières. Le désir du bien-être, comme le récent souvenir des longues guerres passées, éloignait de l'armée beaucoup de gens, aisés surtout. On ne crut pas possible alors de leur refuser le moyen de s'exempter du service, en fournissant un homme à leur place.

L'État et l'autorité militaire se désintéressaient naturellement de ce commerce malpropre qui déshonorait l'armée. Il s'établit des bureaux de marchands d'hommes, où l'on trouvait des individus de bonne volonté qui, moyennant une somme variable, signaient un acte de remplacement. Parmi eux, un grand nombre étaient de braves gens et constituèrent de bons soldats.

La loi de 1832 (article 30) fixait la durée du service à sept ans et le faisait compter du 1er janvier de l'année du tirage au sort. Elle autorisait l'octroi de congés illimités et le renvoi des hommes par anticipation, de manière à soulager le budget et à grossir la réserve. Celle-ci pouvait être soumise à des exercices périodiques. Cette dernière disposition ne fut pas appliquée, et la réserve perdit la plus grande partie de sa valeur.

L'article 31 formula ce principe : « Il n'y aura dans les troupes « françaises ni prime en argent, ni prix quelconque d'engage- « ment ». Ce sentiment chevaleresque, cette répulsion pour l'argent attaché au service militaire est à louer assurément, malgré l'article 19 qui autorisa le remplacement, sans parler du prix, qui demeura sous-entendu.

L'article 33 fixa la durée de l'engagement à sept ans, par analogie avec la durée du service, et l'article 36 admit les rengagements de deux à cinq ans.

A côté de cette loi figurèrent les dispositions pour le maintien des vétérans.

En 1830, les compagnies sédentaires en comprenaient 10 de sous-officiers, 30 de fusiliers, 13 de canonniers et 2 de gendarmerie. Une ordonnance du 26 novembre 1830 créa dans chaque département, par voie d'engagement, une compagnie de vétérans de l'armée. Le 26 juillet 1831, les compagnies sédentaires furent supprimées et fondues dans les nouvelles, qui prirent le nom de sous-officiers vétérans, fusiliers, canonniers, etc.

En janvier 1833, les 60 compagnies furent réduites à 30.

On en créa d'autres plus tard, puis on les réduisit. De 1840 à 1847, il n'y en eut plus que 38. Elles présentaient peu d'utilité et servaient seulement à conserver d'anciens soldats jusqu'à leur retraite, ce qui, avec peu d'avantages, offrait beaucoup d'inconvénients.

Elles ne constituaient nullement une réserve. On en avait beaucoup parlé, à cette époque, sans la réaliser. On s'était borné à l'esquisser. Elle ne comprenait que des hommes en congé, ou libérés provisoirement, qu'on pouvait rappeler selon les événements. Ayant longtemps servi, ils se trouvaient assez instruits. Quant à la seconde portion de la classe et, à plus forte raison, à ceux non compris dans le contingent, ils ne savaient rien.

Cette loi présentait donc de nombreuses iniquités. Une petite partie supportait un service très long. Tout le reste se trouvait dispensé, sans aucune compensation.

Malgré ses imperfections, cette loi se maintint jusqu'en 1848, donna d'assez bons résultats et releva la considération militaire du pays.

Les revers de 1814 et de 1815 avaient anéanti la puissance mais non la suprématie militaire de la France. L'étranger la reconnaissait toujours, durant les quinze années de Restauration pendant lesquelles l'armée se reconstitua.

La révolution de 1830, rendit à l'armée la liberté de son développement. Elle prit un grand essor, et la conquête de l'Algérie y contribua beaucoup. On ne peut dire qu'elle reconquit le premier rang militaire, car elle ne l'avait jamais perdu. Les autres pays l'étudièrent, l'imitèrent et adoptèrent en partie ses principes et ses méthodes. La France possédait alors le prototype des forces bien organisées, le foyer d'où rayonnait la science des armes.

Cette brillante situation militaire s'altéra toutefois par l'institution de la garde nationale, qui commença dès lors à établir la rivalité de la milice bourgeoise et de l'armée. Sa prédominance sapa peu à peu les principes des institutions militaires.

La garde nationale, composée d'électeurs, représentait non la classe dirigeante, mais la classe censitaire. Elle fut naturellement choyée par le gouvernement; sentit son pouvoir et en abusa. Elle avait le pas sur l'armée. Elle était la force nombreuse qui vote, à côté de la force réelle militaire qui ne votait pas. Cette différence, des plus significatives, a fatalement pesé sur nos institutions militaires et on en subit, encore à présent, le contre-coup.

Le recrutement de la garde nationale comportait des restrictions assez nombreuses. On n'y admettait pas les condamnés, les faillis, les miséreux, les vagabonds, les domestiques, etc., tous ceux qui n'étaient ni honorables, ni libres, selon un ancien souvenir de la Grèce et de Rome. Il en résultait plutôt une garde bourgeoise qu'une garde nationale. Elle en résumait tous les défauts.

L'ère de 1830 a pris sa caractéristique de la ridicule garde nationale qu'elle a subie et dont elle n'a pu se servir qu'en l'adulant de toute façon. Désireuse des avantages et du costume militaire en en repoussant les charges, elle a voulu la prééminence, les honneurs, les récompenses en rejetant le léger service qu'on lui imposait. Elle portait complaisamment l'uniforme et mieux encore le plumet; elle paradait aux revues, ses jours de triomphe, mais ne voulait pas aller à l'exercice, ni monter quelques gardes. Elle se montrait dans les rues aux temps d'émeute, incertaine du parti qu'elle voulait prendre. Plus ordinairement elle agissait contre le gouvernement; prête parfois à le soutenir, plus souvent à le renverser.

Impuissante pour le bien, toujours favorable à la critique et au bouleversement, institution politique voulant paraître militaire, elle a commencé et continué l'œuvre antipatriotique de l'amoindrissement de l'armée. Celle-ci a résisté, mais l'autorité jugeait toujours contre elle, la politique gouvernait. L'armée vivait à part, conservait encore l'esprit chevaleresque, évitait de trop s'embourgeoiser; cependant sa décadence morale s'accusait.

XV.

LE RECRUTEMENT SOUS LE SECOND EMPIRE.

La monarchie de 1830 tomba par la faute de la garde nationale qu'elle avait tant favorisée, et l'armée, dont on n'osa pas se servir pour réprimer l'émeute, fut conspuée.

Les choses changèrent en apparence; le fond resta le même durant le second empire. Il manquait de l'esprit militaire et ne pouvait l'avoir. Plébiscitaire, c'est-à-dire émané du suffrage populaire, il se trouvait obligé à des concessions, par son origine même.

Le militarisme ne fut pas plus soigné que sous la monarchie précédente; en toute occasion il se vit sacrifié aux électeurs. Lorsque ceux-ci jugèrent à propos de supprimer l'empire, l'armée, qui n'y pouvait rien, fut encore accusée.

Les choses marchèrent assez bien au début; toutefois un vice grave existait dans le recrutement de l'armée : le remplacement. On se résolut, non à le supprimer, mais à le transformer.

La traite des blancs, quoique autorisée par la loi, s'effectuait en dehors de l'État, comme un trafic honteux. Le second empire, devant la réprobation qui l'entourait, tourna la difficulté. Il déguisa le remplacement et, sous le nom d'exonération, en fit une institution gouvernementale, qu'il nomma remplacement administratif. Il créa une caisse spéciale de la dotation de l'armée. Quiconque y versait une somme fixée chaque année, se voyait libéré du service sans avoir à s'en inquiéter davantage. L'État faisait appel aux rengagements en offrant des primes, et remplaçait de la sorte ceux qui ne voulaient pas marcher. Le résultat restait le même. La différence consistait en ce que le marché n'était pas direct entre le remplacé et le remplaçant.

Tel fut l'objet de la loi du 26 avril 1855 qui eut la prétention de supprimer le remplacement, en mettant à sa place l'exonération.

Les autres conditions du recrutement demeurèrent les mêmes qu'antérieurement. Les réserves restèrent faibles, mal ou pas instruites; on ne s'en occupait point. Les compagnies de vétérans continuaient d'exister en diminuant toujours de nombre. On dut en licencier, faute d'effectif, d'abord en 1854, puis en 1858. On ne conserva plus alors qu'une seule compagnie de sous-officiers vétérans et une de fusiliers.

Il n'était pas inutile de rappeler ici le passé de ces corps de vieux soldats, qui ont eu, en l'année 1896, deux siècles d'existence. Très honorables et très dévoués à l'origine, ils ont brillé un instant sous l'Empire. Puis devenus inutiles et embarrassants, ils ont disparu vers la fin du second empire. Leur souvenir que quelques-uns invoquent, pour essayer de les reconstituer à présent, serait un véritable anachronisme. Ils sont passés, ils ne sauraient être ressuscités.

Malgré les succès des armées du second empire, elles diminuaient de valeur morale. La monarchie de 1830 et l'empire plébiscitaire avaient été obligés à trop de concessions envers le civil et, par conséquent, à amoindrir l'armée, que des publications dissolvantes critiquaient, injuriaient, attaquaient sans cesse. Un certain relâchement se manifestait. La virilité morale s'anémiait. Le sentimentalisme sourdait de toutes parts. On répugnait à la sévérité indispensable. L'autorité se désarmait elle-même, tandis que les ferments d'insubordination se propageaient.

Le déclin des vertus militaires apparaissait sensible. Le fétichisme impérial prenait des proportions inconnues sous le règne de Napoléon Ier. La dotation de sénateur s'y joignant, toute indépendance se trouva étouffée. On n'osait pas faire à Napoléon III les respectueuses observations qu'écoutait Louis XIV. L'empereur ne fut pas éclairé sur la situation, l'eût-il voulu. On déplorait le mal, on se taisait. On le voyait pourtant.

La monarchie de 1830 avait donné d'excellents soldats. On les avait vus à l'œuvre en Afrique, où ils furent admirables. Ils existaient encore en Crimée où leur valeur fut célébrée. Ils servaient avec dévouement et ne récriminaient point. Au feu, ils se montrèrent superbes.

On les revit moins bons dans la campagne d'Italie en 1859. On ne pouvait se dissimuler les signes si évidents de la décadence. Ces hommes ne valaient plus ceux de Crimée et l'amoindrissement s'accentuait.

L'effectif surtout de l'armée française restait bien minime, par raison budgétaire. Elle n'avait, de plus, qu'une réserve insignifiante. La guerre austro-prussienne de 1866 appela l'attention. Quelques esprits sérieux se préoccupèrent du grave danger que présentait le développement soudain de la Prusse, nation ambitieuse, peu scrupuleuse sur les moyens et disposant d'une force énorme, par le système de la nation armée qu'elle avait adopté.

La Prusse avait peu à peu réalisé sans bruit l'application du service obligatoire, mitigé par beaucoup d'exemptions et de tolérances, qu'elle avait emprunté à la Suisse. Dès 1792, Scharnhorst soutenait les armées permanentes en les déclarant supérieures à la nation armée, aux volontaires et levées en masse de ce temps. Plus tard, les triomphes des armes françaises le ramenèrent à d'autres idées. Il proposa, après Austerlitz, au mois d'avril 1806, un projet de milice nationale que la Prusse s'attacha à perfectionner sans cesse.

Sa situation, en 1867, était devenue prépondérante et menaçante, comme forces militaires. Si on la comparait à celle de la France elle apparaissait supérieure et semblait disposée à user de sa suprématie. Il fallait absolument s'en préoccuper et relever nos faibles réserves. Le maréchal Niel s'y attacha et proposa des mesures dont la nécessité s'imposait. Elles soulevèrent une vive opposition de la part du parti avancé, ne voyant pas ou s'efforçant de ne pas apercevoir le danger. On eut beaucoup de peine à faire voter la loi du 1er février 1868. On y parvint cependant. Elle constituait un notable progrès.

La première partie, ou titre Ier, modifiait d'abord les règles du recrutement. L'article 1er fixait la durée du service pour les jeunes soldats, faisant partie du contigent, à cinq ans; après quoi ils passaient dans la réserve où ils servaient pendant quatre ans.

La durée du service comptait seulement du 1er juillet de l'année du tirage au sort. Des congés illimités pouvaient être accordés aux plus anciens hommes des corps actifs.

Les engagements pour deux ans au moins et les rengagements de deux à cinq ans furent maintenus.

Les substitutions sur la liste cantonale et le remplacement se trouvèrent de nouveau autorisés, conformément aux dispositions de la loi de 1832, remises en vigueur. L'exonération fut annulée.

Ces dispositions amélioraient, dans une certaine limite, la situation de l'armée active, sans la renforcer toutefois. Il lui manquait une réserve suffisante et instruite, et c'est ce qu'on chercha à obtenir.

La seconde partie de la loi du 1er février 1868, ou le titre II, créa une force supplétive, appelée garde nationale mobile! Elle se composa de tous les hommes n'ayant pas été compris dans le contingent; de ceux exemptés; de ceux qui s'étaient fait remplacer; enfin de ceux qui voudraient s'y engager.

La durée du service fut fixée à cinq ans, comptant du 1ᵉʳ juillet de l'année du tirage au sort.

On l'organisa par départements et l'on espérait en obtenir 110,000 à 115,000 hommes par an, soit, pour cinq ans, 550,000 hommes.

La loi astreignait cette force à quinze jours d'exercices par an, sans déplacement toutefois. L'idée était bonne, les difficultés politiques la gâtèrent par quelques mauvaises mesures.

L'article 9, par exemple, portant : « Ceux qui justifient d'une « connaissance suffisante du maniement d'armes et de l'école du « soldat sont dispensés des exercices ». Cette restriction, si malencontreusement placée là, sera plus tard invoquée à l'encontre de l'instruction des réservistes et nous voyons qu'on en demande le rétablissement aujourd'hui.

D'après la loi de 1868, les compagnies de francs-tireurs volontaires furent autorisées. Quoique rattachées à la garde mobile, elles tenaient de la loi une certaine indépendance, fâcheuse comme principe et dont les résultats ont été néfastes.

Quelques bonnes mesures furent cependant introduites dans ce document législatif. L'article 48 entre autres portant : « Nul « ne sera admis, avant l'âge de 30 ans accomplis, à un emploi « civil ou militaire, s'il ne justifie avoir satisfait aux obligations « imposées par la présente loi ».

On y sent comme une sorte de retour aux coutumes romaines d'autrefois. On ne pouvait arriver aux charges que par le service militaire, dont elles formaient comme une compensation. De même que bien d'autres principes, celui-ci est resté à l'état théorique en France.

On s'attacha à donner à la garde mobile quelque chose de militaire, au moins dans la forme, pour la distinguer de la garde nationale sédentaire. On la plaça sous les ordres des généraux de l'armée.

Le rapport du ministre dit, chapitre II : « La garde nationale « mobile ne fait point partie de l'armée; mais elle en est l'auxi- « liaire. A ce titre elle doit être placée exclusivement sous les « ordres de l'autorité militaire, qui peut seule donner une bonne « direction à l'instruction et assurer le maintien de la discipline. »

Comme conséquence, dans les réunions officielles, les fractions de la garde sédentaire prenaient la droite de l'armée, et la garde mobile se plaçait à la gauche de celle-ci. Enfin, à grade égal, le commandement appartenait à l'officier de l'armée.

La loi de 1868 marquait un progrès véritable. Pour la première fois, une forte réserve se trouvait constituée et devait être instruite. Elle formait donc un état militaire très sérieux alors.

On estimait à 270,000 les hommes n'ayant pas été appelés et manquant d'instruction militaire, qui formaient une sorte de réserve. Au bout de cinq ans, la garde mobile devait donner 550,000 hommes ayant reçus quelque instruction. En y joignant l'armée active d'environ 400,000 hommes, on arrivait à un total de 1,220,000 hommes à opposer à l'ennemi. On espérait de plus pouvoir compter sur la garde nationale sédentaire qui, en cas de guerre, fournirait un assez notable effectif pour la défense des places.

Ces prévisions, assurément considérables, auraient suffi sans doute, si les choses eussent été conduites avec un sentiment militaire, une conviction patriotique et une volonté énergique. Tout cela manqua, la préparation défaillit sur presque tous les points et quand la guerre s'ouvrit, deux ans après, la loi de 1868 n'avait pas encore pu donner tous ses fruits.

XVI.

LES FORCES MILITAIRES IMPROVISÉES EN 1870-1871.

Par une insouciance extraordinaire, l'armée ne se trouvait nullement préparée à la guerre, quand les hostilités s'ouvrirent. Il fallut agir et improviser. A ce moment la discipline même était en partie ébranlée par des mesures inconsidérées. L'affaiblissement des institutions et même des mœurs militaires se ressentait d'une longue période de paix, des attaques de la presse et de la faiblesse du gouvernement à les réprimer.

Néanmoins, l'armée se rendit à la frontière, incomplètement formée et manquant de bien des choses. Les événements bientôt survenus, entraînèrent des appels d'hommes successifs.

Le 26 juillet 1870, un décret appelle à l'activité 90,000 hommes de la classe de 1869.

On presse la formation des quatrièmes bataillons dans les régiments. La garde mobile est convoquée dans toute la France.

La loi du 10 août 1870, prescrit la réunion sous les drapeaux de tous les anciens militaires célibataires, ayant moins de 35 ans et ne figurant pas sur les contrôles de la garde mobile.

La loi du 12 août, rétablit la garde nationale dans tous les départements et ordonne sa réorganisation immédiate.

La loi du 18 août, incorpore dans la garde mobile les hommes des classes de 1865 et 1866 qui n'en faisaient pas encore partie.

Ces diverses mesures, si tardives, sont naturellement insuffisantes comme nombre et surtout comme qualité.

Au mois de septembre, après nos défaites, les dépôts renfermaient environ 50,000 hommes qui, pour la plupart, n'étaient pas des soldats. Il fallut créer, improviser de nouvelles ressources.

Du 19 septembre au 10 octobre, en utilisant les forces des dépôts, les troupes venues d'Algérie et celles fournies par la marine on rassembla à peu près 100,000 hommes, formés en deux corps, le 15ᵉ et le 16ᵉ.

C'était peu, assurément, contre l'ennemi qui s'avançait. Il fallut recourir aux mesures révolutionnaires, sous divers noms. On déploya une grande activité, on fit de nombreux efforts pour sauver au moins l'honneur du pays.

La liste en est longue. Elle mérite d'être rappelée, dans ses lignes principales, pour montrer le danger, comme l'inanité, des formations précipitées en matière de recrutement.

Un décret du 29 septembre 1870 prescrit l'organisation en compagnies de gardes nationaux mobilisés, de tous les volontaires n'appartenant ni à l'armée ni à la garde mobile, ainsi que de tous les célibataires de 21 à 40 ans.

Le décret du 1ᵉʳ octobre appelle à l'activité le contingent de la classe de 1870, environ 151,000 hommes.

Le 11 octobre, nouveau décret sur l'organisation des gardes nationaux mobilisés. On les forme en compagnies par commune à raison de 100 à 200 hommes. Elles constituèrent un ou plusieurs bataillons par canton. Les bataillons d'un même arrondissement devaient former une légion. La réunion des légions produisit une brigade portant le nom du département. Tous les officiers inférieurs sont nommés à l'élection ; renouvellement de l'ancienne et fatale mesure de la grande révolution, qui créait des chefs en leur ôtant toute autorité morale.

Le décret du 14 octobre groupa, sous le nom d'armée auxiliaire, la garde mobile, les gardes nationales mobilisées, les corps francs, etc..., tout ce qui n'appartenait pas à l'armée régulière active.

Le 22 octobre, un décret organisa l'armée de Bretagne, composée de gardes mobiles, de gardes nationales mobilisées et de corps francs appartenant aux départements de l'Ouest.

Le 2 novembre, un décret mobilisa tous les hommes valides de 21 à 40 ans, mariés ou veufs avec enfants. Les préfets sont chargés de les organiser en corps de troupes et de les remettre au ministre de la guerre, le 19 novembre au plus tard.

Le 3 novembre, un décret ordonne à chaque département de mettre sur pied à ses frais, dans un délai de 2 mois, une batterie de campagne par chaque 100,000 habitants.

Telles furent les principales dispositions prescrites ; examinons ce qu'elles produisirent en hommes.

Au 15 septembre on comptait, en troupes d'Afrique et des dépôts, environ.	180.000	hommes.
On y ajouta : la garde mobile.	225.000	—
La portion de la classe de 1869 incorporée dans la garde mobile.	140.000	—
La classe de 1870.	160.000	—
Les corps francs et engagés volontaires pour la durée de la guerre.	30.000	—
Les hommes âgés de moins de 35 ans, célibataires, veufs sans enfants, appelés par la loi du 10 août.	170.000	—
Les célibataires ou veufs sans enfants des classes 1865 et 1866, incorporés dans la garde mobile par la loi du 13 août. . .	10.000	—
Total.	915.000	hommes.
Plus.	16.000	gendarmes.

Sur ce nombre d'appelés, on peut estimer que, du 10 octobre 1870 au 2 février 1871, environ 600,000 hommes furent jetés au-devant des envahisseurs et plus ou moins sérieusement engagés.

La plupart de ces recrues ne possédaient aucune. instruction militaire. Le matériel d'artillerie était insuffisant; les fusils et munitions manquaient. Les chevaux faisaient défaut. On organisa tant bien que mal 12 corps d'armée, dont les cadres improvisés se trouvaient naturellement assez médiocres comme capacité professionnelle.

L'effort avait été considérable, en si peu de temps. Il eut le résultat de toutes les organisations du moment. La bravoure et l'entrain des troupes sauvèrent l'honneur du pays, mais ne purent empêcher la défaite définitive que tant de causes rendaient inévitable.

XVII.

LE SERVICE OBLIGATOIRE ÉTABLI EN 1872.

La paix subie, les forces militaires restantes de toutes les provenances furent réunies et on s'occupa de les reconstituer tant bien que mal. La loi militaire était presque entièrement à refaire, surtout la partie concernant le recrutement.

L'évidence terrible accusait nettement le danger de l'absence de réserves instruites et du manque d'un matériel toujours prêt. On rechercha les moyens d'y parer.

Comme nous l'avons exposé au début, tous les modes de recrutement avaient été successivement employés en France; tous les principes invoqués. En raison des circonstances, celui du nombre triompha.

L'égalité réelle ou légale des citoyens semblait entraîner forcément l'égalité des charges. Acquitter l'impôt, défendre le pays paraissaient deux obligations absolues, ou, pour mieux dire, un même devoir : soutenir sa patrie de son sang et de son argent. On s'était trompé précédemment en accordant le vote à tous les citoyens sans obliger tout le monde à servir. On avait concédé le droit sans imposer le devoir. L'un pourtant ne va pas sans l'autre. C'était cependant la loi naturelle, l'indication fournie par le bon sens, l'exigence de la solidarité nationale.

On discuta longtemps avant d'en formuler l'application, tant les choses simples ont de peine à s'implanter. On rappelait que le service obligatoire ne fut pas proclamé par la première République. Le motif en paraissait évident. Le citoyen était alors incomplet; il manquait le vote à beaucoup. Ne possédant pas tous les droits on ne pouvait imposer tous les devoirs. On agit logiquement à cette époque.

La République de 1848 se montra, au contraire, inconséquente. Dans son empressement à proclamer le suffrage universel, elle oublia de stipuler le service militaire universel.

A l'Assemblée nationale de 1871, on dut revenir à la vérité. La nécessité, les malheurs avaient dessillé bien des yeux prévenus. On reconnut et on déclara que le devoir militaire et les droits civiques étaient connexes, adéquats et formaient les deux moitiés de la même entité.

A toute époque, en effet, l'affranchi, l'esclave, le prolétaire ont brigué le service militaire comme un moyen d'accession au titre de citoyen.

Le service militaire, depuis le commencement du siècle, conférait à lui seul la plénitude des droits civiques. Il nationalisait. Tout fils d'étranger né en France, satisfaisant à la loi de recrutement, devenait aussitôt Français, électeur et apte à tous les emplois.

Cette grande concession était autrefois tenue pour peu de chose et l'on ne songeait pas à en faire la base du droit public en notre pays. Quiconque accomplit le service militaire fait son devoir sans doute, mais il acquiert des titres dont il faut lui tenir compte, au moins autant qu'au naturalisé. Tous les emplois doivent lui être réservés, et celui qui, pour une cause ou une autre, ne satisfait pas au service militaire, ne doit pas pouvoir prendre place dans l'organisation civile du pays.

Cette doctrine si simple et si juste échappa autrefois aux législateurs, et on la consacra cette fois par la loi.

Il ne s'agissait guère en ce moment de rechercher la condition différente des citoyens comme en Grèce ou à Rome. Tout le monde l'était désormais à un titre égal. Les ressources du commerce, de l'industrie, des arts, etc., ayant détruit la prééminence de la terre, on n'envisagea plus qu'un retour aux premiers âges : appeler tout le monde et déclarer soldat tout individu valide.

L'exemple de la Prusse, qui venait de vaincre, en offrait la démonstration claire et précise. Emprunté à la Suisse républicaine, le service obligatoire, appliqué après Iéna, perfectionné durant de longues années par la monarchie absolue prussienne, se trouvait devenu un redoutable instrument de puissance. On ne l'ignorait pas; on en avait signalé les périls, on ne voulait pas le croire. Quand ses effets éclatèrent contre nous, bien des gens furent étonnés. Il apparut plus considérable alors qu'il n'était en réalité.

Les idées théoriques, l'application pratique s'accordaient. On réputa avantageux de les adopter en France, purement et simplement, sans trop chercher à en éviter les inconvénients, qu'on n'apercevait du reste pas à ce moment.

La loi du 27 juillet 1872, consacrant le nouveau principe du nombre, décréta le service obligatoire, sous la formule renfermée dans l'article premier :

« Tout Français doit le service militaire personnel. »

Cette affirmation théorique, incomplète et vague, se présentait à la fois comme trop absolue et impraticable. Néanmoins l'opinion, brisée par les revers et désireuse du relèvement, se montra favorable. Le rapport fait à l'Assemblée nationale pour aboutir à la loi traduisait bien le sentiment du pays en disant au sujet du service obligatoire : « Non seulement la France l'accepte, mais « elle l'exige ».

Enthousiasme de tête, chaleur momentanée, amour effréné d'égalité semblant satisfait, expliquent cette sorte de griserie. La réflexion calma bien vite cette excitation. On en voit la preuve déplorable à présent. Sur le moment même il fallut composer avec un texte trop rigoureux.

Très absolue dans son énoncé, on fut amené à adoucir la loi dans la pratique. Les exemptions, les dispenses multipliées, les congés par anticipation, les ajournements, les sursis en modifièrent la base fondamentale. Toutefois on stipula que, sauf les exemptions, les autres atténuations n'étaient pas accordées à titre de libération définitive (art. 4).

On n'admit plus le remplacement ni l'exonération ; on accepta le volontariat d'un an, qui existait en Prusse et présentait une autre manière de s'exonérer en partie du service militaire total.

Bien que la durée du service ne fût que de trois ans en Prusse, on jugea, en raison des circonstances, devoir la maintenir en France à 5 ans, comme l'édictait la loi de 1868. En considérant le grand nombre des appelés et les nécessités budgétaires, on se trouva obligé de scinder le contingent en deux parties ; l'une servant la totalité du temps; l'autre, une portion seulement.

Le point initial du service maintenu au 1er juillet de l'année du tirage au sort (art. 38), on procéda de la manière suivante : Tous les hommes déclarés bons pour le service se trouvaient appelés (art. 39). Au bout d'un an, une partie était renvoyée dans ses foyers (art. 40). Quelques-uns même, en raison de leur instruction, pouvaient être congédiés au bout de 6 mois (art. 41). Les uns et les autres formaient la disponibilité de l'armée active et pouvaient être rappelés (art. 42).

La division du contingent en deux portions fut vivement contestée. On réputait la mesure générale; identique pour tous, plus simple théoriquement et excluant tout traitement de faveur. En politique, des difficultés sociales s'opposaient à cette équité chimérique. On dut en arriver aux concessions. Elles se traduisirent par des exceptions, exemptions, dispenses, volontariat, selon qu'elles s'appliquaient au physique, à la famille, à la société.

Certains défauts de constitution inhabilitent au service militaire, comme à tout moyen de subsister, et l'exemption est forcée (art. 16).

L'intérêt de la famille ne permet pas toujours de lui enlever son chef et son principal appui, et la dispense est équitable dans une certaine mesure (art. 17 et 22).

L'ajournement, pendant deux ans, parut nécessaire pour défaut de taille, ou faiblesse de constitution (art. 18).

Dans l'intérêt de certains services publics, on concéda des dispenses conditionnelles (art. 19 et 20).

En vue de la haute culture intellectuelle et de l'apprentissage, on accorda des sursis d'appel d'un an, renouvelés pour une seconde année (art. 23).

Enfin, on autorisa des engagements conditionnels d'un an pour les jeunes gens bacheliers, porteurs de diplômes de fin d'études ou de brevets de capacité (art. 53), satisfaisant à un examen fixé par le ministre de la guerre (art. 54). L'engagé conditionnel devait s'habiller, se monter, s'équiper et s'entretenir à ses frais (art. 55).

La loi confirma les engagements volontaires (art. 46) pour cinq ans (art. 47) et permit aux hommes devant être renvoyés par anticipation de compléter cinq ans de service sous les drapeaux (art. 48).

Les rengagements pouvaient être reçus pour deux ans au moins et cinq ans au plus, renouvelables jusqu'à 29 ans à l'égard des caporaux ou soldats, et jusqu'à 35 pour les sous-officiers (art. 51).

La loi stipula quelques avantages relativement à la durée du service. Tout homme ayant passé sous les drapeaux douze ans, dont quatre au moins comme sous-officier, obtenait au fur et à mesure des vacances un emploi civil ou militaire (art. 71). La loi décida enfin que nul ne serait admis, avant l'âge de 30 ans, à un emploi, s'il n'avait satisfait aux obligations de la présente loi (art. 72).

En ce moment de hâte, en 1872, l'Assemblée nationale décréta à la fois de bonnes choses et de mauvaises. Elle en oublia quelques-unes, qui servirent plus tard à faire attaquer la loi.

Il était bien de décréter le service obligatoire pour tous, en en dispensant ceux qui ne pouvaient l'accomplir pour un motif ou pour un autre. Seulement, l'exemption ou la dispense complète semblait excessive, et on l'a reconnu plus tard. Tout individu chétif, malingre, estropié, idiot, dans l'impossibilité de gagner sa vie, est exempté : c'est justice. Toutefois, traiter de même des gens borgnes, boiteux, trop petits surtout, est excessif. Ils sont inhabiles à servir sous les drapeaux, mais aptes à gagner leur vie, à se marier, à s'établir, à faire fortune même. L'injustice s'accusait, flagrante, par l'exemption pure. Il était inique de ne pas leur imposer certaines mesures compensatrices : services auxiliaires, taxe spéciale, leur permettant d'acquitter leur dette envers le pays.

La loi se préoccupa, en outre, de constituer une solide réserve. Elle s'y est employée, en rangeant les hommes quittant le service actif dans la réserve de l'armée active durant quatre ans, puis, après ce délai, en les incorporant dans l'armée territoriale pendant cinq ans, et ensuite dans la réserve de l'armée territoriale durant six ans (art. 36).

Le législateur espérait ainsi que tous les hommes, ou à peu près, ayant servi dans l'armée active, puis passant successivement dans les trois catégories de la réserve, celle-ci se trouverait instruite, tout en présentant de nombreuses ressources en cas de mobilisation. Toute la population de 20 à 40 ans se trouvait, en effet, englobée dans les différentes catégories de l'armée. C'était l'universalité des citoyens valides et, par le fait, la nation armée. On le croyait du moins.

La loi alla plus loin. Elle se préoccupa d'entretenir l'instruction des réserves. Elle rappela que la bonne volonté, l'entrain, le patriotisme ne sauraient plus aujourd'hui compenser l'incapacité professionnelle. Elle reconnut, avec le grand penseur Rabelais, « qu'il n'est tels remparts que des poitrines d'hommes », mais des hommes exercés, des gens idoines, connaissant le métier de la guerre, et non une multitude inhabile. En conséquence, elle prescrivit aux réservistes une période d'exercices de 28 jours, tous les deux ans, et une période de 13 jours pour les territoriaux.

L'éducation militaire est non moins indispensable à tous, et chacun doit la recevoir. Quiconque a été soldat, puis a pratiqué les exercices bisannuels, redevient assez facilement un combattant. Qui n'a jamais servi ne peut figurer utilement dans le rang. Il pourra au besoin sacrifier sa vie pour le pays : il sera incapable de lui venir en aide. La partie la plus lourde de l'impôt du sang n'est donc pas la guerre, mais la préparation à la guerre, et aucun citoyen valide ne peut se soustraire à cet apprentissage. C'est ce que la loi de 1872 a cherché à obtenir ; c'est ce qui ressort de tous les rapports ou discours qui l'ont précédée.

Tel est le résumé de ce document très considérable, tant pour l'instant où il a paru que pour les idées qu'il renferme. La loi du 27 juillet 1872, pleine de bonnes intentions, a édicté le service pour tous et ne l'a pas réalisé : c'est le grand reproche à lui adresser.

Elle renfermait sans doute bien des inégalités et défectuosités. Néanmoins, elle donnait une armée nombreuse et préparait des réserves énormes, dont elle pensait assurer l'instruction. Ses principes étaient sages. On la trouva bonne et on l'accepta au début avec satisfaction. Survenant après nos désastres, elle ne rencontra guère d'opposition. Elle se présentait modérée, sous son apparence absolue, et laissait fléchir la rigueur du principe primordial. Des concessions, lui donnant une certaine élasticité, en rendaient la pratique plus facile, ne heurtaient pas trop l'opinion et constituaient une sorte de soupape de sûreté, indispensable au moment de l'adoption d'un nouveau système.

On ne la critiqua pas trop tout d'abord ; on s'en dédommagea largement plus tard. A peine en fonction, une foule d'objections s'élevèrent. On ne l'attaqua pas directement, mais par comparaison. On se plut à rappeler que d'autres puissances possédaient des armées solides avec d'autres principes, et on citait l'Angleterre, les États-Unis, la Suisse.

On fit ressortir alors, avec une grande force, qu'au moment de notre réorganisation militaire, la plupart des États européens se sont trouvés contraints de modifier leur constitution militaire et de recourir aux grands armements englobant toute la population, d'imiter les procédés prussiens sous peine d'en devenir les victimes, comme venaient de l'éprouver le Danemark, l'Autriche et la France.

On a fait remarquer que deux nations en Europe et une en Amérique résistèrent au courant entraînant tous les peuples vers les grands armements. L'Angleterre, les États-Unis et la Suisse, dans une situation particulière de neutralité ou d'isolement, conservèrent leurs traditions et leurs coutumes militaires, tout en augmentant quelque peu leurs forces mobilisables.

S'appuyant sur ces faits, on a pris texte de leurs dispositions militaires pour critiquer les nôtres, et il est utile de les rappeler avant de réfuter les objections qu'on a prétendu en tirer.

XVIII.

LE SERVICE MILITAIRE EN ANGLETERRE.

Les appels n'existent pas, en fait, en Angleterre. L'éloignement pour le service forcé s'est perpétué ; on l'a remplacé par des engagés plus ou moins volontaires. En définitive, ce sont des troupes mercenaires. L'argent joue un grand rôle dans le recrutement. Ce système, si vicieux, a pourtant produit des troupes très solides, d'une valeur considérable même autrefois, et qui semblent, à présent, ne plus présenter également les mêmes conditions.

En vertu d'une loi datant de 1757, tout sujet anglais doit le service dans la milice de 18 à 45 ans ; mais, depuis très long-temps, ce mode a cessé d'être appliqué et les divers éléments de l'armée anglaise sont fournis seulement par des engagés volon-taires. Tous les ans, le Parlement suspend l'application de la conscription pour la milice, de manière à maintenir le principe, en cas de besoin.

Il existe trois espèces d'engagements : pour l'armée permanente, pour la milice et pour les corps de volontaires.

La loi de recrutement actuelle, du 24 juillet 1879, concernant l'armée permanente, dit que les engagements sont reçus de 18 à 25 ans, et généralement pour une durée de douze ans, dont sept sous les drapeaux et cinq dans la première classe de la réserve.

Toutefois, la décomposition du temps de service est assez variable. Elle peut comprendre douze ans sous les drapeaux ou seulement trois ans au régiment et neuf en réserve. La majorité sert sept ans.

Les hommes ayant terminé leur service actif, sont admis à contracter des rengagements jusqu'à une durée de vingt et un ans, donnant alors droit à une retraite. Les sous-officiers peuvent augmenter encore leur pension en passant dans les cadres permanents de la milice.

Quand les affaires vont bien, le nombre des engagés diminue ; si elles tournent mal, il augmente. Ces dernières années la quantité annuelle était d'environ 40,000 hommes

En pratique, les rengagements ne suffisent pas. Beaucoup d'hommes ne servent pas sept ans sous les drapeaux ; chaque année on compte 5,000 déserteurs, 2,000 renvoyés pour incon-duite et 1500 engagements rachetés ; le déficit est d'environ 10,000 par an au-dessous de l'effectif, et cette diminution se re-produit dans les réserves.

Aussi, on provoque les engagements par des procédés divers. On procède par séduction surtout, et l'on va quelquefois plus loin. Dans les stations ferrées, en beaucoup de lieux publics, on affiche des tableaux représentant les uniformes, On distribue dans les bureaux de poste des feuilles de renseignements sur l'armée et ses avantages. Les sous-officiers recruteurs en sont également munis. On fait insérer des avis dans les feuilles locales.

Une prime est attachée à l'engagement et payée en plusieurs fois, après chaque période d'instruction. On donne aux recrues une solde de 1 fr. 25 par jour au minimum. Elles touchent, en outre, les rations de pain, viande, chauffage, etc. Elles reçoivent également l'habillement, l'équipement, le linge, les effets ; d'où résulte une grosse dépense pour l'État.

La tentation s'adresse surtout à la pauvreté. La base réelle, c'est le racolage en apparence volontaire. La misère, le manque de travail, conduit à l'enrôlement. La moitié des recrues a moins de 19 ans et beaucoup devraient être laissées dans les dépôts en cas de guerre.

La mauvaise composition des recrues rend les désertions fréquentes. Plus d'un quart s'échappe avant trois ans de service. D'un autre côté, le nombre des hommes renvoyés pour inconduite s'accroît. Néanmoins, grâce à la vigueur de ces institutions, au respect des lois et à la rigidité de la discipline, les inconvénients de ce mode de recrutement se trouvent en partie atténués.

L'armée anglaise comprend trois catégories de réservistes. La première se compose des hommes ayant fini leur service actif et devant encore des années de réserve, puis des hommes rengagés autorisés à continuer au delà de leur engagement. Ils peuvent être rappelés pour des périodes d'instruction, mais ils ne le sont pour ainsi dire jamais, et cependant touchent dans leurs foyers une solde de 0 fr. 60 par jour.

La deuxième catégorie, très peu nombreuse, renferme d'anciens réservistes de première catégorie, ayant terminé leur service et contracté un nouvel engagement de quatre ans dans la deuxième classe. Ils sont susceptibles d'être appelés à des séances d'instruction et touchent, dans leurs foyers, une solde de 0 fr. 40 par jour.

La troisième classe comprend tous les anciens soldats retraités.

Le recrutement de la milice est organisé par la loi de 1882. Elle autorise les engagements de 17 à 35 ans, et jusqu'à 45 ans pour les anciens soldats ; leur durée est de six années au plus.

Des rengagements semblables peuvent être contractés successivement.

Tout homme engagé, à moins d'être ancien soldat, est tenu de servir, pendant six mois au plus, dans un corps de l'armée active ou dans un dépôt permanent de milice. En pratique, la durée est de cinquante-six jours. Après cette période d'instruction il rentre dans ses foyers et n'est plus astreint qu'aux exercices annuels de trois à quatre semaines.

Les miliciens reçoivent une prime d'engagement de 150 francs payée successivement après chaque période d'instruction. Ceux qui se rengagent touchent de même 222 francs, et sont habillés et équipés par l'État. Dans la milice à cheval (yeomanry), ils se pourvoient eux-mêmes de leur monture.

Les miliciens ne doivent pas être employés hors des Iles britanniques. Un certain nombre, en échange de quelques avantages pécuniaires, consentent à se laisser incorporer, en cas de guerre, pour l'extérieur et constituent une nouvelle classe de réserve pour l'armée active de 30,000 hommes environ.

C'est parmi les ouvriers agricoles que la milice se recrute le plus aisément. Le passage des miliciens dans l'armée active est admis sous certaines conditions. Il y en a parfois beaucoup et formant presque le tiers des recrues de l'armée active.

A côté il y a l'abus. Nombre de miliciens vont s'engager en même temps dans plusieurs régiments et y touchent les allocations. Le remède proposé serait la convocation de tous les corps à la même époque. On n'ose pas le faire à cause des habitudes prises.

Les miliciens ne reçoivent, en réalité, qu'une faible instruction et leurs officiers n'ont qu'une médiocre valeur professionnelle. Cette troupe manque de cohésion, d'instruction et surtout d'éducation militaire.

Les corps de volontaires existent, de par la loi de 1863 et le règlement de 1887.

Les volontaires s'habillent, s'équipent et s'arment à leurs frais. Ils forment des corps de composition comme de dénominations très diverses, et sont rangés en deux catégories : volontaires efficients et non efficients.

La première qualification est donnée à ceux qui justifient d'un certain degré d'instruction militaire. Ils reçoivent un certificat d'efficience, et l'État alloue au corps une indemnité de 43 fr. 75 par chaque homme qu'il peut mettre en ligne. Cette somme n'est pas suffisante et les officiers pourvoient largement au surplus.

Les volontaires efficients sont assez nombreux : 200,000 environ. Quant aux volontaires non efficients, il en existe très peu.

Les volontaires ne sont pas astreints au service à l'extérieur du pays.

Aucune fixation n'existe pour les conditions et la durée des engagements dans les corps de volontaires.

La faveur croissante des volontaires nuit au recrutement de la milice, beaucoup moins populaire que l'institution précédente, mieux faite pour plaire au côté indépendant du caractère des Anglais. Ils aiment les sports divers, et se plient aux exigences des clubs militaires, des sociétés militaires, qui sont très peu militaires au fond. Par suite de leurs goûts et d'usages enracinés, ce système d'enrôlements libres ne permet pas d'arriver à la nation armée, loin de là !

XIX.

LE RECRUTEMENT AUX ÉTATS-UNIS.

L'Angleterre se contente de son état actuel. Elle pense avoir résolu le problème militaire avec une armée restreinte d'engagés volontaires bien payés, bien nourris, et doublée de milices appuyées de corps de volontaires libres. On vient de voir les inconvénients graves, engendrés surtout par la nécessité de respecter l'indépendance des individus et leur éloignement pour le service forcé, d'où l'impossibilité de donner une grande extension momentanée à leur état militaire.

Aux États-Unis les mêmes causes, exagérées, ont amené des difficultés plus grandes encore.

L'armée des États-Unis atteint environ 25,000 hommes et se recrute par des engagements volontaires. La durée en est variable et déterminée de temps à autre. Elle est ordinairement de cinq ans et la loi limite à dix ans la durée totale des services d'un soldat.

Les hommes sont admis de 16 à 35 ans.

La discipline est bonne et les fautes assez rares. La valeur des hommes enrôlés va en s'améliorant, à cause du soin apporté dans le recrutement. Néanmoins, le chiffre des désertions demeure encore assez considérable.

Des stations ou rendez-vous de recrutement sont établies dans les centres importants. On en autorise d'auxiliaires au besoin. Les hommes viennent s'y enrôler.

L'instruction commence sur place, dès la signature de l'engagement. Tous les dix jours, les engagés sont envoyés au dépôt de leur régiment, où se fait leur instruction, et qui possède des cadres de compagnies, ainsi que d'anciens soldats pour le dressage des recrues.

Le chiffre de 25,500 hommes est trop faible. En février 1896, on a soumis au Parlement un projet d'augmentation de 4,500 hommes, de manière à l'élever en paix à 30,000 hommes et en guerre à 40,000.

Au mois de novembre de la même année, le rapport du commandant en chef de l'armée, insiste sur la nécessité d'augmenter beaucoup l'effectif de l'armée, qui était, en 1866, de plus de 51,000 hommes. Il propose de le baser sur un soldat au moins par 2,000 habitants et au plus sur un soldat par 1000. D'autres feuilles publiques réclament, pour le Président, le droit, en cas de guerre, d'augmenter le chiffre des unités de manière à élever l'armée à 85,000 hommes.

Ces idées ne sont pas sympathiques à la population. Ses principes démocratiques se concilient mal avec des institutions militaires un peu développées. Aussi la tendance est surtout en faveur des milices.

La faiblesse numérique de l'armée active est si grande que la véritable force réside dans la milice, répondant mieux aux mœurs américaines. La milice constitue une assurance mutuelle contre tout danger intérieur ou extérieur. La solidarité des intérêts produit là son effet comme dans toute autre question. L'initiative se manifeste et beaucoup payent de leur personne dans l'intérêt général.

L'usage en est très ancien. La loi sur les milices, datant de 1792, permettait d'appeler sous les drapeaux tous les citoyens valides de 18 à 45 ans, et les obligeait à s'armer et s'équiper à leurs frais. Bientôt on se rendit compte que cette foule non instruite ne servirait de rien et l'on reconnut la nécessité d'en avoir une partie un peu exercée.

La loi de 1808 encouragea la formation de corps de volontaires, en mettant au budget la dépense de leur équipement et de leur solde durant les périodes d'exercices. On cherchait à posséder, dans chacun des États de l'Union, une première partie de milice active : *Select milicia*, à laquelle une masse non exercée servirait de réserve. Rien n'a été stipulé comme détail d'exécution.

La première portion s'est constituée par l'initiative individuelle. Partout ou presque partout, il existe une *National Guard*, variant, il est vrai à l'infini, à cause de l'absence de législation fédérale. Les effectifs et l'organisation diffèrent selon les États. Les uniformes appartiennent généralement aux miliciens. Certains États fournissent cependant les effets nécessaires pour les manœuvres. L'armement est à l'État.

La valeur de cette troupe est fort dissemblable. Assez bonne dans quelques régions du Nord, elle est fantaisiste dans le reste du pays.

Aujourd'hui, les bases de l'organisation ont une certaine analogie. Tous les citoyens valides, de 18 à 45 ans, sont inscrits sur les contrôles de la milice dans chaque État, mais la plupart ne servent pas. L'ensemble se trouve divisé de fait en deux portions. L'une, assez restreinte, se nomme milice active ou milice organisée ; l'autre, très nombreuse, est la milice non organisée ou réserve de la milice active.

La première se recrute par engagement volontaire, d'une durée variant depuis quelques mois jusqu'à cinq ans selon les États. Le milicien doit être accepté par la compagnie où il désire entrer, et chaque compagnie nomme à l'élection ses sous-officiers et ses officiers.

On choisit les gens riches de préférence, afin que l'amour-propre les pousse à user de leur fortune en faveur de l'unité où ils exercent un commandement.

Ici apparaît un trait caractéristique de cette milice américaine, qui en fait surtout une sorte d'exercice de sport. Le siège de l'unité, appelé armory, est à la fois un quartier, un arsenal, un lieu de réunion, une sorte de cercle militaire. Là se trouvent réunis les armes, l'équipement, le matériel, un manège, un hall de manœuvre, des bureaux, des magasins; le tout entouré de quelques fortifications. C'est le côté professionnel de l'armory. En même temps, il offre au milicien un certain confort et des distractions mondaines.

L'armory renferme des salles de réunion, des chambres de compagnies, où les hommes se réunissent et organisent des réceptions. De grandes fêtes se donnent dans de vastes salons, et dans le hall de manœuvres, converti en salle de bal. Ces établissements, soutenus par des souscriptions, des allocations du gouvernement local, et surtout par de larges dons émanant de l'initiative individuelle, atteignent en quelques villes un luxe extraordinaire. On n'épargne rien pour y accueillir fastueusement les familles des miliciens. Certains de ces établissements ont coûté plus de 2 ou 3 millions de francs, et sont remarquables d'architecture comme de mobilier.

En rendant ainsi le service attrayant, on parvient à assurer un recrutement assez considérable. Le milicien prend goût à ses fonctions qu'il considère comme un délassement, une diversion aux affaires, une *patriotic recreation*.

Le côté pratique de l'instruction n'est pas poussé très loin, par les mêmes raisons. Il existe un exercice hebdomadaire le soir dans l'armory, quelquefois parade ou revue. Les miliciens sont astreints à un certain nombre de séances par an, où ils apprennent les mouvements de détail et s'occupent du tir.

En outre, presque tous les États astreignent leurs milices à des exercices à l'extérieur. Tous les corps doivent effectuer des périodes annuelles de campement, sous la tente en été ou en automne, durant de trois à sept jours. Les champs de manœuvre sont généralement très bien organisés et les hommes y jouissent d'un grand confortable.

Le service purement volontaire, malgré quelques indemnités accordées par les États et par le gouvernement fédéral, est, en réalité, très onéreux pour les miliciens. La *National Guard* est animée d'un grand zèle. Elle reste indépendante et peu nombreuse. La partie organisée ne dépasse guère cent douze mille hommes, tandis que le chiffre des inscrits dans la partie non organisée, excède huit millions.

Cette situation a appelé l'attention. On remarque une certaine tendance vers l'unification des différents corps de milices, de manière à les rapprocher de l'armée régulière. En 1893, on a prescrit la réunion en bataillons des compagnies d'un même régiment, jusque-là séparées.

Le gouverneur de chaque État est le chef de la garde nationale. Son action très faible sur elle, s'exerce par un état-major composé à sa volonté. On voudrait régulariser, et peut-être transformer cette portion en une force de réserve de l'armée active.

La chose est, à la rigueur, possible légalement. Quand l'armée régulière, soutenue par les milices, devient insuffisante, le gouvernement fédéral peut faire appel aux citoyens et organiser une seconde armée par des enrôlements avec primes. Chaque État reçoit alors une réquisition indiquant le montant de la prime, la durée de l'engagement variant de trois mois à trois ans, ainsi que l'effectif à fournir.

Les régiments sont formés par l'État ; les officiers sont à l'élection, sauf le chef de corps.

C'est ainsi que l'on procéda en 1861. Les petites forces de l'armée régulière servirent de noyau à une immense armée de volontaires. C'est le souvenir qu'on invoque si malencontreusement aujourd'hui en France, sans s'apercevoir de la différence des temps et des lieux. Les fédéraux mirent en ligne 662,000 hommes enrôlés volontairement. Ils se plièrent vite au métier. La plupart ayant la vie aventureuse, familiarisés avec les armes, rompus à la fatigue, présentaient une partie des qualités du soldat, et offraient en même temps de graves défauts.

Le système des désertions réitérées et des engagements ailleurs, pour toucher plusieurs fois la prime, prit d'immenses proportions et entraîna une dépense énorme. Les effectifs restèrent faibles et, après avoir épuisé tous les moyens, le Nord s'est vu contraint d'en venir aux réquisitions d'hommes, c'est-à-dire à la conscription.

On se rappelle combien on a gaspillé d'utiles ressources, et que de temps fut perdu à cette époque, faute d'une organisation se prêtant à un passage rapide au pied de guerre. Cette expérience, en montrant le danger, a mis en relief l'insuffisance des institutions militaires, et on songe à les améliorer autant que le comportent les mœurs ou les habitudes du pays.

En attendant, on pousse beaucoup aux fortifications, selon

l'importance des ressources, de manière à mettre les ports à l'abri des attaques des croiseurs. Le cinquième des positions de la défense des côtes est en état de résistance. On continue en utilisant et modernisant les anciennes fortifications. Douze nouvelles places ont leurs plans approuvés et on demande de voter des fonds.

La conséquence est l'accroissement des forces actives de l'armée permanente, afin de pourvoir à la conservation des nouveaux ouvrages, et il est probable qu'on sera forcé d'y arriver.

XX.

LES INSTITUTIONS MILITAIRES DE LA SUISSE.

Si l'Angleterre a une armée d'enrôlés volontaires et les États-Unis une très petite force permanente provenant de la même source, la Suisse se présente dépourvue de toute force active entretenue. Son organisation, établie depuis de longues années, a servi de modèle et surtout d'inspiratrice à toutes les autres puissances. En ce qui concerne le service obligatoire général, elle est parvenue, en raison de sa situation particulière, à réaliser le système de la nation armée, au moyen de milices organisées, englobant toute la population.

On s'est beaucoup engoué de la Suisse, dont le passé et l'attitude commandent le respect. Toutefois, pour juger ses institutions militaires, il est indispensable de se rendre compte de ses nécessités spéciales.

La Suisse est un État neutre, occupe un massif montagneux, forme une petite nation. Toutes les causes s'accordent à lui imposer un rôle absolument défensif. C'est celui qu'elle suit avec persévérance. Elle l'accuse encore davantage par les travaux de défense considérables qu'elle élève pour empêcher la violation de son territoire. Dans cette situation, des milices et non une armée semblaient indiquées.

Depuis son émancipation, elle a suivi et perfectionné les anciennes traditions des premiers peuples. Dans le passé, on ne connaissait pas de force armée permanente. Tout individu valide prenait les armes en cas de besoin et, le péril passé, retournait à ses occupations ordinaires. Le service militaire était intermittent, accidentel et limité à la durée de la guerre. Le soldat, c'est-à-dire l'homme rétribué pour combattre, n'existait pas.

La question ainsi envisagée chez les Grecs, les Latins, les Gaulois, etc..., est encore résolue de la même manière chez diverses petites nations : Arabes, Indiens, Nègres, etc...

La Suisse a adopté depuis des siècles une organisation semblable, qu'on invoque comme excellente sans savoir si ses procédés sont applicables ailleurs.

L'armée suisse n'est qu'une milice composée de citoyens, soldats à l'occasion. Chacun est soumis au service obligatoire pendant 24 ans. Cette disposition comporte néanmoins de nombreux adoucissements. La loi admet des exemptions, reconnaît des inaptitudes et interdit le remplacement.

La loi actuellement en vigueur est celle de 1875, complétée en 1887. Elle impose le service militaire à tous les hommes valides de 20 à 44 ans. Les 24 classes de recrutement sont ainsi réparties :

1° L'élite ou armée d'opérations comprend les hommes de 19 à 28 ans, susceptibles d'être retenus jusqu'à 34 ans. Elle est formée des douze plus jeunes classes, réparties en huit divisions et quatre corps d'armée;

2° La réserve ou armée territoriale renferme les hommes de 34 à 44 ans;

3° La landwehr où figurent les hommes de 34 à 44 ans;

4° La landsturm ou réserve du 2° ban est la levée en masse de tout ce qui n'est pas compris dans les autres catégories.

L'élite et la réserve forment l'armée active désignée, car la base de tout le système étant la suppression de l'armée permanente, il n'existe aucune force entretenue.

La plus jeune classe est réputée non disponible. Les hommes en faisant partie, considérés comme recrues, ne sont incorporés dans l'armée fédérale qu'après leur instruction terminée. Elle n'est du reste pas longue à réaliser.

L'année de leur appel, les recrues, astreintes à une première période de 45 jours pour l'infanterie et se prolongeant jusqu'à 80 jours pour la cavalerie, sont réunies dans certaines villes et confiées à des cadres d'instruction composés de quelques instructeurs permanents et d'officiers, sous-officiers, caporaux nouveaux promus appelés momentanément à l'activité.

Vers le 1er janvier de l'année suivante, les recrues passent dans l'armée, où ils resteront 12 ans dans la 1re partie, nommée élite, et 12 ans dans la landwehr. Durant leur séjour dans l'élite, les hommes sont soumis à trois périodes d'exercices, appelés cours de répétition, de 16 jours chacun. En résumé, pendant 12 ans, le citoyen suisse est exercé quatre fois à la pratique du métier militaire, soit un total de 93 jours seulement.

La landwehr a également des périodes d'instruction tous les quatre ans, d'une durée de 5 jours.

Tous les hommes appartenant à la partie active ou à la réserve restent chez eux, vaquant à leurs occupations personnelles. On les réunit à proximité de leur résidence et ils sont instruits par leurs cadres, dans la même situation qu'eux, sous la direction de quelques officiers instructeurs permanents.

Il n'existe pas en Suisse de troupes permanentes. L'armée latente ne comporte ni pied de paix ni pied de guerre. Le passage à la mobilisation se réduit à la concentration des éléments en des points désignés.

De la sorte, sans entretenir aucune force active, la Suisse possédait en 1895 :

Elite	137.649	hommes.
Landwehr	80.602	—
Landsturm armé.	61.224	—
Landsturm non armé.	209.139	—
Total.	488.614	hommes.

L'armée fédérale est constituée par cantons, sauf quelques exceptions, pour les armes spéciales recrutées dans plusieurs cantons.

Tout citoyen incapable de servir ou dispensé est astreint à une taxe militaire, proportionnelle à sa fortune, formant la compensation du service personnel non fourni. Cette disposition si justifiée mérite d'être remarquée. Elle a été depuis imitée en France, notamment, mais assez incomplètement.

Dans cette armée, qui ne manifeste pas habituellement son existence, des mesures de surveillance sont prises et imposées assez rigoureusement pour tenir tous les hommes en haleine.

Chacun d'eux possède chez soi ses effets d'habillement, son

équipement et ses munitions, qui doivent être entretenus en bon état. Tous les ans, une inspection est passée aux hommes de l'élite et de la landwehr, qui s'y présentent en grande tenue. L'ordre de convocation annuel rappelle tous les ans que les sous-officiers ou les hommes dont les effets seraient incomplets ou malpropres subiront une sévère punition.

La loi, très généralement obéie, limite beaucoup les cas de répression. Il en est de même sous d'autres rapports. Le Département militaire de la Confédération nomme aux divers grades, car on n'a pas commis la faute, en Suisse, de les mettre à l'élection. La loi oblige tout citoyen à accepter le poste pour lequel il est désigné. Les refus ou difficultés sont fort rares du reste. En général on choisit de préférence, les jeunes gens qui désirent obtenir un grade, qui jouissent d'une certaine aisance, appartiennent à des familles honorables et font preuve, en outre, de quelque instruction.

A part 130 officiers instructeurs permanents, tous les officiers ou sous-officiers restent dans leurs foyers en temps ordinaire, en y exerçant leur profession particulière. Leurs obligations militaires sont les mêmes que pour les miliciens, sauf une durée un peu plus longue des périodes d'instruction.

Ils passent tous par l'école préparatoire d'officiers : 42 jours pour l'infanterie, 60 jours pour la cavalerie. Ils y travaillent de huit à dix heures par jour. Plus tard, on les rappelle dans d'autres écoles ou périodes d'instruction, et on ne les y retient jamais plus de six semaines.

Chacun doit travailler chez soi, à ses heures de loisir, pour se perfectionner. Grâce aux réunions ou sociétés d'officiers, aux conférences d'hiver, aux sociétés de tir, l'instruction des officiers se maintient à une certaine hauteur.

Le matériel nécessaire, en cas de guerre, existe en dehors des miliciens, qui n'ont pas à s'en occuper. La partie la plus considérable consiste dans les ouvrages de fortification du Gothard, pour lesquels il a été beaucoup dépensé. On les a jugés nécessaires à la défense de la neutralité suisse, précaution assez vaine assurément, mais qui montre l'état des esprits à notre époque. La neutralité n'est plus un préservatif : il faut des forces et des ouvrages pour la faire respecter. Cette contradiction se manifeste en Belgique comme en Suisse.

Le Département militaire s'est vu dans la nécessité de proposer la création d'une garde de sûreté pour les différents ouvrages, en la composant, en grande partie, de ménaniciens, d'ajusteurs, d'ouvriers d'art, etc. Au Conseil fédéral, quelques membres ont crié à la violation de la Constitution, interdisant toute force permanente dans la Confédération. Ils ont réédité, à ce sujet, toutes les déclamations courantes contre le militarisme et son esclavage. On leur a expliqué qu'en définitive, il ne s'agissait pas de soldats, mais d'ouvriers contractant des engagements résiliables en prévenant un certain temps d'avance. On leur démontra qu'il n'y avait pas moyen d'agir autrement, si l'on voulait assurer la conservation des ouvrages et du matériel, et on a voté les fonds. C'est, en apparence, une force permanente soumise à l'autorité militaire.

Le Département militaire, seul permanent, dirige tous les détails relatifs aux forces militaires de la Confédération. Il constitue un organe unique en son genre. Ce n'est pas un ministère : c'est une sorte de quartier général, maintenu en paix, pour une armée, sans existence active.

Les généraux et les services qui leur sont adjoints, ainsi que le le cadre des officiers instructeurs permanents, ressortissent au Département militaire, institution militaire subordonnée au gouvernement de la Confédération et directrice de toutes les choses de l'armée. Il n'existe rien de semblable en aucun autre pays, de même qu'il n'y a pas, en Europe, une autre armée uniquement composée de milices.

A côté des avantages de ce système, très économique et très libéral, figurent naturellement des inconvénients notables, que le bon esprit de la population amoindrit sensiblement. La plus grave est la faiblesse de l'instruction.

Habituellement, on réunit chaque année une division, afin de l'exercer aux manœuvres. On y fait assez bien un peu de tactique, mais les troupes sont mal habituées aux services accessoires : pionniers, avant-postes, reconnaissances. Elles ne savent ni bivouaquer, ni cantonner, et ces opérations leur sont assez pénibles. Si l'infanterie remplit passablement ses fonctions, les autres armes montrent une assez grande infériorité.

En résumé, la Suisse n'a pas d'armée permanente. Quelques officiers instructeurs et des détachements d'ouvriers civils engagés ne détruisent pas cette assertion. Tout le monde est milicien, légalement; néanmoins, personne n'est sur pied. Chacun reste citoyen et vaque à ses occupations privées : qu'il soit gradé ou simple milicien, il vient, sur réquisition, prendre place dans les écoles d'instruction ou aux manœuvres. C'est bien là le caractère absolu de la milice.

Cette combinaison s'applique à ce pays, à cause de sa situation et des qualités naturelles existant à un haut degré chez ses habitants. Les Suisses possèdent le sentiment du devoir et, par conséquent, le respect de la loi et de l'autorité. Ils ont l'esprit d'ordre et de discipline, l'habitude des exercices physiques et la passion du tir. Ils réunissent beaucoup des aptitudes qui constituent le bon soldat en paix : l'obéissance, l'endurance à la fatigue, l'habileté et le coup d'œil du tireur.

La valeur calme et raisonnée ne leur manque pas ; l'histoire a toujours eu occasion de louer leur bravoure. Leur situation de neutralité ne leur fournit pas l'occasion de l'appliquer. Ils ont préféré s'adonner aux institutions de la paix et n'ont pris que le moins possible des choses militaires. Le militarisme n'existe pas chez eux.

Leur organisation militaire ne ressemble en rien aux gardes nationales. C'est une véritable milice disciplinée, prête à paraître à l'appel de l'autorité. Il lui manque seulement l'instruction et surtout l'éducation militaire. Si les troupes helvétiques sont à louer, en tant que milices, elles ne peuvent pas être comparées à des forces permanentes. Elles ne présentent ni la capacité ni la solidité qui distinguent celles-ci. La Suisse ne le méconnaît pas et néanmoins el'e conserve sagement ses institutions, que les circonstances tendent à dénaturer.

Elle n'ignore pas comment on pourrait mieux faire, seulement elle sait que les forces entretenues coûtent cher, et elle ménage son budget fédéral, se bornant à prévoir la défense possible de son territoire. La question économique prend le pas sur la question militaire. On ne peut donc rien en conclure, en faveur du système, en ce qui concerne des États beaucoup plus vastes, placés dans d'autres conditions, exposés à des périls et astreints à des devoirs fort difficiles.

C'est pourtant là qu'on a cherché un exemple, et quelques imprudents offrant la Suisse pour modèle engagent la France à l'imiter.

XXI.

RÉCRIMINATIONS CONTRE LA LOI DE 1872.

L'exposé sommaire des vicissitudes du recrutement en France et dans quelques pays étrangers n'était pas inutile. Ceux qui l'examineront avec attention y trouveront l'origine de toutes les attaques, critiques, souhaits, projets, formulés dans ces dernières années. On n'a rien imaginé de nouveau. Tout se trouvait déjà connu, avec les avantages et les inconvénients de chaque système. On s'est borné à les reproduire sous une forme nouvelle, chaque écrivain, selon ses idées particulières, s'efforçant d'exalter les uns et de voiler ou de diminuer les autres.

La comparaison du passé et des théories actuelles est indispensable pour apprécier les propositions, séduisantes mais fausses pour la plupart, qui pullulent de jour en jour davantage, ne voyant que la satisfaction des intérêts et méconnaissant le grand but : la défense de la patrie.

La loi de 1872, votée après la défaite, fut d'abord acceptée avec résignation. On n'osa pas trop la critiquer au moment où les blessures encore saignantes rendaient les émotions trop vives. Peu à peu, le calme reparut en France. On examina, on réfléchit. Les passions politiques se mêlèrent à la discussion des questions militaires. A la suite du profond bouleversement venant de s'opérer, les idées se modifièrent avec une navrante rapidité. L'application de la nouvelle loi en fit ressortir certains inconvénients. La critique, juste sur quelques points, se manifesta vive, ardente et, flattant les intérêts, dépassa le but.

La base de la loi, le service obligatoire, n'était pas discutable, et ce principe semblait accepté comme résultant d'un devoir naturel et primordial. Dans l'application, ce fut autre chose. Personne ne protesta contre l'appel en cas de mobilisation ; c'eût été une sorte de désertion anticipée. Toutefois, on se demanda si, à part le cas de guerre, il fallait entretenir en permanence une quantité de troupes et faire peser ce fardeau sur la population. Beaucoup répondirent non. A les en croire, au moment du besoin, on réquisitionnerait les hommes et les choses ; mais jusque-là, ils voulaient le repos, la suppression même du service militaire.

Autrement dit, ils réclamaient la milice. Elle existe en quelques pays avec une certaine organisation légale et impose quelques servitudes aux habitants. D'aucuns essayent de les dédaigner en France et assurent qu'il ne faut rien du tout. Pas de préparation, pas de réunion du temps de paix, pas d'instruction. C'est la thèse qu'on s'attache à répandre ; c'est celle qu'il importe de réfuter, tant elle est fausse et conduit inévitablement à la perte du pays.

Les critiques se sont produites avec violence. On les a combattues. La politique n'a pas permis à la vérité de triompher. Rien n'est plus funeste que son intervention en matière militaire. Elle a partout dominé tout le débat et le domine encore. Elle a donné la prépondérance aux doctrines humanitaires, on pourrait dire socialistes. Elle a introduit dans l'organisation militaire le principe abstrait de l'égalité absolue ; le proclamant sans y croire et sachant l'impossibilité de l'appliquer.

L'égalité avait séduit d'abord les imaginations. A l'user on s'aperçut, non qu'elle était impossible à réaliser, mais qu'elle n'existait pas. On attaqua beaucoup l'inégalité de fait, qui sembla choquante, et le premier grief fut le volontariat.

On ne voulut y voir que la faculté de s'exempter de la période complète de service, de ne passer qu'un an au régiment, et le versement d'une somme pour se défrayer de tous les frais fit jeter de grands cris contre la ploutocratie. Cette apparence de privilège concédé à l'argent déplut fort. Il avait des avantages qu'on masquait et on l'assimila au remplacement.

Le remplacement, disait-on, c'est le citoyen qui ne veut pas remplir son devoir et en charge un pauvre diable à sa place. Le volontariat, c'est une catégorie de gens se soustrayant au devoir, laissant à d'autres le soin de l'accomplir. On se garda bien de montrer le profit qui en résultait pour d'autres carrières, l'avantage qu'on se proposait d'y trouver pour avoir des officiers et des sous-officiers de réserve, etc...

La compensation, qui était réelle, ne parut pas suffisante. On la mit en lumière avec une vivacité dépassant la mesure. Il n'en fallut pas davantage pour monter l'opinion. L'institution ne put résister à ces agressions qui, sous plus d'un rapport, manquaient même de franchise.

On les a en partie oubliées, quoiqu'elles ne datent pas de

longues années ; il est bon de les rappeler pour qu'on les recon-
naisse encore aujourd'hui sous une forme rajeunie.

L'inégalité s'accusait d'une autre façon plus sensible et, en
apparence, moins justifiée encore. L'établissement de deux portions dans le contingent laissait une forte charge aux uns et une
légère aux autres. La loi, on le sait, ou la situation, en décidait.
En résumé, l'inégalité se produisait très manifestement, et l'opinion, déçue dans son rêve, en murmurait.

Il s'y joignait des dispenses édictées par la loi pour en rendre
le fonctionnement plus facile. Beaucoup de raisons les justifiaient
sans doute, néanmoins elles furent stigmatisées sous le nom de
privilèges. On ne voulut pas reconnaitre qu'elles s'appliquaient
à l'instruction, à la détresse des familles, bien plus qu'à la fortune. Leur caractère démocratique ne les préserva pas de vives
attaques.

L'inégalité sociale entrainait une sorte d'inégalité dans les
conditions du service militaire. Les théoriciens refusèrent de la
reconnaitre.

Le service militaire est une prestation personnelle : impôt du
temps, toujours ; impôt du sang, quelquefois. L'impôt est proportionnel aux facultés contributives et, de soi, il est variable.
On n'a jamais songé à imposer la même cote à tout le monde.
L'impossibilité d'exécution s'y oppose.

L'impôt du temps ou du sang, comme on voudra le nommer,
édicté d'une manière absolue, *égal pour tous*, aurait pour conséquence de peser en réalité plus lourdement sur les uns que sur
les autres, et il se trouverait ainsi vicié dans son origine même.

L'égalité du service constituerait, en fait, une inégalité formelle. Au point de vue de la carrière civile, la durée du séjour
dans les troupes est indifférente à un certain nombre ; elle est
avantageuse à quelques individualités et nuisible pour beaucoup
d'autres. Elle ne saurait donc être égale.

Un manouvrier, un terrassier, après avoir passé quelques
années dans un régiment, se retrouve tel qu'il était avant, avec
la même aptitude à reprendre son état. Le service l'a contrarié
sous d'autres rapports, mais ne lui a rien fait perdre de sa capacité professionnelle.

Certains ouvriers en bois ou en fer, placés dans des compagnies
d'artillerie ; des boulangers, des tonneliers, des jardiniers atta-

chés aux manutentions, y ont rencontré un moyen de se perfectionner dans leur métier, de devenir beaucoup plus habiles, et
le service militaire les a mis dans une situation meilleure pour
exercer ensuite leur profession. Ils ont gagné en devenant soldats.

En ce qui concerne les situations exigeant un long noviciat ou
apprentissage, le service militaire est nuisible en saisissant le
jeune homme au moment où il va créer, décider, assurer sa carrière. Qu'il s'agisse de professions libérales, industrielles, commerciales, agricoles, l'inconvénient est identique.

Le devancement d'appel ou son ajournement étaient des tempéraments réglés par la loi elle-même pour adoucir la rigueur
du principe. L'idée n'était nullement de constituer des faveurs
pour un certain nombre.

L'impossibilité de le contester s'accusait manifestement. On
le fit pourtant. Des récriminations ardentes s'élevèrent et déna-
turèrent les intentions du législateur. On réclama la suppression
pure et simple.

Le Parlement, en obligeant tout le monde à servir, constatait
un devoir naturel pour tous. Il a considéré principalement la
nécessité d'obtenir un très grand nombre de combattants et il a
suivi, dans cette déclaration de principe, l'exemple des pays voisins. Dominé par les idées du moment, il a statué sans bien se
rendre compte des conséquences.

En agissant ainsi, le capital humain s'est trouvé engagé en
entier, sans préoccupation d'en conserver la valeur, ni d'en
accroître la quantité. Le nombre devenant l'élément prépondérant, il eût été désirable de pousser à l'augmentation de la population. Les circonstances, la négligence, l'oubli, l'entraînement
ont empêché d'en tenir compte, et ce fut un tort.

Les moralistes et les économistes l'ont signalé avec une certaine amertume. Ils se plaignent de la diminution de la natalité
et de la perte de force sociale qui en résulte. Le service obligatoire égalitaire n'est pas la seule cause, mais il en est une. En
gênant les unions précoces, il apporte un certain trouble dans
les projets des familles et l'établissement des individus.

La loi a obéi à une idée abstraite, chimérique dans l'application, en rangeant tout le monde sous le même niveau, car, sauf
pour le père de quatre enfants vivants, elle n'a pas différencié le

célibataire, le marié, le veuf, le chef de famille. Au point de vue de la reproduction, elle a donc méconnu une des principales exigences sociales.

Toutes les attaques et critiques soulevées contre la loi de 1872, pour sérieuses ou fondées qu'elles pussent être, disparaissaient, pour ainsi dire, devant les récriminations contre la durée du service et la seconde portion du contingent ou service réduit.

Néanmoins, la loi elle-même s'était efforcée d'en tenir compte par les exemptions, les dispenses, le volontariat, qui constituaient un adoucissement réel. Cette pensée, si équitable, a motivé les plus âcres critiques. Au lieu d'en poursuivre l'amélioration, on en a réclamé la suppression. Point de différence; l'égalité absolue, tout ou rien, a-t-on dit.

Il est difficile de s'expliquer tant de violence injuste. Au temps des armées permanentes restreintes, une petite partie de la population subissait les charges du service; une autre portion, nommée réserve, pouvait être appelée dans des cas fort rares. Le reste, la portion la plus nombreuse, ne devait aucun service militaire.

L'équité manquait assurément, mais le sort décidait. On y était habitué depuis de longues années, près d'un siècle, et l'on ne récriminait que peu ou point. On se bornait parfois à plaindre ceux qu'on désignait sous le nom de victimes de la conscription. C'était, sans doute, par un sentiment assez égoïste, car le plus grand nombre se trouvaient bien de ce régime, fort mal équilibré pourtant.

A présent, les choses ont changé. La principale portion du pays est atteinte par le service obligatoire, et des plaintes surgissent de toutes parts. Il est inutile de raisonner. Les arguments ont été produits maintes fois. On les repousse. L'intérêt personnel est en jeu. On ne semble plus comprendre le dévouement à la cause sacrée de la patrie.

Une partie de ces doléances est fondée. Une lacune majeure existait dans la loi de 1872. L'égalité absolue n'était pas réalisable, elle exigeait donc des mesures compensatrices. La principale consistait dans la taxe militaire suffisante et bien appliquée.

Bien des défauts rendant impropre au service actif n'empêchent nullement de suivre une carrière civile et d'y prospérer.

L'exemption absolue, dans ce cas, est excessive et devrait être compensée par un impôt spécial. Quiconque ne marche pas est, en droit naturel, tenu de contribuer aux frais de ceux qui figurent dans le rang.

Il en est de même pour les dispensés de toute catégorie. L'avantage qui leur est fait doit être compensé par une taxe établissant une certaine équivalence.

La taxe avait été esquissée plus qu'édictée dans la loi de 1872. Elle effraya à première vue, car elle fut incomprise. Il sembla qu'on eût le choix entre servir ou payer. On se souvenait du remplacement et de l'exonération. Il ne s'agissait pourtant ni de l'un ni l'autre.

Les exemptions ou dispenses sont prononcées d'après la loi, qui en règle les conditions. Cela fait, les conséquences fiscales devraient s'ensuivre selon les catégories et proportionnellement aux cotes des autres contributions. De la sorte, il n'y a plus de marchandage, de désir à exprimer, de faveur concédée à la fortune.

On n'était pas encore assez avancé en 1872 pour régler ces questions de taxe militaire. Plus tard, les critiques les reprirent, et là ils eurent raison de protester contre une iniquité légale.

Les nécessités agricoles, industrielles ou commerciales, qui réclament des bras et des intelligences, s'élèvent contre le long séjour des hommes au régiment où ils sont détournés du travail.

Alors que le service se trouvait limité à trois ans en Allemagne, on ne s'expliquait pas qu'il fût encore de cinq ans en France, argument superficiel dans sa forme absolue. Nous le verrons bientôt se reproduire, avec moins de raison encore, sans vouloir remarquer que la durée est liée au chiffre de la population et s'impose, pour ainsi dire.

L'application plus ou moins complète du service obligatoire a accru beaucoup les charges militaires, et le mécontentement s'est produit. Il a pris de jour en jour une certaine généralité.

Les griefs sur lesquels la critique s'est concentrée se résumaient ainsi :

1° L'inégalité existait, contraire au principe de la loi, mais, cependant, autorisée par elle ;

2° Le volontariat rappelait, dans une certaine limite, le remplacement ;

3º Les dispenses paraissaient exagérées ;

4º Les ajournements ressemblaient à une sorte de faveur ;

5º La taxe militaire était mal et insuffisamment répartie ;

6º La durée du service, trop longue, se trouvait nuisible à la natalité.

Par contre, on ne parlait pas des avantages recueillis par le pays dans la constitution d'une armée nombreuse et solide. On ne mentionnait point les nécessités militaires résultant de nos malheurs passés et des incertitudes de l'avenir.

On étalait les inconvénients, les abus, les imperfections ; de tous côtés s'élevaient des plaintes, habilement exploitées par les adversaires de l'ordre social et, par conséquent, de l'armée.

Celle-ci, néanmoins, progressait, se perfectionnait peu à peu, malgré l'influence de certaines personnes, malgré bien des systèmes différents tour à tour essayés. On sentait bien, toutefois, qu'elle aurait le dessous dans cette lutte où, seule, elle ne parlait pas, seule elle ne votait pas. Elle ne pouvait que se résigner.

Seize ans avaient passé depuis la loi de 1872, de bons résultats s'étaient produits, d'autres allaient éclore ; l'armée poursuivait sa tâche, malgré les critiques ou les diatribes. L'arrivée d'un ministre civil à la guerre introduisit, comme on dit, l'ennemi dans la place. Favorable aux antimilitaires, il s'attacha à faire réussir leurs plans, et la loi de 1889 les consacra.

XXII.

LA LOI DE 1889.

Comme principes, elle diffère peu de celle de 1872. Une seule dissemblance frappe tout d'abord. La loi de 1872 condamnait, supprimait toute intervention de l'argent en matière de recrutement. C'était son honneur, l'expression d'un sentiment élevé qui dominait tout le métier des armes. La loi de 1889 se tait sur ce point. L'article 31 de la loi de 1832, rappelé dans la loi de 1872, n'est pas reproduit. Ce n'est pas un oubli, c'est un changement complet dans les idées, et les conséquences ne tarderont pas à se manifester, à s'imposer ultérieurement.

L'argent va compter désormais. Le service militaire ne sera plus tout à fait un devoir, il deviendra peu à peu une rétribution. La loi de 1889 s'est inspirée des idées anglaises; elle a préparé le remplacement général des troupes françaises par des professionnels.

On a évité de marquer trop cette disposition, qui aurait sans doute répugné au caractère français. On n'a rien dit. Le silence n'est pas moins coupable. On n'a pas assez signalé ce point essentiel. Une grave modification se produisait; sans apparence notable, le ver rongeur s'introduisait silencieusement, il allait faire son œuvre, et l'on en voit des témoignages tous les jours.

L'égalité absolue fut le but visé bien haut. On se donna carrière pour en proclamer la nécessité. On s'efforça d'astreindre au service des catégories qui, jusqu'alors soumises à un certain nombre d'années de fonctionnarisme, payaient leur dette à l'Etat d'une autre façon. La liste des discours débités et la quantité de paroles prononcées sont énormes, pour démontrer un principe, juste théoriquement, impraticable pratiquement.

Les hommes politiques, en général assez superficiels, se laissent séduire par les théories et méconnaissent les côtés positifs des choses. Ils triomphèrent encore en cette occasion et proclamèrent pompeusement, comme une nouveauté, le vieux principe de l'égalité du service effectif.

On discuta néanmoins beaucoup sur la rédaction et on vota :
« Art. 1er : Tout Français doit le service militaire personnel.
« Art. 2 : L'obligation du service militaire est égale pour tous. »
En définitive, la forme avait varié. Rien n'était changé au fond. La loi peut bien édicter, mais non réaliser une impossibilité, et elle se manifestait de toute manière à l'encontre des législateurs.

Après le principe posé net et formel, on s'évertua à trouver un mode d'exécution possible. On n'en découvrit point. Il fallait transiger, en arriver à des compromissions; on protesta contre ces atténuations; il fallut s'y résoudre parce qu'elles étaient indispensables. Sans l'avouer, en protestant même, on revint aux exemptions, dispenses, deuxième portion.

Art. 20 : « Sont exemptés par le conseil de revision les jeunes
« gens que leurs infirmités rendent impropres à tout service actif
« ou auxiliaire. Il leur est délivré, pour justifier de leur situa-
« tion, un certificat, etc. »

Leur position est ainsi établie, mais il n'est pas question de
compensation. Un petit, un chétif, un boiteux, un manchot,
un borgne etc., peut exercer toutes les professions civiles et s'y
créer une belle place. Cette loi, où l'on a tant revendiqué l'égalité, est fort inconséquente. Elle s'empare de tous les individus
bien conditionnés et leur impose le service. Elle en libère complètement tout une autre catégorie de disgraciés qu'elle englobe
parmi les infirmes, ce qui est absolument faux. Cette loi incor-
recte n'a pas même songé à faire racheter cette dissonance si
criante, par une imposition spéciale établie sur les exemptés.

Art. 21 : « En temps de paix, après un an de service sous les
« drapeaux, sont envoyés en congés dans leurs foyers, jusqu'à
« leur passage dans la réserve : Les aînés d'orphelins; le fils
« aîné d'une femme veuve; l'aîné des fils d'une famille de sept
« enfants. »

L'inconséquence de cet article est manifeste. La situation civile
de l'individu est une présomption seulement, souvent démentie.
La conduite ou la richessse de l'individu peuvent transformer la
pensée bienveillante de la loi en un fléau pour la famille à laquelle il appartient. La dispense bonne dans certains cas est
mauvaise dans l'autre. Il fallait laisser la décision au Conseil
départemental de revision, prononçant librement selon les circonstances.

On ne l'a pas fait, et on l'établit pourtant à l'article suivant :

Art. 22 : « En temps de paix, après un an de présence sous les
« drapeaux, peuvent être envoyés en congé dans leurs foyers,
« les jeunes gens qui remplissent effectivement les devoirs de
« soutiens indispensables de famille. »

L'article 21 concède la dispense, l'article 22 la rend facultative.
On n'en voit pas bien la raison. Dans le premier cas elle n'est pas
motivée, on la conjecture seulement; dans le second, elle est
formellement établie, elle offre des garanties. Les individus et
familles auxquels elle s'applique sont plus intéressants de beau-

coup et néanmoins cette loi, qu'on réclamait si égalitaire, leur concède moins d'avantages qu'aux premiers.

Naturellement, on ne s'est pas occupé, pour les dispensés des articles 21 et 22, d'une compensation quelconque en argent pour l'avantage qui leur est fait.

Les articles précédents envisagent ou devraient envisager seulement la situation précaire des familles, soit morale, soit au point de vue des ressources. On a créé, en outre, une autre catégorie de dispensés dans l'intérêt de la haute culture intellectuelle, artistique, professionnelle.

L'article 23 porte : « En temps de paix, après un an de présence sous les drapeaux, sont envoyés en congé dans leurs « foyers, etc.... » « Les professeurs, instituteurs, ou diplômés, « les prix de Rome, les élèves ecclésiastiques, les élèves des « écoles polytechnique, forestière, centrale, du service de santé « et vétérinaire » (art. 28 et 29).

Ce n'est pas de l'égalité, encore une fois; mais c'est une mesure, facilitant l'accomplissement de la loi. On a encore oublié là, l'équilibre des charges en nature ou en argent. Il y a grand bénéfice à être dispensé d'une notable partie du service actif; donc il est juste de le compenser par un supplément d'impôt, et la taxe militaire est seulement une tentative timide dans cette voie, que certaines gens voudraient aujourd'hui voir étendre par le développement des mercenaires, aboutissant à diviser la nation en deux parties : les payants et les payés.

L'article 27 dit : « Peuvent être ajournés deux ans de suite à « un nouvel examen devant le Conseil de revision les jeunes « gens qui n'ont pas la taille réglementaire, ou reconnus d'une « complexion trop faible ».

On y a compris de fait ceux qui désiraient terminer leurs études ou leur apprentissage. Cette dérogation est justifiée, bien qu'elle froisse un peu l'égalité.

L'article 35 consacra la compensation d'une partie du service par de l'argent. Il est ainsi conçu : « Seront assujettis au payement « d'une taxe militaire annuelle ceux qui par suite d'exemption. « d'ajournement, de classement dans les services auxiliaires ou « dans la seconde partie du contingent de dispenses ou pour « tout autre motif, bénéficieront de l'exonération du service « dans l'armée active. »

La taxe est fixée à six francs, plus le montant en principal des contributions.

Comme toujours on a hésité. Cependant, cette loi de 1889 avait rejeté les idées chevaleresques de la loi de 1872 qui repoussait les tentations de l'argent. Elle était libre, les offrant d'un côté, de les réclamer de l'autre.

Elle astreint tous ceux qui ne font pas le service militaire à payer. Elle énumère toutes les causes et ajoute : « ou par tout autre motif ». Cela fait rêver, on se demande comment on pourrait se soustraire au service en dehors des cas spécifiés par la loi.

La loi n'a pas précisé suffisamment l'emploi de la taxe militaire. Une partie aurait dû être attribuée aux communes, en chargeant celles-ci d'accorder un secours quotidien aux familles nécessiteuses dont le principal soutien serait sous les drapeaux. On procède ainsi dans d'autres pays et l'on s'en trouve bien.

On n'a pas abordé cette question, qui en soulève une autre plus grave, celle des soutiens de famille n'ayant plus de raison, alors, d'être dispensés. Quand on se montre si partisans de l'égalité dans les paroles et dans les principes, on aurait pu s'en rapprocher dans l'application. On l'a négligé.

La plus grande dérogation apportée à nos institutions militaires, fut la réduction de la durée du service actif. L'opinion surexcitée par des publications incessantes la demandait. Les intérêts électoraux obligeaient de l'adopter. Quelques observations très justes furent présentées. On les écarta. Les intérêts militaires n'accaparaient que la seconde place dans la loi en délibération.

Le service de trois ans fut adopté (art. 37).

L'article 40 en fixa l'origine au 1er novembre de l'année de l'inscription sur les tableaux de recensement et stipula l'incorporation du contingent à dater du 16 novembre au plus tard. C'était encore une faute, une mauvaise concession faite à des intérêts particuliers. La véritable date de l'origine du service et de l'incorporation est le 1er octobre, afin que les recrues soient à peu près en état de marcher au printemps. On écouta trop les réclamations des viticulteurs et on sacrifia l'intérêt militaire aux nécessités de la vendange, qui n'auraient pas souffert d'un appel moins tardif.

Le contingent se trouvait notablement augmenté par la nouvelle loi et, malgré les exemptions et dispenses, il eût été impossible de l'incorporer pour trois ans. Force fut d'en arriver à le diviser encore en deux portions, l'une accomplissant trois ans, l'autre ne restant qu'un an. Toutefois, on ne voulut pas le dire explicitement, on le déguisa, dans la rédaction, sous le nom de disponibilité.

L'article 39 se trouva ainsi conçu : « Après la liste établie, le « Ministre fixe, par canton, le nombre des hommes à envoyer « en disponibilité, après un an de service, en commençant par « les premiers numéros. Ils restent à la disposition du Ministre « qui peut les conserver au corps, ou les rappeler si leur con-« duite ou leur intruction laissent à désirer, ou si l'effectif budgé-« taire le permet. »

On biaisait évidemment, et la seconde partie de l'article devenait une atténuation assez claire de l'impossibilité créée. On savait très bien qu'on ne pourrait le faire et cependant on l'autorisait.

En fait la 2e portion du contingent continuait d'exister. Il n'était plus question du volontariat tant attaqué et l'on se privait d'une recette assez importante, toujours au nom du principe d'égalité, mentionné mais non établi par la loi elle-même.

Bien que les tendances en faveur du recrutement volontaire primé ou non primé s'accusassent dans la loi de 1889, les législateurs satisfaits d'avoir obtenu gain de cause sur la réduction de la durée du service et la suppression du volontariat, traitèrent assez légèrement la question de l'engagement et du rengagement.

L'article 59 autorisa l'engagement volontaire pour trois, quatre ou cinq ans.

L'article 60 stipula que, dans les troupes coloniales, les engagements de cinq ans donneraient droit à une prime pendant les deux dernières années.

La loi se montra plus positive à l'égard des rengagements : Art. 63 : « Les soldats décorés ou médaillés ou inscrits sur les « listes d'aptitude pour caporal ou brigadier, ainsi que les capo-« raux ou brigadiers, pourront être admis à contracter des ren-« gagements de deux, trois ou cinq ans. »

Tout homme des troupes coloniales peut être admis à contracter un rengagement pour deux, trois ou cinq ans. Ils sont renouvelables jusqu'à une durée totale de quinze ans de service.

Les rengagements donnent droit à une *prime payable immédiatement après la signature de l'acte.*

Des hautes payes journalières sont accordées.

Après quinze ans de services effectifs, les ·engagés ont droit à une pension égale au 15/25 du minimum, augmentée de 1/25 par campagne.

Art. 64 : « Tout cavalier peut se rengager pour une quatrième
« année. Il aura droit, pendant cette dernière année, à une haute
« paye ».

L'obligation des périodes d'instruction pour les réserves fut maintenue dans la loi de 1889, quoique sensiblement adoucie.

Art. 49 : « Les hommes de la réserve de l'armée active sont
« assujettis à prendre part à deux manœuvres, chacune d'une
« durée de quatre semaines ».

C'est assurément peu; une période d'instruction tous les cinq ans, alors que les progrès incessants modifient si vite les procédés.

Le même article fixa un seul rappel de deux semaines pour les territoriaux, durant les six années de leur séjour dans cette armée. C'est encore moins que précédemment au point de vue de l'instruction.

Naturellement des dispenses de ces manœuvres peuvent être accordées à titre de soutiens de famille.

Telles étaient les bases essentielles de la loi au point de vue militaire. On y reproduisit diverses mesures présentant aussi un caractère civil.

Art. 52 : « Sous les drapeaux, les hommes de la réserve et de
« l'armée teritoriale sont soumis à toutes les obligations impo-
« sées aux militaires de l'armée active par les lois et règlements
« en vigueur. Ils sont justiciables des tribunaux militaires en
« temps de paix comme en temps de guerre. »

Cette disposition était inévitable ; sans elle, tout l'édifice s'écroulait. La réserve disparaissait et se transformait en garde nationale, où chacun faisait à peu près sa volonté. Néanmoins, cet article, très combattu par les idéologues, les socia'istes, les anarchistes, souleva et soulève encore des colères aussi vives que peu motivées.

Il en fut presque de même pour l'article suivant, n° 53 : « Lorsque les hommes de la réserve ou territoriaux, même non « présents sous les drapeaux, sont revêtus d'effets d'uniforme, « ils doivent à tout supérieur en uniforme les marques extérieures « de respect prescrites par les règlements militaires, et sont « considérés, sous tous les rapports, comme des militaires en « congé. »

Ce cas trouve rarement son application, puisque, aux termes de l'article 57, le jugement des délits commis appartient aux tribunaux civils. Il faut des faits très graves pour qu'on ait recours à cette procédure.

La tendance à l'indépendance, le désir de se soustraire aux règles les plus élémentaires de la discipline ont obligé d'introduire dans la loi des prescriptions très formelles.

Art. 8 : « Tout corps organisé, quand il est sous les armes, est « soumis aux lois militaires, fait partie de l'armée et relève du « ministre de la guerre ou du ministre de la marine. Il en est de « même des corps de vétérans que le ministre de la guerre est « autorisé à créer en temps de guerre et qui seraient recrutés « par voies d'engagements volontaires parmi les hommes ayant « accompli la totalité de leur service militaire. »

Ces dispositions, pourtant formelles, ont été parfois contestées pour les compagnies de sapeurs-pompiers, les sociétés de tir en armes, etc...

Chose assez singulière, révélant assez la force de l'opinion, on réussit à introduire, au début de cette loi, un article 7 ainsi rédigé :

« Nul n'est admis dans une administration de l'État, ou ne « peut être investi de fonctions publiques électives, s'il ne justi- « fie avoir satisfait aux obligations imposées par la présente « loi. »

Rien n'est assurément plus naturel et, en même temps, rien n'est moins observé. Quand les électeurs ont fait une nomination de conseiller municipal, de conseiller général, de député, on ne s'avise pas de demander à l'élu s'il a fait son service militaire.

En outre, ceux qui ont bénéficié de l'exemption par défaut de taille, boiterie, mauvaise vue, faiblesse de constitution, devraient être exclus de tout emploi public ou électif, puisqu'ils n'ont point servi. Je ne sache pas que cette exception, légale pourtant, ait jamais été soulevée.

Enfin, en terminant, la loi se crut obligée de formuler l'antienne d'autrefois sur la nécessité de préparer les adultes au service militaire. L'article 85 s'exprima ainsi :

« Une loi spéciale déterminera : 1° Les mesures à prendre
« pour l'application de la loi du 27 janvier 1880 dans les établis-
« sements d'enseignement, imposant l'obligation des exercices ;
« 2° l'organisation de l'instruction militaire pour les jeunes gens
« de 17 à 20 ans et le mode de désignation des instructeurs. »

Ce vœu resta platonique. La loi de 1889, remettant à une autre loi ultérieure l'application de la loi de 1880, ressemblait assez à une sorte d'amère plaisanterie. Il est probable qu'ayant déjà attendu neuf ans sans rien faire et voyant les tristes résultats des grotesques bataillons scolaires, les législateurs ont jugé prudent de ne pas statuer sur un point auquel ils n'entendaient rien. Pour ne pas détruire absolument toute espérance, ils ont rédigé l'article 85.

XXIII.

LA LOI DE 1893.

On s'était promis beaucoup de la loi de 1889. Ses auteurs et ses partisans la considéraient comme une charte militaire, sinon définitive, au moins destinée à subsister longtemps. Ses adversaires, nombreux, en connaissaient les points faibles. Ils ne s'étaient pas laissé abuser par la fantasmagorie des paroles et le bruit des phrases creuses. Pourtant, s'ils la critiquèrent, ce fut avec discrétion. Il n'en advint pas de même des fauteurs de la loi de 1889. Ils sentaient qu'en somme ils se trouvaient battus sur plusieurs points, par conséquent, déçus dans la plus grande partie de leurs espérances.

L'armée poursuivit sa marche sans qu'on pût trop apercevoir les modifications graves qui venaient d'être introduites dans sa constitution. Ce fut l'œuvre superbe de son incomparable corps d'officiers. Il montra toute sa valeur dans ces circonstances difficiles, accepta la transformation sans se plaindre du surcroît de travail, et l'opéra dans d'admirables conditions.

Les difficultés se montraient grandes, surtout pour la constitution d'un bon corps de sous-officiers, alors que la réduction de la durée du service les enlevait presque tous. On parvint à les surmonter pourtant. Ce service éminent rendu au pays par le corps d'officiers ne saurait être assez loué. Il transforma l'armée sans secousse, réalisa divers progrès et, malgré les condition fâcheuses imposées, ses efforts parvinrent à l'améliorer.

Ce beau résultat, si apprécié par le pays, eût le don d'irriter ceux qui avaient espéré détruire, amoindrir au moins, et qui retrouvaient devant eux une armée, toujours solide et disciplinée.

Les attaques des humanitaristes, socialistes, anarchistes, rêveurs et destructeurs, s'élevèrent plus vives. La loi de 1889 semblait avoir aplani toutes les difficultés, annulé toutes les objections, résolu toutes les questions et, à en croire les écrivains opposants, toutes se redressaient plus intenses encore que par le passé.

L'idée principale avait été l'égalité, si séduisante en France qu'elle dépasse de beaucoup la liberté, pourtant bien préférable. Cette égalité, tant poursuivie, n'a pas été atteinte, malgré tous les efforts tentés pour l'obtenir. On a voulu saisir tout le monde sans exception, coucher toutes les têtes sous le même niveau; on a prétendu en établir la nécessité, l'équité. L'œuvre décrétée a montré que, loin d'y parvenir, on avait abouti à une dissemblance dans les résultats, frisant de bien près l'iniquité.

En s'attachant aux éléments si divers de la société, à des conditions d'existence si différentes, on ne pouvait espérer réaliser une égalité relative que par des mesures compensatrices, de manière à obtenir une sorte d'équivalence. La loi de 1872 les avait adoptées avec raison, et l'on y trouva motif à des attaques aussi injustes qu'odieuses pour la plupart.

Lorsqu'on reparla d'agir de même en 1889, la gauche parlementaire tressauta, fulmina, imposa, à force de cris, sa volonté, et, en définitive, le résultat alarma bien des intérêts.

Après avoir déblatéré contre les dispenses, on les retrouvait codifiées et augmentées. Quand la loi de 1872 transigeait sur le principe d'égalité, elle ménageait certaines situations, respectait certains intérêts légitimes, tout en y attachant des compensations qui en atténuaient la valeur.

La loi de 1889 qualifia ces tempéraments de privilèges et les annula ; toutefois, contrainte par la nécessité, elle y substitua de nombreuses dispenses qui, par le fait, rétablirent une autre sorte de privilèges, mais, cette fois, sans compensation pour les particuliers ou pour les services publics.

L'honneur de la loi de 1872 avait consisté à bannir du recrutement le mobile pécuniaire. Cette pensée se trouva biffée dans la loi de 1889. On y voyait les primes, les hautes payes développer la tentation de l'argent : des retraites de bonne heure, des places civiles, toutes les attractions pour amener des volontaires.

Au point de vue moral, la seconde loi se montrait sensiblement inférieure à la première. Au point de vue social, on parlait d'allégement du service obligatoire, et, après tant de discussions et de promesses, il se trouvait, par le fait, devenu plus lourd, plus désagréable surtout, à la masse de la population.

Ces deux causes excitèrent les esprits et les rendirent plus aptes à accepter les critiques qui s'établirent de nouveau, semblables et plus vives encore qu'auparavant. On marcha, pour ainsi dire, à l'assaut de la loi à peine votée. Les inconvénients se montraient de plus en plus dans la pratique. Moins de quatre ans après, on en demanda, sinon la réforme, au moins une modification sensible. Le recrutement des forces coloniales servit de prétexte et de base à la loi de 1893.

Une énorme réduction de la durée du service, 3 ans au lieu de 5 ans, se trouvait obtenue. Loin d'en être satisfait, on n'y vit qu'un moyen d'aller plus avant. On sollicita de nouvelles concessions. La dernière loi votée montrait qu'on pouvait les obtenir, et elle en offrait elle-même le moyen.

Elle avait donné une grande importance à l'argent, qui n'en avait guère eu jusqu'alors dans le recrutement. L'exemple de l'Angleterre fut invoqué. Point d'appel forcé, l'armée formée uniquement de volontaires, le changement était complet. Il n'effrayait pourtant pas. Sans y adhérer complètement encore, le bien-être, de plus en plus développé, se laissait aller à souhaiter un pas de plus dans cette voie.

Toutefois, cette opinion restait latente dans ce pays de France où le bon sens a toujours ses droits. De grands efforts furent tentés pour amener la population à se prononcer dans le sens de la nouvelle évolution. Les parlementaires comme les publicistes redoublèrent leurs agressions contre l'armée. Les idées de réforme se répandirent quelque peu. On affirma que le pays se refusait à donner des hommes pour les services coloniaux. Ce n'était pas exact en réalité.

Chose singulière, on en vint à proclamer ouvertement une sorte de refus de concours pour les expéditions outre-mer et à obliger, pour ainsi dire, le Parlement de le voter, ce qu'il fit, après des discussions ayant laissé un triste souvenir.

Cette loi en enfantement présenta les plus malencontreuses péripéties. On abandonna successivement toutes les propositions soulevant une dissidence. Le projet, émondé sans cesse, semblait devoir ne plus exister. Une seule disposition survécut : « Point « de contingent pour les colonies. » Tout le monde, ou presque tous, s'entendirent à ce sujet. La commission, les orateurs, le gouvernement même insistèrent sur la nécessité de faire, pour les troupes coloniales, un appel exclusif aux volontaires, attirés, encouragés, excités par des avantages pécuniaires.

Toute la loi se réduisit à ce point. Ce fut une simple manifestation électorale en vue des élections prochaines. Une petite minorité protesta contre ce singulier système de sacrifier une partie de nos institutions militaires à des considérations politiques de minime valeur. On ne les écouta point.

La plupart se rencontraient sur ce point : l'intérêt électoral avant tout. On peut le répéter après le vote, car on l'avait souvent dit avant.

Les partisans de la loi, les hommes entraînés par divers motifs, surtout par les mauvais, ont crié bien haut et vanté leur réforme. Ils ont montré l'urgence de se débarrasser de l'injuste et odieux régime des mauvais numéros qui composaient le très faible contingent colonial.

Jusqu'alors on avait discuté, modifié, amendé, adouci les lois militaires et la majorité toujours faible avait cédé. Cette fois on ne demandait plus, on imposait. Une sorte de rébellion s'affichait dans les faits et plus encore dans les paroles, contre les exigences du service militaire. On a dit et répété à la tribune : « Nous ne voulons plus que nos enfants soient forcés d'aller aux colonies. Qu'on y envoie des volontaires, ce n'est qu'une question d'argent, nous payerons. » Ainsi se résumaient tous les discours aussi ampoulés que mal fondés.

Ce langage était assurément pour surprendre dans une Chambre française. Cette déclaration d'un commencement de grève militaire, n'étonna pas trop, hélas ! On n'y répondit pas comme il aurait fallu. Les représentants de la nation, outrepassant leur mandat, interprétèrent mal le sentiment populaire encore viril, toujours résolu et ils votèrent, par la loi de 1893, le refus de service de leurs commettants, qui ne les en avaient pas chargés.

Nous ne voulons pas du contingent colonial. Le refus a été formel. Que devient le devoir envers la patrie, si chacun est libre de choisir la manière de l'accomplir. Si le choix se manifeste sur un point, il sera aussi valable sur un autre. Si l'on peut se dispenser d'aller aux colonies, pourquoi serait-on contraint de se rendre aux climats froids des Alpes ou des Vosges, ou de braver la chaleur du Sud-Algérien ? L'argument a tout autant de valeur.

Le trou fait par ce vote est regrettable. Il sera vite agrandi. On ne voudra plus aller ni ici, ni là. On ne consentira plus à servir dans telle arme ou dans telle autre, jusqu'au jour où l'on exprimera la volonté de ne plus servir du tout.

Nous n'y sommes pas encore, heureusement ; mais on s'efforce de nous y conduire, et l'on peut dès à présent mesurer l'étendue de la faute commise. La loi de 1893 a été la brèche pratiquée dans le principe du devoir militaire. Le mal considérable ainsi causé retombe encore sur les modérés. Aveuglés par l'intérêt électoral, intimidés peut-être par la violence de leurs adversaires, ils ont amorcé cette brèche fatale, ils ont ouvert l'abîme où tout risque de sombrer, ils ont fait un saut dans l'inconnu.

Les avancés n'en espéraient pas tant. Ils ont accepté avec enthousiasme cette erreur des modérés, tout étonnés de cette aubaine inattendue.

Le petit nombre d'anarchistes qui, sous des noms divers, conduit cette lutte pour la destruction de l'armée, a vu immédiatement le parti à tirer de la faiblesse parlementaire, et il y est allé largement.

L'œuvre inconsciente si l'on veut qui a été perpétrée légalement, est nocive dans le présent et sera plus funeste dans l'avenir par le développement du germe pernicieux qu'elle renferme. A peine votée, les motions de réduction, les propositions de diminution, se sont succédé comme à plaisir. Il semble que le dernier barrage ait été rompu, et le torrent de la destruction militaire s'est élancé avec une impétuosité allant chaque jour grandissant.

Pourtant en France où l'armée a tant de racines, où on l'aime, il ne semble pas facile de changer les idées, de passer de l'honneur à l'argent, du service dû au service acheté. Afin de ménager la transition on a essayé de déconsidérer l'armée par tous les moyens. Les paroles si imprudentes prononcées à la tribune, confirmées par le vote de la majorité, ont redoublé les agressions contre les institutions militaires, et les ont rendues plus vives comme plus nombreuses.

Ceux qui ont commis la faute ont une bien grande responsabilité. Peut-être ne s'en rendent-ils pas compte. C'est fâcheux pour eux. Les faits qui ont suivi, ceux qui vont surgir encore, montreront leur erreur; il sera trop tard, comme toujours, pour la réparer.

XXIV.

LES ATTAQUES CONTRE LES INSTITUTIONS MILITAIRES.

Les nécessités sociales, les idées « fin de siècle » ont modifié, sous beaucoup de rapports, les conditions de l'existence. Il semblait que l'armée, qui ne meurt pas, eût dû échapper à ces modifications plus ou moins étranges, que l'on voit éclore. Il n'en est rien. On n'a pas voulu reconnaître la nécessité de sa spécialisation, on a prétendu la ployer à un système humanitaire, peut-être bon pour la société, mais à coup sûr néfaste pour les institutions militaires. De là est survenu un grand trouble dans l'opinion, tiraillée en sens contraires.

Le mélange fréquent de la réserve à la partie active de l'armée, leur juxtaposition constante dans la vie ordinaire, leur rapprochement durant les périodes d'instruction ont engendré une sorte d'indécision, d'hétérogénéité, qui s'est de plus en plus accentuée.

Des publicistes, peu au courant des choses militaires, demandent l'unification complète des diverses catégories des forces combattantes. Ils n'admettent plus de distinction entre les diverses portions, sans se rendre compte de l'impossibilité de l'anéantir.

La différence s'atténuera, disparaîtra en guerre par l'égalité des situations. Elle demeure ineffaçable en paix par la raison que les droits et les devoirs ne sont pas les mêmes, entre la partie de l'armée qui vote et la partie qui ne vote pas.

Quand on réunit les réservistes pour 28 jours, les territoriaux pour 13 jours, ce sont des électeurs qu'on appelle plus encore que des soldats. La preuve en est manifeste : s'il survient un scrutin, on écourte la période de leurs devoirs militaires pour leur permettre d'aller remplir leurs devoirs civiques.

Une fois dans l'armée pour quelques semaines, la situation du réserviste ou du territorial ne ressemble pas du tout à celle du soldat.

S'ils ne peuvent se soustraire à la période d'instruction, soit par des ajournements, soit par des dispenses, ils viennent au régiment et y servent régulièrement, par la crainte d'être retenus un jour de plus. Ils ne s'associent pas à la vie militaire. Ils cherchent à ne point coucher au quartier; ils y mangent le moins possible en se plaignant des frais qui en résultent pour eux. Des camarades de la portion active prennent soin de leurs armes et de leurs effets, vont en corvée à leur place moyennant une certaine rétribution. Ils sont donc aussi peu soldats que possible.

La majorité remplit suffisamment son devoir, qu'on nomme une servitude. On trouve à côté un certain nombre de fâcheux esprits, arrivant avec le parti pris de trouver tout mauvais, inepte, absurde, ridicule ou barbare; avec l'intention arrêtée de tout noter pour raconter plus tard ce qu'ils ont vu ou ce qu'ils ont cru voir, et d'interpréter des actes dont ils ne connaissaient ni la portée ni les causes.

De la sorte ils montrent le métier militaire à l'envers. Chose bizarre! presque aucun n'écrit ce qu'il a vu de bien. Les faveurs consenties, la peine prise pour lui, les soins dont il a été l'objet, les bons exemples donnés, rien de tout cela n'a été retenu. Cela ne compte pas.

Les attaques seules sont reproduites, et les soldats demeurés dans le rang peuvent fréquemment lire dans des feuilles publiques ou des brochures des appréciations malveillantes ou agressives contre leurs chefs ou contre l'armée. Est déplorable autant qu'injuste cette reproduction d'atteintes incessantes à la conservation de l'esprit militaire. A force d'attaquer on renverse; à force de frapper on pulvérise. Puis, quand la bonne volonté aura été remplacée par de mauvaises passions, la défense nationale se trouvera gravement atteinte.

On n'y songe guère. La presse sert souvent de véhicule à ce système de dénigrement, qu'elle accueille au point de vue nouvelliste, en le condamnant comme patriote. Désireuse d'éclairer l'opinion, de dénoncer des abus, de solliciter des améliorations, elle répand, souvent sans les contrôler, des assertions ordinairement inexactes ou exagérées, et elle échappe aux reproches en invoquant sa bonne foi.

Les agressions au courant de la plume, les égratignures de la presse paraissent légères à côté du dénigrement systématique, étalé dans des brochures ayant la prétention d'être des études réalistes. Des hommes ayant traversé un moment l'armée, prétendent la connaître et racontent sans vergogne des faits odieux et controuvés.

Il en résulte des pamphlets, de véritables libelles plutôt que des livres, où des catégories entières de l'armée sont traînées sur la claie. On vise surtout les sous-officiers, cette classe si utile et si généralement dévouée. Il est impossible de citer ces élucubrations haineuses et fausses sans s'exposer à leur faire une réclame. Il faut mentionner sans les nommer ces produits des cervelles corrompues de quelques gens incapables de s'élever par le talent, ce dont ils n'ont cure, préférant s'enrichir par le scandale, ce qui est leur principal souci.

Le redressement de ces accusations est à peu près impossible. Protester est sans efficacité. En général, on ne croit pas aux démentis. C'est ce qui donne à la diffamation son effroyable portée, et elle demeure, la plupart du temps, impunie. La poursuite, autorisée par la loi aboutit rarement. On y échappe par des excuses vagues, on assure qu'on a été trompé.

L'imputation demeure.

Il faut, on en conviendra, des âmes fortement trempées dans l'armée, des esprits bien imbus du sentiment du devoir pour continuer leur œuvre, en présence des ennemis insaisissables qui l'attaquent sans cesse. Il faut un dévouement extrême pour ne pas s'abandonner à l'écœurement des tristesses présentes ou des appréhensions futures, quand on voit dénaturer les faits, censurer les actes, dénigrer les intentions.

L'immensité de la publicité rend ce courant presque continuel. Chaque jour, c'est une brochure développant des théories absolument antimilitaires ou antinationales ; c'est une revue qui détruit une tradition, ou une caricature qui ridiculise une coutume, un journal qui lance une insinuation ou demande une enquête.

C'est peu, chaque fois, si l'on veut, mais ces coups incessants creusent le sol et le minent. L'ébranlement, les fissures se propagent. Si l'on n'y prend garde, l'heure n'est peut-être pas éloignée où s'effritera peu à peu ce solide édifice militaire, qui a résisté longtemps, qui tient encore, mais serait impuissant à résister à une sape aussi active.

La publicité est une excellente chose pratiquée loyalement ; il ne faudrait pas, toutefois, « imiter l'esprit de dénonciation né « dans les clubs, sous forme de déclamation patriotique, et qui « fut un des malheurs de la Révolution ».

Les peintres ont leurs incohérents, les lettrés ont leurs symbolistes, réalistes ou décadents, l'armée possède des déclassés ; habitués aux bas-fonds, restés sur le chemin faute de capacité ou d'honorabilité, ils servent la cause des anarchistes par le dénigrement à outrance.

Peut-on se borner au mépris ? Faut-il dire : qu'importe ! l'armée reste au-dessus de ces diatribes. Non. Ces calomnies, artificieusement présentées, causent un mal réel, parce qu'elles se produisent presque impunément.

On a souvent invité les journaux à ne pas publier sur l'armée des renseignements dont l'ennemi pourrait profiter. On doit entendre par là, non seulement les divulgations matérielles tombant sous l'application de la loi, comme aussi les attaques de nature à porter atteinte à sa considération morale.

La bonne renommée de l'armée est une des gloires du pays, et c'est appauvrir ce patrimoine d'honneur que d'en dénigrer la valeur. C'est faire le jeu de l'ennemi, toujours prêt à nous décrier.

A la longue, ces accusations, même fausses, finissent par creuser de mauvais sillons et sont souvent plus nuisibles que des indiscrétions matérielles. On ne saurait trop demander aux publicistes de tenir compte de ces considérations dont l'évidence est palpable.

Quand on cesse de croire à l'honneur de l'armée, on est bien près de ne plus vouloir servir. On tâche de détruire le premier pour arriver à supprimer les forces permanentes.

C'est le but poursuivi par les partisans de la désorganisation sociale. Ils connaissent la puissance de la battologie. Ils se répètent et rééditent les mêmes imputations. Tout prétexte leur est bon. Beaucoup ne croient pas à ces exagérations réitérées. Leur fréquence influe, cependant, sur nombre de personnes. Peu à peu, l'armée leur apparaît comme une institution onéreuse, inutile, nuisible même, et sa suppression s'ancre dans leurs esprits.

On attaque les cadres en rehaussant le soldat, on parle de bourreaux et de martyrs de manière à saper l'autorité morale, dont les chefs ont plus besoin à présent qu'à aucune époque. Ce ne sont plus seulement des offenses à l'armée, ce sont des attentats contre la défense du pays : des crimes par conséquent, et on les justifie en montrant sans cesse la milice comme un remède à tous les maux dont on charge le militarisme.

Quelle dérision !

En dépit des difficultés de toute sorte résultant, en partie, de ces observations aussi fréquentes que malveillantes, les officiers et sous-officiers poursuivent l'œuvre de l'éducation militaire et morale avec une constance digne des plus grands éloges.

Quels cadres pourraient être comparés à ceux que nous possédons à présent? Joignant au savoir, à l'entrain, à la dignité de la vie, les sentiments les plus élevés et un dévouement complet à la patrie, ils sont sans conteste supérieurs à tous ceux qui les ont précédés, à tous ceux qu'on peut rencontrer ailleurs. Il faut les bien connaître pour apprécier ce qu'ils valent et leur rendre le tribut d'éloges qu'ils méritent.

On ne saurait trop le redire : officiers et sous-officiers, malgré d'infimes exceptions, sont à la hauteur de leurs grands devoirs. Eux n'ont pas manqué à l'œuvre. Ce n'est pas leur faute si les résultats ne répondent pas toujours à leur bonne volonté. Elle retombe entièrement sur les théories décadentes qu'on s'acharne à infiltrer de plus en plus dans les esprits.

Quand on songe à l'abnégation, à la sollicitude constante de ces cadres d'officiers et de sous-officiers, dont la solde est modeste et l'avancement assez lent, on se sent pénétré d'admiration et d'estime pour ces hommes, si honorables et si désintéressés. On se demande à quel degré de dépravation doivent être tombés les auteurs des ignobles diatribes publiées contre eux dans ces derniers temps.

Les infamies émanées de cerveaux malades, atrophiés par le vice, n'ont ému ni nos officiers ni nos sous-officiers. Ils ont jugé le mépris suffisant. Le public a eu le tort de ne pas les imiter.

Nos excellents cadres ont continué, après comme avant, à montrer par leurs actes tout ce qu'ils valent, à persévérer avec plus d'ardeur dans leur tâche si méritoire.

Dans cette déplorable question, les individus, les catégories mêmes, disparaissent; l'armée est atteinte tout entière. La diffamer, c'est pire que de livrer un renseignement, que de commettre un espionnage au profit de l'ennemi, c'est la miner sourdement pour la détruire.

Le public a sa part dans ces malheureuses tendances. Il devrait rejeter absolument ces œuvres pernicieuses, écrites en vue du profit. Ne faisant plus d'argent, elles cesseraient de se produire.

Quelques bonnes tendances se manifestent dans ce sens. On semble avoir assez de la littérature naturaliste, ordurière, pornographique, diffamatrice, et se diriger vers un art plus relevé. Souhaitons que l'opinion accuse de plus en plus son dégoût pour le vilipendage organisé contre l'armée, et revienne à l'exaltation des sentiments patriotiques qui grandissent les nations.

Ce fut un grand tort de tolérer ces attaques au militarisme, au moment même où l'on avait tant besoin d'en fortifier l'esprit dans la nation. La République se montra ainsi la continuatrice des fautes du gouvernement royal de 1830 et du gouvernement impérial de 1852.

On s'aperçoit à présent des inconvénients d'avoir, consciemment ou inconsciemment, favorisé par ces attaques contre le militarisme, la diminution de l'esprit militaire en France.

Nos malheurs et nos fautes y contribuèrent. La démocratie, de sa nature un peu ombrageuse, surtout au moment d'un changement de régime politique, demeura tout d'abord en méfiance vis-à-vis de l'armée. Les hommes de gouvernement, tout en sachant combien l'armée était plus que jamais nécessaire, redoutaient cependant son influence. Il ne leur déplut pas qu'elle fût, de temps à autre, un peu ravalée dans l'opinion.

Elle était loin de le mériter; sa conduite fut exemplaire. Elle se maintint dans son rôle et conserva sa discipline dans des circonstances souvent difficiles. Sa correction, son dévouement lui valurent les plus hautes félicitations de tous les hommes qui avaient paru ses adversaires. Elle a fait ses preuves de haut patriotisme, et, cependant, les attaques n'ont pas diminué. Autrefois, elles venaient d'en haut; à présent, elles arrivent d'en bas. La quantité a suppléé la qualité. C'est un malheur.

Il y a bien peu d'années, M. Floquet, président de la Chambre des députés, y songeait sans doute, en présidant le banquet Hoche à Versailles, quand il s'est écrié : « Faisons respecter « l'armée, cette fleur de la virilité française! »

XXV.

INDÉPENDANCE ET DISCIPLINE.

On n'a pas beaucoup tenu compte de cette recommandation, si sage, si nécessaire. Il semble qu'on se soit efforcé, d'un certain côté de la société, de pousser davantage à la déconsidération de l'armée. Tout récemment encore a paru une brochure renfermant une série d'articles contre nos institutions militaires.

C'est de la littérature à dédaigner, quoiqu'elle cause, cependant, quelque dommage dans certains esprits. Sous couleur politique, on a tâché d'aggraver le mal. Les socialistes sont en tête des assaillants. Laissant aux comparses le soin de dénigrer, les plus habiles ont élevé le débat. Ils se sont attaqués aux principes fondamentaux de l'armée, cherchant à en montrer l'erreur et le danger. Cette discussion est plus sérieuse, quoique absolument captieuse.

On pose tout d'abord l'antithèse entre la discipline et la liberté, entre l'armée et une démocratie libre, entre le militarisme et la politique.

L'organisation sociale ancienne disparaît peu à peu. Les liens de famille se relâchent, l'autorité paternelle et le respect perdent de leur prestige. L'émancipation se manifeste de tous côtés. L'individualisme prédomine de jour en jour davantage avec son compagnon l'égoïsme. L'un et l'autre sont, par essence, hostiles à l'armée, qui représente la solidarité et l'abnégation.

La lutte n'est pas près de finir. Il faut la soutenir en se rangeant du côté du bon droit et de l'ordre.

Le libre examen, l'esprit d'indépendance s'élèvent à chaque instant contre les lois et les règlements, contre les autorités et leurs agents; ces sentiments sont les antipodes du métier militaire, qui vit uniquement de discipline, comme toutes les corporations bien organisées.

La discipline, c'est le respect des lois et des règlements, c'est l'obéissance au supérieur en grade. Elle est indispensable dans l'armée comme dans la société, et, cependant, ce lien qui les unit est présenté comme une atteinte à la liberté et à la civilisation.

A la Convention, le 8 août 1793, Brissot s'écriait : « Là où « domine le régime militaire il n'y a plus de liberté, et ce « n'est pas avec le concours de tels hommes qu'une Constitution « libre s'établit. »

On écrivait encore tout récemment : « On se flatte de vouloir « faire un peuple libre, mais on commence par souhaiter d'étouf-« fer sous le joug de la discipline les aspirations libérales d'une « jeunesse enthousiaste. On enseignera aux citoyens entrant dans « la vie que le devoir consiste à obéir et que le patriotisme ne « va point sans un exercice machinal. C'est un programme, sans « doute, mais il y en a de plus attachants, de plus élevés, de « plus dignes d'un pays qui rêve d'autre gloire que la gloire « vaine des épopées et qui n'entend plus se battre que contre les « assaillants. »

Quelles billevesées ! Il semble encore entendre Niebuhr, déclarer « que les armées permanentes, nées dans le cerveau de « capitaines incultes, abaissaient nécessairement la valeur intel-« lectuelle d'un pays .

La France a, depuis plusieurs siècles, une armée permanente, et elle est au premier rang des nations comme valeur intellectuelle. La réponse est topique.

Néanmoins assez récemment, à la Sorbonne, devant l'élite de la jeunesse studieuse, un avant dernier ministre, grand maître de l'Université, a réédité dans son discours ces absurdes déclarations, en s'oubliant jusqu'à dire :

« L'état militaire où vit notre temps est contraire à toutes les « idées, à tous les désirs de la France... Cette situation, par ses « nécessités inéluctables de subordination passive de toutes les « volontés à la volonté d'un seul, est contraire au génie de toutes « ses institutions politiques... »

Pareille aberration est à plaindre dans la bouche d'un fonctionnaire de l'ordre le plus élevé, niant solennellement notre histoire, reniant nos gloires, méconnaissant le génie de la nation, pour célébrer l'excellence des enseignements de la philosophie décadente résumée dans cette phrase typique : « Un homme ne « vaut tout ce qu'il peut valoir qu'en affranchissant son âme de « la sensation de subalternité. »

Ce rejet de toute discipline est le résultat d'un orgueil extravagant ; on le pardonne aux poètes, aux artistes, dans le monde du rêve ; mais, dans le monde positif, il est inadmissible. Il ne serait pas seulement la négation de l'armée, mais aussi de toute société où, dans toutes les carrières, il faut obéir au maître, au patron, au directeur, avec plus d'exactitude encore que dans l'armée.

L'esprit d'obéissance aux lois, aux règlements, aux arrêtés, aux fonctionnaires préposés à tous les services publics, aux directeurs de tous les établissements commerciaux, scolaires, industriels, etc..., est une nécessité d'autant plus vitale que l'anarchisme surgissant ne peut triompher qu'en la détruisant.

C'est en effet, un simple propos de prétendre que la discipline est contraire à notre génie national, et qu'un homme subordonné se trouve dans une sorte d'esclavage. Tout, dans notre pays, proteste absolument contre ces théories décadentes. Il a été grand de toute façon avant leur émission, c'est certain. Le sera-t-il encore après leur triomphe ? On n'en sait rien, mais c'est douteux.

Le principal argument servant à décrier en tous pays le service obligatoire est de le considérer comme une abdication de la liberté individuelle. L'indépendance, n'admettant aucune suprématie, proteste contre la discipline, c'est-à-dire contre l'obéissance, la soumission, le respect des règlements et des autorités, tout ce dont on ne veut plus à présent. Notre époque est assez disposée à s'affranchir de toute subordination, à n'accepter aucune hiérarchie, à considérer pour rien l'âge, les fonctions, les services rendus. Après avoir réalisé l'égalité devant la loi et les positions, elle poursuit volontiers la chimère de l'égalité en tout et pour tout, oubliant que les hommes sont de par la nature inégaux en valeur, en force, en intelligence, en talent, et qu'ils ne peuvent prétendre qu'à réaliser le mot du grand fouriériste : « A chacun selon ses œuvres ».

Il est surprenant d'entendre parler de l'abrutissement du régiment. En considérant la plupart des carrières humaines, c'est encore la militaire qui est la plus tolérante, ouvrant le plus les idées à l'initiative et laissant la plus grande somme de liberté relative à l'homme.

Partout, dans l'industrie et le commerce, l'homme est soumis à des règlements autrement durs que la discipline militaire. Dans les chemins de fer, les mines, les usines, les ateliers, les fabriques, les compagnies de voitures ou de navigation, les grands magasins, les bureaux mêmes, les hommes sont organisés en série avec des chefs hiérarchisés ; ils sont souvent casernés dans les établissements ou à côté et soumis à des exigences, des règles plus étroites, plus minutieuses, plus dures que dans un régiment.

Et l'on parle de « l'absurde et nécessaire discipline militaire « établie à l'effet de transformer l'homme intelligent en une « machine parfaite ».

Le polémiste s'est bien trompé en regardant du côté de l'armée pour écrire ces quelques lignes. Il aurait dû porter ailleurs ses yeux et ses oreilles pour entendre ce que disait l'un des principaux chefs socialistes, devant la cour d'assises de Douai, au sujet des événements de Fourmies :

Il nomme les usines *d'immenses bagnes*, où l'on force les ouvriers à surveiller pendant douze heures les automates de fer. C'est les astreindre à un métier de galériens. Là, l'homme est réduit plus encore au rôle d'automate, et sa personnalité est annihilée par la machine, dont il est le serviteur et l'annexe. L'usinage, le mécanisme l'obligent à une occupation perpétuelle, unique, à des mouvements sans cesse les mêmes. Aucune initiative, aucune volonté, aucune indépendance, souvent peu d'air et pas de jour, la vie confinée, renfermée ; c'est une servitude cent fois plus dure que celle du régiment.

On peut faire le parallèle, l'armée ne redoute pas la comparaison. La liberté dans l'organisation civile est nominale, fictive, limitée, supprimée par l'amende, le chômage, le renvoi, qui atteignent l'homme dans sa dignité, ses intérêts et sa famille. On ne trouve rien de semblable dans un régiment, loin de là.

L'orgueil égalitaire, l'esprit de secte, qui engendre l'envie et la haine de toute suprématie, de tout supérieur, constitue l'essence même du caractère des décadents. Leur pessimisme n'épargne rien, ils ne croient qu'à eux-mêmes, et encore ce n'est pas bien sûr. A mesure de leur dégénérescence plus accusée, ils pensent se hausser en dénigrant, en ravalant tout ce qui les surpasse. Ils ne trouvent pas de leur dignité d'obéir et, pour masquer ce sentiment de révolte dissolvante, ils mettent en avant l'abrutissement par la discipline et conspuent la caserne.

Ils n'ont rien inventé. Eux aussi sont de simples plagiaires ; ils reproduisent des théories anciennes, inconsciemment, sans doute, et les réputent fin de siècle ; oui, mais fin du siècle dernier.

Loin d'abaisser, d'amoindrir, d'éteindre, la discipline relève, fortifie, développe. Un adage de tous les temps a dit : l'obéissance est la véritable école du commandement. On l'a bien vu dans notre pays. Tous ces colons qui s'illustrèrent durant deux siècles obéissaient à des gouvernements très absolus, à des lois militaires très sévères, et, néanmoins, ils se montrèrent pleins d'initiative, ingénieux, aussi intelligents que valeureux.

La force des anciennes républiques tenait à la vigueur de leur discipline et à la forte éducation donnée à la jeunesse. On lui inculquait avant tout la soumission, l'esprit militaire, parce que le devoir de la défense prime tous les autres et qu'elle est la base des qualités sérieuses. L'ordre, la régularité, la tempérance, le respect des autorités, l'activité, l'émulation, la solidarité ne sont pas uniquement des qualités militaires. Elles sont nécessaires à tous les citoyens. On peut les susciter et surtout les cultiver par le passage sous les drapeaux.

Le métier des armes, basé sur l'abnégation et la solidarité, fomente les vertus civiques, fait de bons citoyens respectueux des droits d'autrui, des autorités et des lois. Beaucoup se figurent la discipline seulement utile aux troupes. Il faut encore la discipline nationale, comme disait Guibert. « Malheur aux nations qui « n'en sont plus pénétrées », ajoutait-il. On s'en aperçoit bien à présent, où l'on ne respecte plus grand'chose.

Un écrivain russe a dit : « L'armée n'est pas seulement l'orga- « nisation des forces d'un pays, c'est aussi une école pour la « nation entière ».

La vie militaire, basée sur l'obéissance, prépare à l'accomplissement des devoirs sociaux. Elle accoutume la volonté individuelle à s'effacer, à se plier devant la volonté de tous : la loi, et, sous ce rapport, elle rend un incontestable service.

Au fond, il n'y a pas plusieurs disciplines. La même est bonne partout, parce qu'elle constitue une nécessité. Dans les chemins de fer, les usines, les ateliers, les lycées, dans les villes pour le maintien de l'ordre et de la salubrité, dans la famille, enfin, partout on trouve des lois, des règlements, des arrêtés et des chefs, qui en font exécuter les prescriptions absolument comme dans l'armée.

C'est contre cela qu'on s'élève. L'obéissance, personne ne l'ignore, est la vertu la plus difficile à pratiquer. Il n'y a qu'à le demander aux militaires ou aux moines, tous seront unanimes ; c'est ce qui fait sa grandeur ; aussi, elle est attaquée par tous ceux qui aspirent à abaisser la société.

C'est pourtant une obligation absolue. Si elle défaille, l'anarchie apparaît. Tel qui rédige une véhémente philippique contre l'abrutissement de la discipline, contre l'obéissance, ravalant la dignité humaine, obéit sans sourciller à son rédacteur en chef qui le malmène souvent.

L'émancipation de la pensée a du bon, mais non poussée à l'extrême. L'esprit d'indépendance a produit le déchaînement contre tous les freins, la haine de tous les jougs, de toutes les hiérarchies. La déférence a semblé même une sorte de servilité ; l'âge, la fonction, les services, rien ne compte pour certaines gens. Le droit de tout critiquer a forcément amené la suppression du respect. On n'en veut plus. Dans un certain milieu, on ne respecte même pas le drapeau, symbole du devoir, de la discipline et du pays.

Par une étrange inconséquence, on demande à l'officier d'être plus qu'un instructeur, on souhaite qu'il soit l'éducateur des hommes à lui confiés pour un peu de temps. On sent combien cette éducation militaire serait utile pour faire des hommes résolus, déférents, énergiques, bons citoyens, et, en même temps, on s'efforce de montrer la caserne comme une école d'abrutissement et d'immoralité.

L'axe de la raison se déplace complètement dans une pareille argumentation des polémistes. On demande que les cadres s'y emploient davantage et, en même temps, on sape leur influence morale.

Leur action peut s'exercer sur des hommes aimant le métier, le faisant avec goût, en comprenant les nécessités, mais elle est bien faible sur des gens venant à contre-cœur et n'ayant qu'un désir, celui de s'en aller. Demander aux cadres de faire aimer le service à des hommes qu'on engage à le haïr, de rompre à la soumission des esprits qu'on exhorte à rester indépendants, c'est rêver l'impossible, c'est utopique.

Et pourtant, cette incohérence se produit, s'affirme tous les jours ; on s'efforce de discréditer l'armée et d'exalter les bienfaits, les avantages des milices, la suppression du service, la suppression du devoir.

Il n'y a pas d'illusions à se faire en présence des théories émises chaque jour, pour ainsi dire. Les socialistes, anarchistes, communistes et autres, divisés sur un certain nombre de doctrines, s'accordent en quelques points. Ils souhaitent également la suppression du militarisme, parce qu'il empêche le coup de force insurrectionnel contre le capital et contre la propriété.

Ils ont déboulonné la colonne Vendôme, non parce qu'elle portait à son sommet la statue de Napoléon Ier, mais, comme ils l'ont avoué plus tard, « parce qu'elle était l'exaltation du mili« tarisme ».

Or, la suppression du militarisme, c'est l'abolition de l'armée permanente et son remplacement par des milices ou gardes civiques. On ne s'en cache pas, on le dit sous toutes les formes.

Lorsqu'il y avait des classes ou des professions séparées, on pouvait, à la rigueur, argumenter de la sorte. Soutenir de pareilles doctrines aujourd'hui, quand toute la nation fait partie de l'armée, quand chacun peut arriver à tout, c'est étrange et incompréhensible.

Ces tristes manifestations sont d'autant plus regrettables que le Français est susceptible de discipline autant que quiconque. Il l'a prouvé en maintes occasions. Il faut l'y accoutumer par la persuasion, lui bien montrer le but, le convaincre de sa nécessité ; surtout, il est essentiel de ne point l'en détourner par le scepticisme ou le persiflage.

Il importerait de lui faire comprendre que l'esprit militaire, à part quelques détails techniques, n'est autre chose que le respect des lois, des règlements, le dévouement au pays comme aux compatriotes, et que cet esprit-là est aussi l'esprit civique, l'esprit civil, l'esprit social ; l'association d'un peuple ne pouvant subsister sans convc. 'ions, sans concessions réciproques, sans l'observance de certaines conditions d'obéissance et de solidarité.

Cette conviction deviendrait facilement celle de la masse, si on l'y incitait au lieu de l'en détourner.

XXVI.

EFFORTS POUR DIMINUER L'ÉNERGIE, AFFAIBLIR L'ESPRIT D'ENTREPRISE, AMOINDRIR LE SENTIMENT MILITAIRE.

Les gens très avancés, les utopistes, fomentent les théories vagues de l'avenir, afin de s'emparer des réalités du présent. En faisant scintiller le mirage lointain, auquel ils ne croient point, ils se prétendent maîtres de l'actualité ; ils supposent qu'on ne pénétrera pas leur manœuvre, pour adroite qu'elle soit.

Ils poussent en avant les ligues et congrès de la paix, et font solliciter par les humanitaires naïfs la réduction intempestive des forces militaires entretenues.

Le désarmement, nous l'avons expliqué dans une brochure *Contre le service d'un an*, est impossible dans le sens où on l'entend d'ordinaire. Les décadents n'y insistent pas en réalité, ils préfèrent tourner la question, afin d'arriver au même but par des mesures moins apparentes.

Au lieu de demander la diminution de l'effectif, ils tâchent d'obtenir l'amoindrissement de sa valeur, au moyen de l'inhabileté professionnelle. Les malins se gardent de crier : Plus d'armée permanente! Ils proposent de l'émacier, de l'amoindrir par la réduction progressive de la durée du service et de la volatiliser en la transformant en milice. Dans leur pensée, la modification graduelle de la durée du service amènera le changement souhaité sans que le but apparaisse. Ils espèrent ainsi voir l'armée permanente cesser d'exister, sans qu'on ait sollicité ou voté sa suppression.

Ces idées, heureusement, sont encore loin d'être générales. Elles s'infiltrent et se propagent, c'est incontestable. Il est essentiel de les signaler, de les exposer, de les combattre.

La question est de conséquence; on ne saurait l'examiner avec trop de soin. Les plus graves intérêts y sont attachés dans le présent et surtout dans l'avenir. En tout pays elle est intéressante; plus en France qu'ailleurs.

Avec le tempérament primesautier de notre nation, il serait néfaste d'accueillir ces nouveautés et d'entrer les premiers dans la voie où nous poussent des gens aveuglés, des patriotes inintelligents ou des adversaires adroits.

Le lion fut bafoué, quand il eut consenti à se laisser ôter les dents et rogner les ongles; ne l'imitons pas, au contraire.

Les bonnes mesures organiques sont lentes à produire leurs effets, les mauvaises aboutissent promptement à de tristes résultats. Rien ne presse donc de les adopter. Les progrès sont fatals quand ils devancent leur heure. Il est sage d'y résister, malgré les arguments spécieux qui nous y incitent, malgré les objurgations qui nous y précipitent.

En dévoilant le but réel où l'on tend; en mettant en évidence les manœuvres employées, elles deviendront moins nocives. On s'en défiera davantage, on saura mieux les combattre et leur opposer des palliatifs à défaut de remèdes.

La civilisation, en améliorant d'un côté l'être humain, lui enlève de l'autre les qualités qu'il possédait en étant plus rapproché de l'état de nature. Les dons physiques atteints les premiers, ont une action réflexe sur les dons moraux. L'Indien suit au galop la piste d'un taureau échappé de son enclos. L'Arabe aperçoit à une distance inouïe un lièvre blotti dans l'herbe. La vue, l'ouïe, l'odorat sont développés au plus haut point chez ces hommes de plein air. Les habitants des campagnes jouissent encore de ces qualités quoique à un moindre degré. L'ouvrier, le citadin, en sont bien éloignés.

Pareille chose se produit au moral. L'homme obligé de se suffire, de se débrouiller seul, acquiert, par ce fait, une force de volonté, une faculté de résolution, une puissance d'initiative résultant de l'indépendance même de sa condition. On ne peut espérer une semblable décision chez ceux qui ont l'habitude de vivre en société constante, d'être gouvernés, dirigés, et de rencontrer autour d'eux protection, soutien, aide, solidarité.

La trempe physique obtenue par le corps dans les travaux actifs, amène également la trempe morale. Ces deux effets sont inséparables. On le reconnaît à présent et l'on fait les plus louables efforts pour propager chez la jeunesse les exercices physiques. En lui donnant du corps, du muscle, de la vigueur, on lui assurera infailliblement du moral, c'est-à-dire de l'énergie et de l'initiative.

Le progrès dans cette voie ne peut constituer un mal. Destiné à perfectionner l'être humain, il ne saurait contribuer à sa déchéance, sans faillir à son objectif. Les tempéraments nécessaires au service militaire, sous forme de privilège, sont condamnables; en cas de nécessité ils sont forcés et ne constituent pas une dégénérescence nationale, comme les pessimistes se plaisent à en accréditer le bruit.

Suivant eux, la diffusion de l'instruction, le développement de l'intelligence, l'accroissement du bien-être amoindriraient les sentiments élevés, les qualités héroïques, le spiritualisme et l'énergie matérielle. Les nations pauvres, rustiques, font-ils remarquer, vibrent davantage aux noms d'honneur ou de patrie, et professent un mépris plus complet du péril et de la mort. C'est en grande partie inexact, et voilà ce qu'il ne faut pas laisser dire sans le réfuter énergiquement.

Faudrait-il croire, comme on l'écrivait naguère, qu'on n'aime plus la guerre, qu'une sorte d'humanitarisme sentimental envahit toutes les âmes, que l'homme diminué et engourdi par le bien-être, recule devant le danger, et tient à son repos. On exalte l'indifférentisme, l'abstention pratiquée de plus en plus pour l'obtenir. De là, manque d'initiative.

Ce n'est pas là une peinture de notre époque, c'est une charge. D'autres temps ont-ils été meilleurs? Les Romains entraient en servitude pour profiter de l'exemption accordée à l'esclave. Des parents mutilaient leurs jeunes enfants, le recrutement ne s'appliquant pas aux castrats. Des hommes se mutilaient eux-mêmes et se coupaient le pouce droit pour éviter le service; à la revue lustrale le censeur les signalait par l'expression : *pollice trunco*. Elle est devenue poltrone en Italie et poltron en France. Après la défaite de Varus, Auguste voulant faire une levée extraordinaire dans la jeunesse romaine, demanda des volontaires. Aucun ne se présenta.

Ces défaillances ont existé à tous les âges et chez tous les peuples. Leur réprobation n'a rien perdu de sa vivacité en France. On s'y montre toujours sympathique aux gens d'élan, et sévère pour le déserteur ou l'embusqué. On y flétrit le remplacé, plus encore que le remplaçant.

Il est nécessaire de laisser mûrir les nouvelles semences avant d'en retirer tous les résultats. Les vieilles coutumes sont lentes à disparaître, surtout quand elles sont mauvaises. Mais le moment viendra. Tous ceux qui se feront dispenser du service militaire finiront par y perdre leur considération, dans notre pays où les sentiments d'honneur et de bravoure sont restés si vivaces.

La loi y aidera en excluant de tout emploi quiconque n'a pas rempli son devoir militaire. C'est un élément de justice indispensable à faire prévaloir.

L'impôt du sang est le plus honorable parce qu'il est le plus lourd. Quiconque ne l'acquitte, ne peut prétendre à la considération qu'il entraîne. La loi devrait donc stipuler, pour tous ceux n'ayant pas accompli le service légal, l'incapacité à toute récompense ou distinction honorifique nationale ou étrangère; l'interdiction de porter des croix ou médailles, un titre ou une particule, enfin les proclamer inhabiles à recevoir des bureaux de tabac, des bourses ou des secours.

Dans le même ordre d'idées, on ne leur concéderait ni diplôme ni licence. Ils ne pourraient être : juré, conseiller municipal, d'arrondissement ou général, maire, député, sénateur ou ministre, ni occuper aucune fonction publique; on devrait même leur ôter la qualité d'électeur.

Ces exclusions sont logiques. Quiconque aspire à l'influence, à la considération dans la société est tenu de fournir des preuves de capacité, de dévouement. Il serait étrange de prétendre diriger ou conseiller ses compatriotes après avoir décliné la défense du pays, et non moins bizarre de confier les affaires publiques à ceux qui auraient manqué de patriotisme en échappant au service militaire.

De telles mesures produiraient certainement un grand effet moral. Bien des gens ne se résigneraient pas facilement à accepter cette situation inférieure, cette position de citoyen de 2e classe, surtout en attribuant un traitement opposé à ceux ayant servi le temps légal.

Il conviendrait de leur concéder quelques immunités, avantages, honneurs, etc., comme cela existait dans le droit romain, sous les noms de *beneficium, privilegium, jùs militare*. On pourrait leur consentir des dégrèvements ou réductions d'impôt quand ils seraient sous les drapeaux, pourvoir dans le même temps aux besoins de leurs familles; dépenses payées, bien entendu, par le surcroît de contributions imposé aux dispensés.

De même, les anciens soldats recevraient seuls les bureaux de tabac, les bourses dans les établissements publics, les secours... Eux seuls seraient aptes aux récompenses honorifiques, et à porter des titres. Il serait juste de leur en conférer un à tous, tel que celui d'Émérite (*Emeritus miles*) ou un insigne qui les distinguerait dans les cérémonies et fêtes publiques.

On s'efforcerait de toute façon de les rehausser dans l'estime générale, de les désigner aux regards comme les bons serviteurs du pays, ceux qu'on honore en paix, parce qu'on compte sur leur dévouement en cas de guerre.

Toutes les fonctions publiques, gratuites, rétribuées, électives, honorifiques appartiendraient exclusivement aux hommes ayant rempli le devoir légal du service militaire.

On est entré timidement dans cette voie pour les anciens sous-officiers. Rien n'empêche d'aller résolument plus loin. C'est ce que l'on faisait à Rome. Le service militaire y primait tous les autres devoirs et conférait des droits. Pierre de touche du patriotisme et du désintéressement, il était la préparation obligée à tous les emplois. « Le plus noble des Romains, écrit Duruy, ne « pouvait être élevé à une magistrature, qu'après avoir fait dix « campagnes. » (*Histoire romaine*, t. VII.)

Usage rationnel, contrepoids nécessaire aux ambitions trop ardentes. La soumission à la plus essentielle des lois, la valeur physique et morale manifestée constitueraient des garanties de capacité, comme le retard apporté à l'entrée aux charges formerait une garantie de sagesse.

Les élus ou les fonctionnaires sont les mandataires, les conseillers, les arbitres, les juges, les instructeurs de la nation. Ils dirigent, surveillent, enseignent, pourvoient, et leur mission consiste à donner l'exemple en toute occasion. Jeunes, sans services militaires antérieurs, ils manquent de prestige, d'influence, d'autorité. Leur caractère essentiel est l'expérience des hommes et des choses. La maturité leur est indispensable.

C'était l'évidence même autrefois. Les Grecs appelaient les chefs : les anciens. Philologiquement, moralement, politiquement, les nations antiques considéraient un jeune fonctionnaire comme un contresens.

Cette tradition archaïque est basée sur la raison, sur la pratique. La renaissance de cette doctrine oubliée est peut-être proche. Les idées marchent. On se familiarise avec elles. On stipule des garanties de capacité; on peut les accroître.

On demande à présent le baccalauréat ès lettres ou ès sciences pour devenir médecin, magistrat, professeur et pour presque toutes les fonctions publiques. De même on exigera bientôt sans doute le baccalauréat militaire pour être apte à ces situations. Cela semble un peu excessif aujourd'hui; on le trouvera peut-être naturel demain. Le baccalauréat militaire, c'est le service effectif avec constatation d'instruction. Il faut qu'il soit envié, désiré, obtenu par le plus grand nombre, qu'il constitue le meilleur certificat de civisme.

Ces moyens matériels et moraux auront une influence importante au point de vue de la puissance militaire du pays. Il y a longtemps qu'on les affirmait excellents, ils le sont encore.

Jomini écrivait en 1823 : « Le premier moyen d'encourager « l'esprit militaire, c'est d'entourer l'armée de la considération « publique. *Le second, c'est d'assurer aux services rendus à* « *l'État la préférence dans tous les emplois administratifs* et « *d'exiger même un temps donné de service militaire pour obte-* « *nir certains emplois* ».

En même temps, il faut réagir vigoureusement contre les doctrines inverses. Les causes dépressives existent en France, mais pas plus qu'ailleurs. On les découvre en les cherchant, car on les voile en autres contrées. Elles paraissent plus graves en notre pays, où certains écrivains aiment à les mettre en évidence en les exagérant encore.

Il conviendrait de s'élever contre les publications décadentes : le droit sans cesse exalté à l'encontre du devoir, l'intérêt et la satisfaction primant tout. Cette littérature dissolvante mine la virilité et l'énergie, éloigne la jeunesse des exercices de plein air, porte à l'affinement de toute manière et en définitive aboutit à la débilité physique et morale. Elle anesthésie chez les êtres les qualités maîtresses, la force et la volonté, qui forment les éléments principaux, les facteurs indispensables de l'initiative, la faculté la plus précieuse comprenant ou suppléant toutes les autres.

On devrait opposer à ces doctrines négatives, déprimantes, se résumant dans l'indifférence, des principes absolument opposés : vanter, célébrer les bienfaits du travail, de l'action corporelle, exciter à l'entrain, à l'audace, à la persévérance. Quelques-uns le font et ils méritent tous les éloges ; on les souhaiterait plus nombreux.

Depuis un certain temps se présente une nouvelle catégorie d'hommes, blasés, gommeux, s'intitulant petits crevés, décadents, fin de siècle. Ils ne se livrent à aucune besogne, font beaucoup de bruit, tiennent trop de place. Ils se vantent de ne croire à rien, cherchant seulement la satisfaction de l'intérêt personnel, conspuent ce que beaucoup respectent, traitent le drapeau de loque, la croix de hochet et le patriotisme de bonne blague.

Les mots manquent pour flétrir ces ignominies, ces crimes de lèse-patrie qu'aucune loi ne punit. On doit constater que leurs auteurs sont moins des criminels que des malades, des névrosés et en partie des inconscients. Tout en les excusant dans une certaine limite, on est obligé de reconnaître le mal causé par leur morbide influence et il faut s'efforcer de les mettre hors d'état de nuire, soit en les exportant, soit en les guérissant, soit surtout en les réfutant.

Chez ces infirmes appelés décadents, l'étiolement physique produit la défaillance morale. Ils désirent, ils rêvent sans pouvoir exécuter ni réaliser ; ils souffrent de vivre. Leur organisme débile les empêche de supporter une tension intellectuelle un peu vive. Leur cerveau s'est amolli comme leur corps et, à mesure que se développait l'instruction, le goût des arts et du bien-être, les mâles qualités disparaissaient chez eux.

A coup sûr, ce n'est point un fait général ; il atteint nombre de gens dont la quantité augmente. On le constate à la diminution de l'initiative. On la sent encore en petit, on ne la voit plus en grand.

Notre peuple français est pourtant très vivant, très allant, très remuant. Personne ne tient en place. Les bains, les eaux, les plages d'été ou d'hiver, la villégiature, les cures d'air mettent en mouvement tout le monde. On aime à vivre hors de chez soi. Néanmoins, on ne s'éloigne pas volontiers et ce caractère est frappant.

Au moment où tant de chemins de fer et de bateaux à vapeur rendent les communications lointaines si faciles, on n'en profite presque pas. La Suisse, la Belgique, les bords du Rhin, l'Italie, un peu l'Espagne, rarement l'Algérie : tel est le cycle parcouru ; on ne va guère au delà.

Dans le mouvement cosmopolite qui mêle les diverses nations, l'étude des langues fait peu de progrès. On n'en sent pas le besoin. Elles sont inutiles quand on ne sort pas de son pays.

L'absence d'initiative sérieuse est manifeste. On la rencontre surtout dans les arts, les fêtes, les plaisirs, dans tout ce qui affine ou amuse ; elle se manifeste de moins en moins dans ce qui fortifie le corps et vivifie les sentiments élevés.

L'amollissement tend à prendre la place de la vigueur et de l'énergie. On remarque l'excitation, l'agitation, plus que l'esprit d'entreprise et l'initiative des grandes choses.

La confiance en soi, la résolution, l'esprit d'aventure semblent diminuer. Quelle différence en se reportant seulement à un ou deux siècles en arrière ! En présence de difficultés inouïes, que de magnifiques œuvres ont accompli nos devanciers ! Ceux-là savaient oser ; leurs forces physiques et morales le leur permettaient. On les voit courir le monde sur de chétifs bâtiments à voiles, aborder dans des contrées à peu près inconnues et y créer d'admirables colonies. Les Indes, le Canada, la Louisiane, Saint-Dominigue, l'île de France, etc., rediront éternellement l'incomparable hardiesse des Français de ce temps.

Ah ! nous sommes loin de ces prouesses. En présence de cette effervescence coloniale, qui conduit toutes les nations à se partager l'Afrique, notre France, si entreprenante naguère, reste hésitante, timide, indécise. Sans oser renier son passé, elle

redoute l'avenir. On n'y voit pas d'entrain individuel et, conséquemment, peu d'entrain gouvernemental.

Avec des communications centuplées comme fréquence, comme
rapidité, comme sécurité des travailleurs, les commerçants, les
industriels n'abondent pas dans nos colonies. Personne ne
s'expatrie. On prétend qu'on est trop bien en France pour la
quitter. C'est inexact, nombre de gens n'y vivent pas heureux et
n'émigrent pas néanmoins.

Les goûts ont décliné avec l'aptitude physique. On se sent
moins fort ; le doute paralyse l'initiative, et les considérations politiques, au lieu de la surexciter, se sont réunies pour l'entraver.

Naguère nous passions pour des gens d'initiative et d'énergie.
Nous l'avons prouvé dans nos grandeurs comme dans nos
erreurs. Nous pourrions le montrer encore ; toutefois ces qualités
sont de celles qui ont le plus besoin de culture et d'encourage-
ment. Elles s'atrophient dès qu'on les abandonne, dès qu'une
atmosphère délétère les environne.

Leur diminution porte atteinte à la nature belliqueuse, à l'instinct guerrier de la race française. Plus grand dommage ne saurait lui être causé que par de semblables et décevantes publications.

L'école fin de siècle s'efforce de diminuer le prestige, de
détruire l'esprit guerrier, en l'écrasant sous une averse de théories dites humanitaires. Fatalité peut-être ; à coup sûr, ce n'est
pas un bien. Autant les ablutions d'eau froide sont réconfortantes,
autant les bains d'eau tiède affadissent. Les délicats, les raffinés
y trouvent une sensation voluptueuse énervante, une satisfaction
sensuelle pour leur mollesse, et l'individualisme s'endort dans
cet épuisement, cherchant à y entraîner la nation.

Que d'efforts sont tentés pour nous envelopper dans ces souffles
byzantins, pour nous alanguir dans le flot des systèmes énervants,
des abstractions captieuses ! On voudrait au milieu du cosmopo-
litisme qui se présente avec tant de séductions, nous faire oublier
notre patrie, que quelques-uns décrient, tandis que l'homme de
l'Est, peu soucieux du sentimentalisme, se prépare, nous guette,
en attendant l'heure de mordre.

Les œuvres de l'esprit peuvent inspirer de belles pensées ;
elles ne mènent pas aux grandes actions. Elles éloignent le
positivisme. On ne l'aperçoit presque plus dans les pâles hori-

zons des rêveurs. Le sensualisme domine, abaissant les énergies physiques et morales. Les conditions nouvelles de la vie factice forment une ambiance peu propice à l'éclosion des vertus actives. Les soucis immédiats, la recherche des satisfactions faciles dérobent à nos yeux les perspectives éloignées et graves. On n'aime plus même à en entendre parler. On ne croit plus à rien, on blague tout. L'Ironie, la fée desséchante, appauvrit les rêves, paralyse toutes les énergies. On sent parfois encore, on n'ose plus agir.

Les femmes sont pour quelque chose dans ces tendances fâcheuses. Viriles, héroïques, elles ont élevé des hommes vigoureux. Elles ont fait la France, belle et forte comme elles. A présent, il semble qu'elles apprécient moins l'héroïsme, s'occupent plus de dominer l'homme que de l'élever. Supérieures à lui en beaucoup de points, elles veulent l'égaler en tout. Elles aspirent à descendre. C'est un mal qui s'étend, on ne saurait trop le combattre. Il est difficile de demander aux femmes de changer avec le siècle qui va s'ouvrir ; cependant si elles modifiaient leurs idées, on verrait promptement une transformation dans les objectifs des hommes. Un grand rôle leur paraît réservé dans l'avenir, s'il leur plaît de le vouloir.

Les publications décadentes atteignent un chiffre considérable aujourd'hui, et il s'accroît avec rapidité. Le résumé est facile à établir : internationalisme, fraternité, plus de guerre, tribunal d'arbitrage pour éteindre les conflits, vie sans souci avec le moins de peines et de fatigues possible. L'idéal paraît emprunté aux anciens Tarentins, qui comptaient plus de fêtes que de jours.

Sans cesse, une vague philanthropie masque le sensualisme, passe à coté de la vérité en détournant la tête, se refuse à voir la réfection des caractères, prélude indispensable à tout relèvement.

Le métier des armes fomente les vertus civiques, fait les bons citoyens. On se figure la discipline utile seulement aux troupes. Grande erreur, elle se fait sentir partout. La discipline nationale est indispensable et, comme l'écrivait jadis le général de Guibert : Malheur aux nations qui n'en sont plus pénétrées. Malgré les fausses idées qu'on s'attache à répandre, les principes restent les mêmes pour la discipline militaire comme pour la discipline nationale.

Toute réunion d'hommes implique la solidarité et par conséquent l'obéissance. Le droit de chacun est limité par le droit du voisin et doit s'incliner devant la volonté de la majorité, la loi ou le règlement. Au nom de l'indépendance exagérée de l'être humain on la repousse, comme oppressive. On la montre atrophiante, humiliante, tandis qu'elle est au contraire fortifiante, exaltante.

Elle est surtout indispensable partout, on ne saurait trop le répéter : « Dès qu'on se relâche sur la discipline, dès que dans « un État la commodité devient un objet prépondérant, on peut « prédire, sans être inspiré, qu'il est proche de sa ruine ».

Ainsi parlait le maréchal de Saxe en ses *Rêveries*. Qui oserait s'élever contre?

Nous avons été, il y a vingt-sept ans, victimes de ces publications humanitaires, nées ou développées chez nous, pour notre plus grand malheur. Nous n'avons pas voulu croire aux prédictions indiquant les dangers de l'avenir. Le péril est le même à présent. Les yeux et les oreilles s'ouvriront-ils mieux que par le passé, pour éclairer notre route? Il faudrait d'abord conspuer les doctrines décadentes absolument funestes. Elles creusent sans cesse et désagrègent le tempérament national. D'excellent qu'il était, elles finiront par le rendre mauvais.

Le Français a surtout les qualités expansives, offensives, avec tout leur brillant, leur entrain et leurs défauts. Après nos défaites, la politique a donc été bien mal inspirée en lui imposant comme un idéal, comme un progrès, le recueillement, l'abstention, la défensive. C'était étouffer les germes les meilleurs, en condamnant la guerre.

On séduit beaucoup les esprits avec des arguments spécieux et des sophismes. Les gens à courte vue en sont d'ordinaire les mieux fournis. Ils ont invoqué les paroles de Carnot au comité de Salut public en 1794, s'opposant aux annexions proposées de territoire : « Ce système a l'inconvénient de contrarier le principe « par lequel la France renonce à l'esprit de conquête. Il semble, « en effet, que ce principe nous interdise tout agrandissement qui « ne serait pas commandé par la nécessité d'assurer nos propres « possessions ».

Les décadents se sont emparés de cette idée en la dénaturant en partie. Il y a une idée politique et sociale à prétendre se borner à défendre ses foyers et à ne point attaquer autrui. Toutefois,

si la guerre éclate par le fait du voisin, faut-il attendre celui-ci
ou lui courir sus? La réponse n'est pas douteuse; l'offensive
s'impose, même quand on ne poursuit pas de conquête. Malgré
cela, on tâche de faire prévaloir dans l'opinion l'idée défensive,
qui sourit à beaucoup. .

Gambetta, en un jour de tristesse, se laissa aller à dire aux
positifs : « La période d'héroïsme est close ». Il avait sans doute
ses motifs pour parler de la sorte, cependant ces paroles ne rendaient pas sa pensée. Homme d'action, il savait trop que l'abstention et le recueillement conduisent à la ruine et qu'il vaut
mieux périr l'arme au poing que terrassé par l'anémie.

. La France mal conseillée, a été trompée par des théories
humanitaires. Poussée dans une mauvaise voie, elle y a marché
contrairement à ses intérêts. Quand tant de causes tendaient à
nous isoler, il ne fallait pas nous y prêter, mais réagir; préférer
l'énergie à la prudence. Nous avons fait le contraire.

La puissance, le prestige, le respect vont aux actifs, jamais
aux recueillis. L'action est le meilleur mode de relèvement, tandis que le repos et l'effacement sont des germes morbides. Le
recueillement prolongé tue l'initiative; l'abstention amène une
décroissance marquée dans l'esprit militaire : deux excès pouvant
causer la mort morale d'un pays.

Notre histoire et notre expérience passée condamnaient également une pareille direction politique, et l'on voudrait aujourd'hui
lui assurer une garantie positive en décrétant des milices impuissantes.

A la suite de l'invasion de 1815, la France ne s'était ni recueillie
ni abstenue. En 1823, elle s'empressait de secourir l'Espagne;
en 1827, elle défendait la Grèce; en 1830, elle s'emparait d'Alger.
Quels noms éclatants reparaissent : Trocadéro, Navarin, Château
de Morée, Staoueli, Alger! Que d'événements en quinze années :
l'Ibérie libre, l'Hellade indépendante, l'esclavage des chrétiens
détruit en Afrique, la Méditerranée délivrée des pirates, telle était
l'œuvre glorieuse accomplie aux yeux de l'Europe étonnée, par
la France récemment envahie deux fois par la Sainte-Alliance.

Dans cette courte période de quinze années, notre armée, qui
avait succombé en 1814 et 1815, venait de reprendre le premier
rang dans le monde. Voilà comment une nation se relève. L'exem-
.ple est probant.

Relever, refaire le moral d'un pays, lui rendre la confiance, forment une tâche autrement difficile que de reconstituer un matériel et de réorganiser une armée. Les petits esprits ne le comprennent pas.

La défaite laisse derrière elle une sorte de dépression morale, un sentiment de diminution et de défiance. La nation vaincue doute de sa puissance, sinon de sa destinée. Elle conserve bien la foi dans la rénovation. L'espoir d'un avenir meilleur la soutient et la réconforte. C'est la véritable force de relèvement.

L'espérance ne suffit pas, des faits sont indispensables pour la soutenir et l'accroître. Un peuple demande des motifs sérieux, des raisons solides pour justifier ses espérances et accroître ses efforts. Il veut des preuves positives de relèvement graduel.

Des actes héroïques sont nécessaires. Il faut que les mots de victoire, de succès, viennent faire vibrer et palpiter la fibre patriotique. Les petits triomphes sont indispensables pour constituer les préludes de l'avenir. Du petit au grand, ils permettent de conclure les possiblités, les probabilités, et de former ainsi l'équivalent d'une certitude qui sera la confiance.

Après 1870, la France ne désespéra pas. Elle n'épargna rien pour se relever. Elle y a réussi, malgré tant de doctrines décevantes qui devaient l'abattre et la décourager.

On lui conseilla à satiété une prudence extrême. On lui prêcha sans trêve une abstention absolue, sous prétexte de concentration intérieure. On l'engagea à restreindre son horizon aux limites les plus étroites, à s'abstenir de toute action, même de toute influence à l'étranger. On voulut l'hypnotiser dans l'unique contemplation de la trouée des Vosges.

On ne vit qu'une chose : se prémunir con re une nouvelle agression possible et ne rien prétendre au delà. On s'évertua à environner la France d'une atmosphère énervante de l'amener à l'inaction, d'assoupir les efforts généreux, d'engourdir les énergies bien trempées, qui redemandaient place au milieu des nations. On redoutait ceux prétendant à un horizon plus vaste, soutenant la nécessité d'un autre rôle.

On cherchait à étouffer les voix rappelant qu'une grande nation n'a pas seulement des frontières à défendre, mais son influence à maintenir, sa situation internationale à sauvegarder; que ce sont là des biens à conserver, à étendre et qu'il importe de ne pas laisser entamer par de regrettables abstentions.

On réussit un moment à faire prévaloir les doctrines affadissantes, à inoculer l'anémie. Les abstentionnistes eurent en partie gain de cause et ils ont causé un grand préjudice à notre pays.

Ceux qui parlaient ainsi oublièrent l'histoire et la logique. Ils ne virent pas que l'absorption dans une seule pensée, est pour un pays l'effacement, l'isolement, la décadence. Attendre dans l'inaction et l'oubli l'heure propice à la revanche, c'est arrêter le balancier de l'horloge et empêcher cette heure de sonner. C'est la banqueroute dans l'avenir, le suicide par atrophie.

A ce peuple généreux et entreprenant, dont les ancêtres accomplirent d'étonnantes expéditions jusqu'à Delphes et à Rome, qui a donné l'essor aux croisades, délivré le nouveau monde, combattu victorieusement dans les quatre parties du monde, on a instamment demandé d'oublier ses traditions, de refouler ses aspirations.

Comme il avait subi un grave échec dans de déplorables conditions, on lui a répété sans cesse que toute expansion, toute entreprise lui était interdite; que s'il la tentait, elle lui serait néfaste et on lui a crié : Tes frontières seront désormais ton unique horizon. Malgré ton intérêt, tes traditions, tes goûts mêmes, tu n'iras pas au delà.

Voilà ce qu'on s'est évertué de démontrer de toutes les façons à la France abattue, meurtrie, frémissante, au lieu de lui tenir le mâle langage de l'espérance et de l'énergique activité. On invoquait la politique, comme si son nom ne couvrait pas trop souvent les compromissions, les renoncements, les faiblesses.

Repoussons toutes ces harangues spécieuses.

Ce n'est pas en conseillant l'abstention qu'on développe l'énergie.

Ce n'est pas en refusant de s'essayer qu'on s'exerce à la lutte.

Ce n'est pas en fuyant toutes les occasions d'expéditionner, qu'on se prépare à la guerre.

Ce n'est pas en restant immobile qu'on donne de la vigueur à ses biceps et à ses jarrets.

Trop d'écrivains, trop d'orateurs soutiennent ces thèses déca dentes. On ne saurait assez le déplorer. Cependant les résultats auraient pu être pires. Le génie de la France les a conjurés en partie.

La France ne possédait pas seulement des esprits recueillis, hypnotisés, redoutant tout ; elle avait encore des hommes d'action sachant toute la valeur des faits de guerre, pour ramener la confiance. A leur tête figurait Gambetta et il doit avoir sa part d'honneur dans les résolutions viriles dont il fut parfois l'inspirateur, toujours l'approbateur.

Les expéditions du Sud-Algérien, de Tunisie, du Sénégal, du Tonkin, de Madagascar, sont de belles pages pour notre histoire nationale, en même temps que des sourires de la victoire. Trois protectorats fondés, de belles colonies ouvertes, le territoire français agrandi : il y avait là des causes de satisfaction, et surtout la preuve du relèvement de la patrie, comme de la solidité de son armée.

Cronstadt et Portsmouth en disent hautement les conséquences. Ces succès réels sous bien des rapports ont pourtant été piétinés, contaminés, amoindris, niés, même chez nous, par la politique électorale. Au lieu d'exalter le sentiment national, de donner un peu d'épanouissement à ce pays qui avait tant souffert, un débordement de récriminations aveugles, d'attaques acerbes, de calomnies absurdes a tâché de propager l'énervement et le découragement ; on s'est évertué à étouffer toute velléité d'action expansive. Il n'y a qu'à ouvrir les yeux pour le constater.

Dans ce vaste mouvement, poussant les peuples européens grands ou petits, à se partager le continent noir, à le coloniser, à détruire l'esclavage, on s'efforce d'empêcher la France de mettre à profit ces immenses espaces qui lui sont reconnus.

Depuis trente ans, l'Algérie n'a, pour ainsi dire, pas marché vers le Sud, alors que tant d'événements se sont produits en Afrique et que tant de peuples nous devancent partout. La liaison du Sénégal au Niger, poursuivie par des hommes intrépides, est entravée par une opposition sourde et des attaques violentes.

Une compagnie anglaise s'est établie aux bouches du Niger, que nous occupions, et elle organise ce débouché superbe pour atteindre la région du Tchad, qui nous appartient nominalement. L'occupation du Dahomey nous aurait permis de réagir. Il ne s'agissait pas d'un roitelet, tueurs d'esclaves ; il y avait là un intérêt commercial de premier ordre. Les obstructionnistes l'ont empêché.

De braves cœurs ont étudié le chemin de fer Transsaharien. Ils ont proposé d'organiser une compagnie centr'africaine, analogue à l'ancienne compagnies des Indes. On a bien vite objecté à leurs projets qu'il existe dans le Sahara la fièvre dont on meurt quelquefois et les Touaregs qui sont des coupeurs de routes et de têtes.

Il serait superflu d'insister davantage. La démonstration est suffisante. L'esprit d'initiative est battu par l'esprit de recueillement. On s'acharne à le détruire, quand on devrait tout tenter pour le développer. L'émission de ces théories est un mal, un très grand mal, on ne le criera jamais assez. Ses conséquences deviendront néfastes, elles aboutiront à la diminution de l'esprit militaire dans notre pays. Elles se révèlent par l'augmentation des critiques contre l'armée et par une répulsion de plus en plus marquée contre le militarisme, qui plus que jamais reste l'ancre de salut.

XXVII.

ON AIME TOUJOURS L'ARMÉE EN FRANCE.

Nous constatons la persévérance des attaques, la persistance à enlever le culte de l'armée du cœur des populations. Nous exposons avec tristesse ces actes d'un certain nombre de Français, contre l'universalité de la nation. Les résultats sont fâcheux, déplorables; cependant, ils attaquent la surface, non le fond du pays. Tous les efforts tentés pour déterminer ce courant néfaste et malfaisant, ont échoué contre le bon sens de la nation. Le courant contraire a triomphé et subsiste.

Depuis que cette guerre à l'armée a commencé, il y aura bientôt cent ans, l'opinion aurait dû être transformée. Elle ne l'est pas, heureusement. Le vieux sentiment gaulois, battu en brèche, résiste aux discoureurs, il reste cocardier et affectionné à l'armée.

On a beau lui parler de l'abrutissement de la caserne. Il n'y croit pas. Ce n'est pas un lieu fermé secret, il sait ce que s'y passe. Il connaît les améliorations réalisées comme installation, alimentation et hygiène. Il n'ignore pas combien la discipline y est adoucie, combien est incessant le zèle des cadres pour le bien-être de leurs hommes. Il voit vivre l'armée à ses côtés, il se plaît à la considérer dans ses mouvements journaliers. Toutes les villes réclament des régiments ou des bataillons. Quel argument plus concluant pourrait-on invoquer en sa faveur!

Il est étrange de montrer l'armée comme un danger pour la liberté. Vieille guitare d'autrefois : l'armée opposée au peuple. On en a assez joué. Aujourd'hui, la distinction n'existe plus. Tout le monde est soldat à son tour. La rivalité, l'esprit ancien ont disparu. La force est l'armée du pays, la nation armée si l'on veut. Cependant on tâche d'entretenir l'antique tradition devenue fausse, du soldat hostile à l'ouvrier; mais l'ouvrier qui a été soldat, qui a dans l'armée son frère ou son fils, sait bien qu'en penser, et l'accueil reçu par les troupes, surtout dans les villages, montre l'union et non la discorde entre ces deux fractions des enfants du pays.

Un parti s'est créé, ou tout au moins s'est renforcé contre l'armée : les socialistes, communalistes, anarchistes, tous ceux qui veulent détruire, ont la haine de l'armée qui soutient les gens honnêtes.

La masse des travailleurs le comprend et se prononce en sa faveur.

. Les premiers, audacieux et généralement misérables, attaquent violemment. Les seconds, paisibles, plus ou moins propriétaires, se taisent et ne répondent pas aux calomnies de toute espèce et de toute forme.

La population presque entière s'en rend bien compte et ses sentiments se manifestent très clairement. Elle affirme hautement son culte pour le drapeau qui en est le symbole; car le drapeau, c'est la France, c'est la patrie, c'est le signe commun de ralliement pour les deux portions de la force armée, comme pour l'ensemble de la population; c'est une relique vénérée, le symbole de l'honneur, l'emblème de la France, pour lequel on se dévoue et l'on meurt.

On ne néglige rien pour le placer haut dans l'esprit des soldats, pour leur inspirer à son égard les sentiments de profonde vénération et d'attachement. On emploie tous les moyens propres à donner aux conscrits une grande et belle idée de la famille militaire à laquelle ils vont momentanément appartenir. L'histoire du régiment, les prouesses accomplies, les actions d'éclat, leur sont racontées, dans le but d'exalter leur imagination.

Leur présentation au drapeau a le même objectif élevé. En cet instant, les recrues, ayant terminé leur premier noviciat, sont pour ainsi dire déclarés soldats. C'est une vieille coutume, oubliée, puis reprise avec raison. Son caractère imposant frappe l'imagination des nouveaux appelés et remplit d'émotion les anciens.

Chacun connaît cette fête militaire. Devant le régiment réuni, le drapeau paraît avec son escorte et s'arrête au milieu de la cour du quartier. Le tambour bat, la musique retentit, le colonel fait présenter les armes, et lui, auquel tous obéissent, abaisse respectueusement son épée devant les couleurs de la France.

Tous les cœurs frissonnent à ce moment de la cérémonie, où l'on sent passer comme un courant mystérieux, l'âme même de la nation entière. Rien ne saurait égaler la splendeur de cette mise en scène, si simple et si admirablement grandiose.

Une affirmation patriotique ressort de cette apothéose du drapeau. Emblème de la nation, centre du régiment, ses plis parlent. D'un côté, les mots : valeur et discipline résument tous les devoirs ; de l'autre, les noms de batailles rappellent les souvenirs comme les espérances de l'avenir.

Là, les soldats comprennent le commentaire qui leur est adressé : Dans les villes, les villages et les champs, le clocher était votre point de ralliement ; autour de lui se groupaient vos foyers, vos familles, vos intérêts, tous les objets de votre affection. Ici, le drapeau remplace le clocher. Type de l'honneur, symbole du dévouement, il constitue votre centre militaire. Fiers de le servir, chargés de le défendre, vous ne pourriez l'abandonner sans devenir traîtres au pays et à vos compatriotes. Aimez-le, dans la bonne et la mauvaise fortune, ralliez-vous toujours à ce signe si affectionné, et s'il le faut, mourez à ses pieds, en criant : Vive la France !

Après de semblables instructions, que doivent croire les soldats, en apercevant ce glorieux signe de l'honneur, pastiché, parodié, en tête de toutes les ligues, de toutes les corporations, de tous les orphéons, livré aux enfants des bataillons scolaires, comme s'il était permis de jouer avec le drapeau.

Que se figurent-ils en le voyant arboré sur les bals publics, les chevaux de bois, les boutiques de macarons, les comptoirs des marchands de vin et autres établissements plus ou moins moraux, comme à l'occasion de fêtes plus ou moins patriotiques? Que pensent-ils quand, à la place des glorieuses inscriptions des victoires passées, ils y lisent des réclames d'industriels, des adresses de mauvais lieux? Le mot de profanation ne monte-t-il pas à leurs lèvres stupéfaites? Aussi, ne saurait-on trop louer un arrêté récent du maire de Bordeaux, contre l'abus fait par certains industriels, du drapeau national. Cette excellente mesure devrait être imitée et généralisée.

L'abus des drapeaux tend à diminuer la considération qu'on doit avoir pour le véritable, le seul ayant droit aux honneurs et au respect. Partout où il paraît, partout où il passe, chacun devrait se lever et saluer. Les étrangers y manquent rarement. En France on est plus indifférent dans la forme. On rencontre un régiment, on croise le drapeau, on le regarde et on oublie d'ôter son chapeau. On dirait parfois qu'on a honte, on semble considérer comme une faiblesse cette affirmation publique de respect.

Dans un grand journal assez récent on lisait dans une chronique envoyée d'Angleterre : « Au-dessus de l'arche de pierre « fermée d'une grille qui marque l'entrée du parc est hissé le « drapeau tricolore. On est Parisien et sceptique, on serait fort « offensé d'être traité de chauvin, et pourtant cela fait quelque « chose de voir ce lambeau de patrie flotter aux vents insulaires. « *Si l'on était bien sûr de n'être pas aperçu de quelque promeneur* « *caché derrière un de ces troncs séculaires, on saluerait au pas-* « *sage* ».

On a froid au cœur en lisant ces lignes décadentes. Comme elles peignent bien notre époque incohérente. On est chauvin, on n'en veut pas convenir; c'est banal et pourtant ce n'est que l'exagération patriotique. On est ému à la vue des couleurs nationales, et on les nomme dédaigneusement un lambeau de patrie; on voudrait saluer, on sent qu'on le devrait, on n'ose pas, de crainte d'être aperçu. Respect humain poussé bien loin. Quel honte y a-t-il pour un Français à saluer les couleurs de son pays quand il les rencontre à l'étranger? Aucune, assurément. Il faudrait n'y manquer jamais et l'on s'honorerait aux yeux des autres peuples, en honorant toujours le drapeau de son pays.

Il y a des gens qui ne comprennent pas cela; tant pis pour eux, mais quand ils l'écrivent publiquement, c'est un signe bien fâcheux.

Cela n'est rien encore auprès de ce qu'on imprime fréquemment.

N'est-il pas plus navrant encore, de faire lire à ces jeunes soldats appelés à l'école du devoir et du respect, ces attaques virulentes contre le militarisme, dans lesquelles le drapeau n'est pas épargné. On l'injurie, on le traite de guenille, de loque, de chiffon coloré; on l'outrage en le représentant « comme souillé du sang du peuple ».

Il est indispensable d'arrêter ces invectives, de réprimer ces délits dont la gravité saute à tous les yeux. Récemment un tribunal a déclaré qu'il n'y avait pas de loi punissant les insultes au drapeau. C'est une lacune, on n'avait pas cru nécessaire d'édicter des lois contre les offenses au drapeau; on les supposait impossibles. On sera bien obligé d'y venir, puisque rien n'arrête certaines critiques.

La loi est la forme matérielle de la répression et sa portée ne peut jamais être bien grande dans le cas actuel. La plume, la polémique sont autrement puissantes pour agir sur les mœurs. C'est à elles qu'il faut surtout s'adresser.

Le patriotisme est une plante délicate; elle exige un chaud milieu et dépérit sous les souffles glacés. Il se cultive, s'entretient, s'exalte avec de bons soins, il s'étiole dans les miasmes fétides du décadentisme, de l'égoïsme, de l'internationalisme. Sans rappeler l'opinion d'Esope, les publicistes, la presse périodique peuvent aire un bien énorme en orientant convenablement l'opinion, ou un mal considérable, en mettant trop en relief des défauts ou des erreurs inhérents à toutes les institutions humaines.

Si tous ceux qui tiennent une plume voulaient ne jamais s'en servir pour ébranler la foi en la patrie, et en user toujours pour réchauffer, surchauffer le patriotisme, l'élever au plus haut point d'intensité, ils réaliseraient la plus grande puissance morale qu'on ait encore connue. Tout le monde aurait une confiance absolue, et, quand la confiance existe, tout devient possible, tout devient facile.

Ce qui se passe à présent, ces manifestations en l'honneur de la France montrent tout ce qu'on pourrait moralement obtenir, si nous n'étions souvent les premiers à nous dénigrer nous-mêmes.

Rien ne serait plus facile, en ce qui concerne l'armée. La nation se porte volontiers vers elle, malgré toutes les tentatives destinées à l'en détourner. Les acclamations, les applaudissements, les vivats, l'enthousiame de la foule en présence des troupes le prouvent surabondamment. La France est restée gauloise; elle a le tempérament guerrier et chauvin. C'est une force qu'il faut se garder de déprimer.

Aimer l'armée, c'est aimer l'indépendance et la gloire du pays; aussi, malgré les pessimistes, la France aime toujours son armée et le lui prouve en maintes occasions.

Son dévouement au pays et à la République sont évidents. La correction de son attitude est reconnue. En présence de manifestations étrangères ou d'agitation intérieure, elle a été parfaite.

D'autres pays ont vu se produire naguère de mauvaises choses. En France rien de semblable n'a eu lieu. L'armée n'appartient à aucun parti, à aucune caste, à aucune coterie. Essentiellement nationale, elle n'a qu'une opinion : faire son devoir, servir la France de son mieux, et se dévouer pour elle.

Quelques voix et des plus hautes lui ont rendu témoignage. Le président Carnot entre autres, a dit dans son discours de Limoges : « A ce concours de tous, à ce dévouement universel « pour les grands intérêts du pays, nous devons notre chère « armée nationale, *cette réelle école du devoir et du patrio-* « *tisme* ».

Cette affirmation était plus qu'un éloge, c'était une réparation à bien des injures, dignement supportées. La nation n'est pas coupable. Il est bien clair que l'immense majorité se prononce pour l'armée.

Du reste, le scepticisme militaire n'existe pas autant qu'on l'affirme. Le port d'une arme est resté une distinction, sinon un privilège. Les ingénieurs, les administrateurs, les magistrats même ont l'épée, le spad gaulois, l'arme nationale.

Le chauvinisme n'a pas encore subi l'ostracisme. La cocarde monte toujours la tête. La foule s'émeut aux manifestations ex té rieures de l'armée. Elle se plaît aux fanfares, aux résonances du cuivre, c'est pour elle qu'on a rétabli les tambours, inutiles aux troupes. Elle aime les pompons et les flonflons. Elle s'intéresse aux expéditions lointaines, aux explorateurs, aux grands déploiements militaires.

Les manœuvres séduisent le public et l'électrisent véritablement. Il accourt avec empressement, bravant la fatigue et les intempéries, le froid, la pluie, la faim même, pour jouir du spectacle si attrayant des simulacres de guerre.

On sent l'entrain et l'enthousiasme gagner tous les spectateurs. Le sang gaulois s'échauffe à l'aspect des évolutions rapides. Il éclate à la vue d'un assaut conduit avec crânerie et maëstria. La fusillade, les salves de canon, l'odeur de la poudre, une charge de cavalerie déterminent des applaudissements chaleureux.

Le public emporté, enlevé, veut tout voir le plus près possible et vient faire retentir ses acclamations au milieu des batteries, sous les pieds des chevaux, sans tenir compte des dangers auxquels il s'expose, n'ayant qu'un but : témoigner sa satisfaction aux soldats.

Quand elle voit les troupes, la nation a le sentiment de sa force organisée, elle sent son relèvement, elle apprécie d'une façon tangible la grandeur des sacrifices qu'elle a consentis pour assurer sa sécurité, et ceux qui lui restent à faire pour la maintenir.

Les revues surtout l'impressionnent très vivement, et elle éprouve le besoin de donner libre carrière à ses sentiments. En voyant défiler soldats, réservistes, territoriaux, elle se souvient et elle espère. Elle ne se recueille plus, elle s'épanche, elle éclate en vivats et en bravos. Tous les régiments, tous les drapeaux sont chaleureusement salués.

C'est l'explosion du sentiment national réel, spontané, de bon aloi ; c'est un remerciement patriotique à l'armée, pour son travail, sa conduite, son entraînement, gage et promesse de sécurité et d'espérance. C'est la vibration de tous les cœurs dans une immense satisfaction du relèvement de la nation.

Il suffit de se souvenir de la prodigieuse manifestation, lors de la revue en l'honneur de l'empereur de Russie, pour n'avoir aucun doute à cet égard.

C'est que l'armée est l'incarnation même du patriotisme et sa plus haute expression. Elle en conserve soigneusement le culte, elle entretient sa flamme sacrée, la ranime quand elle faiblit. C'est pour cela qu'on se préoccupe tant d'elle à l'étranger, qu'on scrute attentivement sa situation, sa valeur; on juge le pays d'après elle.

Aussi quand on voit ces belles troupes, quand on entend retentir sur leur passage ces acclamations si méritées, quand les étrangers les applaudissent avec une enthousiaste admiration, on sent l'indignation vous mordre au cœur, en lisant trop fréquemment que cette armée est une école d'abrutissement, hostile au peuple, ennemie de la liberté!

Les élans d'admiration et de justice compensent et au delà les calomnies. Dans ces moments-là, on ne songe guère aux théories débilitantes. Une même pensée anime tous les spectateurs. A eux de fermer l'oreille aux publications censées humanitaires, essayant traîtreusement de les détourner de suivre leur penchant, d'écouter le cri de leur cœur et de se montrer ce qu'ils sont réellement, des fervents du drapeau.

Non, la paix prolongée n'amollit pas les cœurs. C'est la veillée des armes pour les hauts caractères. Ils conservent une pensée qui se traduit dès qu'une troupe se présente. On la saisit facilement. Si la guerre n'existait pas, il manquerait quelque chose à l'humanité, l'idéal disparaîtrait.

XXVIII.

L'UNIFICATION DE L'ARMÉE ACTIVE ET DE SA RÉSERVE EST IMPRATICABLE.

Les accusations, injures, diatribes contre l'armée ne produisant pas grand effet sur les habitants qui restent assez fanatiques de l'uniforme, on s'est retourné d'un autre côté. Les anarchistes de toute secte ont compris la nécessité de toucher une corde différente : la rivalité; d'exciter la jalousie, facile à insuffler dans les esprits.

Depuis la guerre de 1870 deux forces militaires se trouvent coexister dans le pays. L'armée active comprenant l'effectif entretenu en permanence, représente environ le dixième des forces totales. La réserve et l'armée territoriale sont formées des

9/10 des hommes appelables à la mobilisation. La dissemblance est forcée entre ces deux éléments.

L'armée active vit à part, réunie en des casernes, soumise à la discipline de tous les jours et à une instruction continuelle. Elle est exclue des devoirs civiques et ne vote pas.

Les réserves vivent chez elles, sans exigences habituelles, astreintes à de rares périodes d'instruction. Elles ont peu de devoirs ordinaires envers le pays, et jouissent du droit de vote.

De cette situation assez opposée presque toujours, et semblable à de rares moments, on pouvait tirer des arguments faciles à jeter le dissentiment et l'on n'y a pas manqué.

L'électeur est presque tout à présent; on a besoin de lui, il importe de le ménager. Le soldat accomplit toujours son devoir; on n'a rien à lui demander, si ce n'est son appui en cas de danger; on en est sûr, il obéit. Aussi le gouvernement, par une contradiction presque forcée, est entraîné à favoriser le réserviste électeur qui l'attaque et le décrie souvent, aux dépens de l'armée active qui le soutient et le défend toujours.

Quelle que soit l'injustice de cette manière de voir, l'armée ne réclame pas. Dans les conflits qui surgissent parfois, elle doit toujours avoir tort. Elle le sait, et se tient bouche close, résignée d'ordinaire, heureuse quand parfois on veut bien constater et reconnaître ses services.

Les réserves ont pour elles le vote et le nombre, la prépondérance civile, la plus despotique de toutes. Depuis l'ancienne séparation des pouvoirs réunis autrefois dans la personne du chef, on a toujours tenté de réléguer la force militaire au second plan, en faussant la signification du vieil adage « *cedant arma* « *togæ* ».

Il signifiait jadis : la force doit s'incliner devant le droit, ce qui était juste. A présent on est disposé à prétendre que le droit doit s'incliner devant le nombre et c'est assez injuste.

L'aphorisme romain est en réalité devenu caduc par le fait de la nation armée. Tout le monde servant plus ou moins, il est puéril à une partie de prétendre à une suprématie, qu'elle perdra peu après, par suite des appels.

C'est un point délicat et habilement exploité. D'aucuns protestent contre l'application des règles militaires aux réservistes convoqués pour des périodes d'instruction. Ils s'élèvent contre une certaine forme, brève et nette, usitée par les cadres dans leurs rapports avec leurs subordonnés. On confond intentionnel-lement la vivacité, l'énergie avec la brutalité, et quelques expres-sions énergiques avec des injures ou des outrages. Cela n'a jamais été, et, depuis nombre d'années, les relations ont pris un tout autre caractère. La discipline est devenue très tolérante, la plupart de ses rigueurs ont été fort adoucies.

On oublie que les réunions d'hommes astreints à des devoirs multipliés et précis, sont assez portées à se laisser aller à des exci-tations, à des négligences, contre lesquelles il est nécessaire de réagir, sous peine de n'avoir plus aucune action sur elles.

Les mouvements en ordre dispersé, l'action individuelle, tendent à soustraire l'homme à l'autorité de ses chefs et on est obligé de l'y ramener sans cesse. C'est ce qu'on fait en y apportant une extrême modération, et on ne saurait trop louer la sollicitude comme la mansuétude des cadres envers les soldats.

Néanmoins, on trouve qu'il reste encore trop d'autorité, du moins on l'écrit. On ne voudrait plus rien et sous prétexte que l'armée est la nation elle-même sous les armes, on insinue qu'il faudrait au moins à l'égard des réservistes et des territoriaux, supprimer tout ce qui les gêne, tout ce qui constitue la subordi-nation, essence même de la troupe dès qu'elle est sous les armes. Sans cela, il n'y aurait plus de réunion possible des réservistes. On le sent bien d'un certain côté et, pour détruire l'armée, c'est à la discipline qu'on s'en prend surtout.

On s'efforce de rajeunir des doctrines âgées d'un siècle et n'en valant pas mieux pour cela. On tâche de profiter, pour les préconiser à nouveau, de l'hétérogénéité des forces combat-tantes par moment rassemblées. Cette action réitérée a causé un mal notable, en infusant des idées fâcheuses en un certain nombre d'esprits.

Le réserviste, soldat momentané, se conduit bien afin de n'être pas puni et d'avoir le plus de liberté possible. Ce qu'on lui fait faire lui déplaît souvent, il l'accomplit en le désapprouvant. Les chefs ne sont pour lui que des tyrans, il les juge comme le collé-gien juge ses maîtres. Il ne leur donne ni son affection, ni sa confiance. Au contraire, il se méfie de leurs conseils et de leurs instructions.

La période accomplie, le réserviste, le territorial, redevient libre. Il ne doit plus rien à ses chefs militaires de la veille. Il a fallu édicter des lois spéciales pour punir les actes criminels commis après avoir quitté les rangs, dans un sentiment de vengeance.

C'est là un déséquilibrement assez funeste dans l'organisation militaire, et la fusion complète des deux armées n'est pas possible en paix. Les mœurs surtout ne s'y prêtent pas.

On avait espéré un moment, à la suite de nos malheurs, que l'esprit public comprendrait la nécessité d'un changement dans les idées; on supposait que l'adoption du service obligatoire amènerait la discipline volontaire du pays entier. On croyait que tous les jeunes hommes passant sous les drapeaux y prendraient des habitudes d'ordre, de respect de l'autorité et des lois, d'accomplissement du devoir et que en sortant de l'armée, ils conserveraient ces mêmes qualités en devenant de bons citoyens.

Pour la masse, c'est ce qui advient; une partie est dévoyée par les publications malsaines et égarée par une controverse spécieuse.

On demande comment il est possible de concilier les exigences disciplinaires avec les principes émancipateurs? Cette conciliation est inutile. Il n'y a pas coexistence, mais succession. Les premières préparent les seconds. Tout le monde sait que l'école de l'obéissance est la plus féconde pour produire des hommes de valeur.

En fait, les deux portions de l'armée se présentent dans des conditions fort dissemblables. L'une, l'active, est principale par sa permanence et son instruction; l'autre, la réserve, n'a pour elle que le nombre et ne paraît que transitoirement dans les rangs. La première est naturellement chargée de dresser la seconde et de la diriger en cas de mobilisation.

Aussi l'armée de réserve, régulièrement appelée l'auxiliaire de l'armée active, occupe forcément un rang subordonné. Cette position n'a rien que d'honorable, et la plupart l'acceptent sans difficulté. Toutefois, il n'était pas difficile d'en exciter une partie à revendiquer tout au moins l'égalité, ce qui est en soi impossible.

On a invoqué le passé et cherché à établir un parallèle entre

les forces permanentes et les forces improvisées, dans la guerre
de 1870-1871. On a voulu créer une légende, aux dépens des
premières et aux profit des secondes

Chaque fois que nous combattons, la tradition veut que nous
soyons vainqueurs. Comme il n'en est pas toujours ainsi, on
en rejette le tort sur les chefs militaires et sur les soldats. Vieille
habitude révolutionnaire née dans des temps troublés. La foule
est toujours admirable, on le lui dit, elle le croit et elle est satis-
faite. Bien des motifs empêchent de montrer la vérité à la nation
vaincue; elle n'est pas toujours prête à l'entendre, et il faut
grandement honorer ceux qui ont le courage de lui parler fran-
chement.

Ces flatteries sont dangereuses; elles empêchent le retour sur
soi-même, la recherche des causes des désastres, le redressement des défauts et en même temps elles favorisent la direction
des incapables, préparent les mécomptes et mènent à la ruine.

L'axe de la politique a incliné un moment de ce côté et contribué à rendre la situation encore plus tendue. L'esprit public
fut quelque temps dévoyé. On opposa l'armée improvisée à l'ancienne armée et, en exaltant outre mesure la première, on la
montra, sinon supérieure, au moins égale à la seconde.

C'est le grand argument, lancé avec adresse, pour arriver à la
suppression de l'armée active. Comme conséquence, on propose
d'abord la fusion complète, sans se rendre compte de l'impossibilité de cet amalgame, dont le seul ciment solide serait la discipline et c'est elle qu'on repousse pour la partie la plus nombreuse. Là est le point capital du débat. L'armée active ne
formule aucune plainte, les réclamations proviennent surtout de
quelques réservistes et encore elles portent plus souvent sur la
forme que sur le fond.

Les forces auxiliaires sont utiles, indispensables même pour la
défense du pays, à la condition d'être bien organisées, ce qui
n'est pas encore terminé. Seules elles ne pourraient pas grand
chose. Les exemples s'offrent à qui veut les voir. Un ministre
civil, afin d'étonner les populations, rêva un jour d'appeler à
des manœuvres dans l'Indre des divisions de réservistes. On sait
quel triste résultat en advint, malgré les comptables et autres
secours fournis par l'armée active.

De sensibles progrès ont été réalisés depuis ce temps, c'est incontestable. L'armée auxiliaire, les officiers surtout ont gagné, mais la différence reste encore très grande.

On demande l'amalgame comme il y a cent ans, mais en sens inverse. Il ne s'agit pas d'élever l'armée auxiliaire au niveau de l'armée active, mais d'abaisser celle-ci au niveau de l'autre. En somme, sous un autre nom, quelques-uns tâchent d'arriver aux milices, sans le sentiment du devoir comme en Suisse, sans l'intérêt sportif comme aux États-Unis.

On s'y efforce au grand détriment de la sécurité du pays, en inspirant une confiance exagérée aux réserves, comme en fomentant le découragement dans l'armée active. Au lieu de la soutenir dans sa tâche ardue, il semble que l'on cherche à la rendre plus difficile encore.

En voyant le milicianisme grandir, les soldats remplacés par des hommes de passage songeant seulement à s'en aller, on est émerveillé du dévouement des cadres et de leur abnégation. L'instruction continuelle se renouvelle plusieurs fois dans l'année. Il faut la distribuer à des gens la recevant souvent sans goût et s'y prêtant mal. Le regard et parfois l'attitude révèlent assez la pensée de l'inférieur. Sauf en ce qui concerne les gens des campagnes dont la nature est simple et bonne, ce caractère d'opposition latente est en progrès et se montre à certains signes.

Le rapprochement continuel des réservistes, des dispensés, des non exercés, de tous les militaires passagers, avec les forces actives, introduit dans celles-ci des idées peu favorables à la discipline.

Le service à court terme ne laisse pas le temps de prendre le pli. On n'en a même pas le désir en apercevant la porte prête à s'ouvrir. Le milieu devient plus frondeur, plus disposé à critiquer, à se plaindre, à réclamer. Ne pouvant murmurer tout haut on trouve une soupape pour exhaler la mauvaise humeur, en confiant aux feuilles publiques des griefs parfois exagérés et souvent imaginaires.

Les publications décadentes répandent ces racontars, soi-disant par respect pour la vérité si souvent faussée. Sans cesse elles opposent le droit au devoir, dont il n'est guère question et, pour faire accepter ces théories dissolvantes, elles combattent sans cesse l'éducation militaire, le dévouement au pays, dédaignent l'énergie, la virilité du caractère, sans s'apercevoir qu'elles

ne touchent pas seulement l'armée active, mais la population ;
car l'éducation civique s'abaissera d'autant.

Si l'on ne résiste énergiquement, les conséquences funestes
apparaîtront bientôt. On le déplorera, mais les regrets ne remé-
dieront pas au mal causé.

Il s'agit ici, non d'une question sociale, mais de l'existence
sociale, dont la discipline est le pivot et qu'il importe tant de ne
pas laisser ébranler.

L'organisation militaire actuelle place en face de l'armée
active l'armée de réserve et territoriale, pourvues de cadres et
d'organisation militaire. Le service obligatoire a donc créé pour
la sécurité sociale un péril nouveau. L'armée en disponibilité
pourrait en certains cas se dresser contre l'armée active et engen-
drer la guerre civile.

Dans des troubles récents un agitateur, fomentant la révolte,
disait aux ouvriers : « Vous avez tous été soldats et, le jour venu,
« vous saurez comment on tient une arme ».

C'est sans ambages.

Le même socialiste signalait dans une conférence les dangers
auxquels s'expose un gouvernement qui, par suite du service
obligatoire, met les fusils entre les mains de ceux qui ne possèdent pas, à l'inverse des sociétés anciennes qui réservaient à
une élite le métier des armes, et il ajoutait :

« Les conscrits ouvriers apportent les idées socialistes dans
« leur giberne. L'Allemagne ne pourrait plus se servir de son
« armée pour une guerre intérieure. »

Les choses n'en sont pas encore là, mais on s'efforce d'y parvenir et l'on y arrivera si l'on n'y prend garde.

On a essayé d'y pourvoir un peu en France par l'article 6 de
la loi du 18 novembre 1875, sur la présence des réservistes ou
des territoriaux dans les attroupements. C'est un simple palliatif.

Le vice radical est dans la coexistence de deux forces publiques que l'on veut de plus en plus mélanger, fusionner,
quoique essentiellement distinctes. La force active ne vote pas et
la force en disponibilité se compose d'électeurs. Un écrivain a
qualifié ces deux parties « l'armée de l'ordre et l'armée du désordre ». Sans aller jusque-là, on ne saurait méconnaître le
danger d'une telle situation.

Par conséquent, il ne faut pas céder sur ce point, quels que soient les exemples ou les sollicitations. Gardons l'armée et repoussons les milices.

XXIX.

MOYENS INDIQUÉS POUR ÉMACIER LE SERVICE OBLIGATOIRE.

Nous venons de montrer les longs préambules de l'amoindrissement du service militaire; la préparation lente de la réduction pour aboutir à la suppression.

On a tâché de déconsidérer l'armée en la chargeant de méfaits dont elle n'est pas coupable, en lui imputant bien des maux dont elle est irresponsable. En même temps on faisait vibrer les cordes attristées de la décadence; on exaltait le bien-être, la mollesse même, en regard de la dureté de la vie militaire et de ses dangers; on a essayé de tuer de la sorte tous les sentiments généreux, d'éteindre l'amour du militarisme et de paralyser l'initiative individuelle.

Le résultat n'a point été complètement obtenu tant s'en faut; toutefois on ne saurait nier les progrès réalisés dans cette voie fatale.

Certains signes annoncent de notables changeme ts dans les idées, dans les desseins, au sujet des institutions militaires de notre temps. Ils se manifestent en plusieurs pays, même en Allemagne.

Là, chaque jour voit poindre une nouvelle difficulté intérieure; le mouvement contre le militarisme a peut être plus de profondeur qu'ailleurs. Il préoccupe en Germanie les esprits qui suivent ce travail d'enfantement social. Les Allemands connaissent bien le fort et le faible de l'institution du service obligatoire si séduisante et si dangereuse. Ils se préoccupent de ses résultats actuels et surtout de ceux à venir. Ils cherchent à les conjurer et dans une certaine limite, ils semblent préparer l'évolution nécessaire, pour satisfaire s'il le faut à de nouveaux besoins, à de nouvelles exigences.

Tout cela est encore noyé dans le brouillard masquant l'avenir. Qu'y a-t-il derrière cette nébuleuse? Qu'apparaîtra-t-il quand elle va se déchirer ? La marche des idées sociales est rapide. Ce qui semble rêve en cet instant, peut devenir bientôt réalité ; question de temps il est vrai. Quand de semblables problèmes se posent avec insistance il est indispensable de penser à une solution.

L'organisme militaire subira peut-être dans un délai prochain des transformations sensibles. Il serait bon de les prévoir afin de n'être point surpris par les événements, de les empêcher de se produire à notre détriment et, s'il le faut, de ménager les transitions à des modifications inévitables. La plus simple prudence nous y incite. L'insouciance et l'inaction ne retardent pas la marche des choses. Le progrès bon ou fâcheux s'accomplit quand même ; l'essentiel, à un moment donné, est de ne pas se trouver distancé par d'autres mieux avisés.

Les problèmes sociaux se tiennent, grandissent ensemble, se résolvent de concert. Des solutions au moins préparatoires vont s'imposer prochainement, quoiqu'elles ne soient pas les meilleures. Il importe d'attirer l'attention de notre pays sur le côté militaire de la crise qui s'annonce, d'en montrer le danger sérieux et en en signalant les symptômes divers, d'indiquer les atténuations à défaut de remède.

La tendance est manifeste vers la réduction de la durée du service ; vague chez beaucoup, précise chez quelques-uns. Bien des esprits cherchent le moyen d'aboutir à la milice pure, en supprimant l'armée permanente.

Ainsi s'établit le problème qui doit être considéré comme un des plus graves de ce temps-ci. Il présente deux phases successives, la diminution du service militaire d'abord, puis sa suppression ultérieure.

Ces questions si intéressantes se sont trouvées à l'origine écartées par l'imposition du service obligatoire en paix. On l'a décrété avec une sorte de brutalité. On s'est bouché les oreilles ; on n'a pas voulu entendre les doléances des intérêts et encore moins en tenir compte. On a trouvé plus simple d'édicter une mesure absolue, aimant à se figurer qu'elle s'appliquerait commodément.

On s'est trompé. En réalité le service militaire est mal réparti partout et particulièrement en France. Les réclamations n'ont pas manqué ; le mécontentement a été croissant. Afin d'empêcher les plaintes de se multiplier on a dû recourir à un mauvais moyen : tourner la loi et même la violer souvent.

Une foule de causes plus ou moins justes sont sans cesse invoquées. Les auteurs de ces lois, les législateurs eux-mêmes sont les premiers à solliciter, demander, de manière à adoucir, alléger, atténuer, éluder même la disposition formelle qu'ils ont votée.

Cette contradiction s'explique. Quand, par position, on a reçu des confidences multipliées, sur des situations intéressantes à bien des titres, on comprend l'existence de sérieuses difficultés dans la vie sociale et il faut absolument en tenir compte, si l'on ne veut les rendre souvent intolérables.

Les raisons sont nombreuses en ce qui concerne les individus : inaptitude, faiblesse de constitution, soutien de famille, congés, permissions, etc.

Les motifs ne manquent pas non plus à l'égard des catégories importantes. Ils sont basés sur les nécessités de laisser ou de rendre des bras à l'agriculture ou à l'industrie. Tous les fléaux climatologiques sont invoqués. Le froid et la chaleur. La sécheresse ou les inondations; les maladies des hommes ou des plantes; le choléra ou le phylloxera. Puis les travaux de la moisson; bientôt après les vendanges, enfin les labours d'automne. A toute époque de l'année se présente une raison pour les ajournements et il se trouve toujours de nombreux députés venant à la tribune solliciter ou sommer le gouvernement de donner satisfaction à l'agriculture, au commerce, à l'industrie, c'est-à-dire aux électeurs.

Chaque année, sous divers prétextes, on demande la diminution des périodes d'instruction. 28 jours c'est trop pour les réservistes; 13 jours c'est trop pour les territoriaux. On tâche d'obtenir quelque jours de moins.

On ne parle pas de suppression; l'ajournement seul est réclamé. On l'accorde facilement, on remet à six mois, à un an, et bien souvent l'ajournement se change de fait en dispense.

On est encore obligé de composer avec les nécessités des services publics : postes, chemins de fer, police, etc., de dispenser, d'ajourner si l'on veut une partie du personnel. On avait résolu de faire accomplir une courte période d'instruction aux gardiens de la paix de Paris; il a fallu y renoncer.

C'est un exemple entre beaucoup et de ce chef encore la loi subit de nombreuses entorses.

Lancée dans cette voie, l'allure s'est accélérée, d'autant mieux que la fin de la session parlementaire approchant, il fallait se préoccuper des intérêts réels ou imaginaires des électeurs, afin de s'assurer un retour au Parlement.

Vers la fin de 1896, les propositions destinées à troubler les institutions militaires, si péniblement acquises, ont paru en très grand nombre. Toutes avaient pour but d'amoindrir l'armée, aucune n'était destinée à la fortifier.

Signalons seulement les principales, laissant les autres à leur oubli.

Les dispenses, très nombreuses déjà, se trouvaient vivement critiquées. Néanmoins on propose de les accroître encore. Cette contradiction déborde dans presque tous les projets de loi. Ainsi, un député de la Gironde demande que la proportion des dispenses soit doublée à l'égard des ouvriers d'art, et il se réfute lui-même par l'un des arguments avancés pour la soutenir :

« ..... 2° On a pu constater, pendant une longue période d'ap-
« plication, que le plus grand nombre des candidats qui se pré-
« sentent devant les jurys pour subir l'examen ne sont rien
« moins que des ouvriers d'art, et que, leur unique année de
« service militaire terminée, ils n'entrent jamais dans les ate-
« liers. Nos écoles artistiques provinciales sont remplies de
« ces jeunes gens qui, ayant échoué aux examens et dans les
« concours pour les carrières libérales et les grandes écoles de
« l'État, se rabattent sur cette dernière chance d'échapper au
« service de trois ans. »

La conclusion devrait être la diminution et non l'accroissement de dispenses si mal attribuées. Point. On sollicite seulement la revision des jurys d'examen, incompétents pour la plupart, sans indiquer le moyen d'en constituer de meilleurs.

Ce qu'on propose en faveur des ouvriers d'art, devait être aus- sitôt demandé à l'égard de l'agriculture et du commerce. Dis- penses toujours, pour toutes les catégories. A leur faveur se glissent nombre d'individus n'appartenant à aucune. Un groupe de députés modérés n'y a pas manqué. Il a, dans son projet, soulevé la grande question « de concilier la vie de la patrie avec

« celle de la défense; il ne s'agit pas, prétend-il, de faire mourir
« la patrie afin de la défendre ».

Ces phrases étranges aboutissent à l'aveu suivant : « Il n'est
« pas possible de se le dissimuler, le service de trois ans, avec la
« prétention très louable de vouloir être égal pour tous, affaiblit
« la défense et ruine l'agriculture ».

Le projet, motivé assez longuement par des considérations
nombre de fois indiquées déjà, conclut dans les termes ci-après :

« En temps de paix, après un an de présence sous les dra-
« peaux, peuvent être envoyés en congé dans leurs foyers, à
« titre de soutiens de travail agricole, les fils de cultivateurs tra-
« vaillant depuis l'âge de 16 ans avec leurs parents et les jeunes
« gens attachés depuis cet âge à une exploitation agricole, à
« charge de justifier, jusqu'à 25 ans, qu'ils continuent à être
« occupés à l'industrie agricole.

« Un décret déterminera les moyens de justification et les con-
« ditions d'admission; le nombre des soutiens agricoles sera fixé
« tous les ans par le ministre de la guerre d'après le nombre des
« soldats rengagés. »

Presque au même moment, les sénateurs du Rhône proposaient
une autre modification à la loi du recrutement et la rédigeaient
ainsi : « Bénéficieront également de l'article 21 de la loi du
« 15 juillet 1889, les jeunes gens qui auront contracté mariage
« avant l'époque des conseils de revision ».

Cette proposition, tout en faveur de la reproduction, est la
seule méritant d'être accueillie. Nous avons montré déjà le
dédain des anarchistes pour cette question intéressante au plus
haut point. Ils l'ont effacée sous le niveau égalitaire, leur dada
funeste.

Tout ce qui touche à la reproduction doit être encouragé. C'est
la base même de l'armée, on ne saurait trop songer à l'accroître,
à l'affermir. On a essayé de railler le jeune marié pris par le recrutement. Combien sont dans une situation analogue, irrégulière
et pire par conséquent. On a montré les enfants et la femme abandonnés de leur soutien naturel et assaillis par la misère. Si la
loi était bien faite et mieux appliquée, l'absence du mari serait
atténuée au moyen de secours fournis par la commune.

Les inconvénients de plus d'une sorte des mariages prématurés
au point de vue militaire n'ont pas l'importance qu'on veut leur

attribuer; elle diminue singulièrement en présence des avantages à en retirer par le pays. Il est assurément préférable d'accorder une dispense de service à un homme marié produisant des enfants, plutôt qu'à un pseudo-artiste produisant de minces croquis.

Ce projet de loi est humanitaire, social au plus haut point, profitable à la société et peu nuisible à l'armée. Il serait temps de l'adopter.

Les dispenses si souvent réclamées à divers points de vue, dans un intérêt personnel, doivent non seulement profiter aux individus, mais surtout à l'État. Autant il est juste de les concéder s'il en recueille un bénéfice, telle qu'une augmentation de natalité, autant il est conduit à les refuser s'il s'agit simplement d'intrigues électorales.

Dans cette course ardente aux dispenses, c'est à qui multipliera les motifs, éveillera la sensibilité, cherchera à émouvoir le législateur. On ne lui parle guère raison et peu de défenseurs s'élèvent en faveur de l'armée.

Je n'en vois guère, non plus, traitant de la compensation pécuniaire de la dispense. Le principe, le vrai, serait que tout le monde sans exception, sauf infirmités, fut astreint au service militaire. Si, pour diverses raisons utiles au pays, quelques-uns sont dispensés de tout ou partie, il leur faudrait supporter un supplément d'impôt, destiné principalement à soulager les familles des hommes appelés.

Cette mesure, si juste quand elle résulte non du choix de l'individu, mais d'une situation définie par la loi, ne rencontre pas beaucoup d'échos. On veut bien de la dispense, on repousse le payement compensateur. Aussi les fabricants de projets de lois sur les immunités se gardent de mentionner la taxe militaire à l'appui et surtout d'en réclamer l'élévation nécessaire.

Il ne faut pas qu'on accepte la taxe avec plaisir et qu'on la préfère au service actif. Elle doit être forte pour qu'on la craigne et qu'on redoute de n'être pas appelé. La honte de manquer au devoir patriotique, l'inaptitude déclarée aux emplois ou aux charges; une très forte redevance à payer pour chaque année, non accomplie au drapeau, constituerait un règlement sévère qui porterait à rechercher le service, même par intérêt personnel.

L'action des femmes s'exercerait encore ici d'une manière décisive, si elles repoussaient comme disqualifié tout homme échappé au devoir militaire, si elles le rejetaient comme un infirme physique ou moral.

Au fond de toutes ces réclamations de dispenses, il existe un certain snobisme assez éhonté, se rattachant toujours au patronage et à la clientèle, le bien public restant en dehors. Les apparences sont souvent excellentes pour qui n'approfondit point. Il a été facile de pousser dans cette voie nombre de gens abusés. Les malins n'y ont pas manqué.

Parmi les divers moyens présentés pour arriver à la suppression de l'armée, les directs sont seulement indiqués légèrement; on n'insiste pas. On appuie sur les indirects et toutes les ressources de la théorie philanthropique, tous les arguments spécieux ou captieux entrent en ligne.

L'instruction militaire préparatoire est de ce nombre, se présentant comme un échappatoire excellent. La dispense serait dévolue à quiconque fournirait la preuve d'une capacité militaire à l'époque de l'appel. L'argument est absolument faux. L'instruction militaire de minime valeur chez le jeune homme peut, à la rigueur, se prouver, mais non l'éducation militaire formant l'essentiel et qui n'a pu être acquise.

On insiste à présent sur l'application de l'article 85 de la loi du 15 juillet 1889, concernant l'instruction militaire préparatoire. Votée depuis huit ans, cette prescription est restée inappliquée. C'était une idée, une espérance, un leurre, une pierre d'attente, destinée à la désorganisation ultérieure de l'armée. On l'a laissée dormir jusqu'ici, et l'on a bien fait. En cherchant à la réveiller, l'échec est indubitable.

La preuve de l'instruction militaire est délicate à fournir. Les seuls juges compétents se trouveraient dans des commissions d'officiers; ils ne seraient pas acceptés précisément, parce qu'ils réuniraient l'aptitude à l'indépendance, et on les remplacerait à coup sûr par des fonctionnaires académiques, des conseillers généraux ou d'arrondissement incompétents, autant qu'accessibles aux agissements politiques. Il en résulterait ainsi de nouvelles faveurs au lieu de la constatation des droits.

La difficulté est extrême en ces sortes de questions, où il faut user d'influence morale plutôt que de dispositions positives. La plupart ne voient que le mécanisme du métier militaire, le maniement d'armes, et pensent aisé de l'enseigner à tous. Ce n'est là qu'un rudiment, une amorce; la grande affaire c'est l'éducation militaire et on ne saurait l'obtenir sans avoir servi.

Le projet des 17 députés sur l'instruction préparatoire militaire est donc impraticable, sinon funeste. Là est la vérité. L'idée d'en dessous tend à la suppression de l'armée permanente. Au fond, cette proposition aboutit à ressusciter les bataillons scolaires, si justement supprimés, comme à remplacer les troupes par une garde nationale, une milice impuissante. C'est la destruction du service armé, de la puissance militaire. C'est la France livrée à qui voudra la violenter.

Un système général et obligatoire d'éducation militaire ne saurait être adopté; quelques essais entrepris n'ont pas réussi. On parle de recourir à l'initiative individuelle, en réglementant toutefois un certain nombre de sociétés libres de gymnastique, de tir, de marche, astreintes à un programme imposé. C'est toujours la chimère poursuivie. La liberté de nom, l'obligation de fait.

Les sociétés de gymnastique sont anciennes et nombreuses en France. Plusieurs départements dépassent le chiffre de 50, cinq seulement ne possèdent qu'une société et huit n'en ont pas. Le total s'élève à 931.

Depuis, on a créé des sociétés d'instruction militaire pour les adolescents. En définitive, c'est à peu près la même chose en pratique. En y joignant les sociétés de tir, qui se sont multipliées, on semble avoir fait le possible pour développer la souplesse du corps et l'habileté du tireur. C'est une bonne préparation à la vie militaire; toutefois elle ne saurait la remplacer, car il n'y est pas question de l'éducation militaire.

La tendance à la réglementation est manifeste. On la critique dans l'armée, on y pousse dans les sociétés civiles. Les projets de loi réclament l'enseignement obligatoire de la gymnastique et du tir, à tous les jeunes gens de 13 à 20 ans.

En laissant l'indépendance aux sociétés, on ajouterait à leurs travaux ordinaires, des manœuvres, des exercices, sous la direction et la surveillance de l'autorité militaire. Des examens, des inspections constateraient les résultats. Tel est est le résumé du projet, assez vague dans ses bases; on assure qu'il donnerait de beaux résultats. Le raisonnement, l'expérience, tout démontre le

contraire, et les assertions s'envolent devant ces preuves con-
cluantes. L'espoir caressé, annoncé, est donc chimérique.

L'obligation proposée durant sept ans à la jeunesse serait
vaine, sans une sanction pénale pour les délinquants ou leurs
parents. Si l'on recule devant cette mesure rigoureuse, il n'y aura
rien de fait. D'ailleurs, beaucoup de circonstances peuvent contrarier la bonne volonté des participants. Sauf dans les grands
centres, les instructeurs manqueront, les ressources feront défaut, les occupations des enfants et des adultes s'opposeront à
un déplacement, etc. Les mœurs, les habitudes, le sentiment
patriotique conduiront à faire librement ce que la loi n'obtien-
drait pas. Exemple : la Suisse.

Ceux qui connaissent imparfaitement l'armée ne voient pas ou
rejettent le côté pratique. Ils s'attachent à la théorie, au rêve ; ils
proposent l'instruction militaire préparatoire de la jeunesse, permettant de réduire la durée du service réel. Cette idée est séduisante. Elle ne résiste pas au moindre raisonnement. Si l'on pouvait donner l'instruction militaire avant d'entrer dans l'armée,
ce serait la preuve de l'inutilité de l'armée. Cela dénote tout de
suite le piège où l'on veut attirer les naïfs. L'instruction militaire
préparatoire conduit directement à la milice.

En échange de ces promesses illusoires, il est question d'accorder des avantages positifs à une catégorie très nombreuse.
« Tout jeune homme qui depuis l'âge de 16 ans jusqu'à l'appel
« a fait partie d'une société classée, s'il a satisfait au programme
« militaire et si ses notes d'inspection le permettent, peut être
« renvoyé en congé après deux ans passés au régiment ».

Le projet se fait modeste, bien petit, il offre beaucoup et ne
demande presque rien. Il espère ainsi triompher. On ne s'y trom-
pera pas cependant ; ce n'est qu'un début. Les critiques ne tarderont pas à surgir. Elles sont déjà formulées. On s'élèvera surtout contre un privilège accordé au travail, à la capacité. On
attaquera plus fortement encore le mode de constatation dévolu
aux commissions d'officiers.

De toute façon, on aboutit à l'impraticable. Le projet repose
sur une confusion complète des expressions employées.

Il est très étudié, trop peut-être, on y parle sans cesse de *l'éducation* militaire préparatoire de la jeunesse. Il faut entendre par
là *l'instruction* militaire préparatoire, qui n'est pas du tout la

même chose. La confusion est ici, voulue ou fortuite; le résultat demeure le même et il sera à peu près nul.

L'armée se réjouirait assurément de trouver des hommes préparés, habitués aux exercices du corps par la gymnastique, familiarisés avec le fusil par les sociétés de tir. Toutefois, ils se présenteront avec une instruction rudimentaire, incomplète, inégale, fausse en quelques points. Il y aura obligation de la redresser, de la compléter. Elle devra être reprise presque en totalité; cependant, il y aura avantage pour quelques-uns, sans cependant créer des titres à une dispense.

Ces jeunes gens n'auront en rien acquis l'endurance physique, l'habitude de la discipline, l'éducation militaire, la partie morale du métier.

L'éducation militaire, étant nulle, sera à donner entièrement. On ne peut le faire hors du régiment, c'est-à-dire hors de la discipline. On l'a tenté par l'essai malencontreux des bataillons scolaires. Ils ont duré trop longtemps, n'ont produit aucun bien et, en plusieurs circonstances, ont mis la jeunesse en dérive.

Le nouveau projet a laissé de côté cette partie de la préparation militaire et il a eu raison. Il a compris le danger d'une éducation militaire d'où la discipline serait absente et s'est cantonné dans l'instruction ou le mécanisme préparatoire du métier.

Il ne s'est pas davantage occupé de l'éducation morale qui n'est pas suffisamment distribuée, souvent pas même offerte à la jeunesse. On y enseigne ses droits, on y parle peu des devoirs. C'est ce qu'avait fait la Constituante autrefois, par sa célèbre déclaration des Droits de l'homme. Elle a omis de mettre à la suite la déclaration des devoirs, non moins essentielle.

On suit à tort son exemple dans l'éducation patriotique très insuffisamment fournie dans les établissements d'enseignement. Là serait pourtant le commencement de l'éducation militaire préparatoire. Quelques leçons sur les obligations disciplinaires comme sur les devoirs civiques à remplir par les jeunes hommes, vaudraient mieux que des conférences sur leurs droits électoraux.

En quelques endroits on le fait; c'est rare néanmoins. En général, on ne cherche pas à refréner l'esprit d'indépendance toujours grandissant. Quelquefois même on l'excite et c'est précisément le contraire de la préparation à la vie militaire.

Partout donc se rencontre de graves obstacles, sans compter les objections financières. Personne n'a encore osé indiquer la dépense nécessitée par l'instruction militaire préparatoire. Ses partisans semblent dire : qu'importe, nous payerons. Toujours le même système; la ploutocratie n'a pas d'autre raisonnement et il ne convaincra pas.

Il n'a même pas persuadé la Commission de l'armée, qui cependant accepte assez volontiers les mauvaises mesures dont elle ne voit pas les conséquences. Elle a examiné longuement la question de la préparation militaire de la jeunesse. Elle a délibéré sur l'application de l'article 85 de la loi de 1889. Reculant sans doute devant les impossibilités, elle n'a rien décidé. Les choses restent en l'état, et c'est le résultat négatif de ses études.

XXX.

PROPOSITIONS DE RÉDUCTION DE LA DURÉE DU SERVICE.

Le début de ce travail a montré les transformations successives du recrutement, afin d'arriver à constituer la belle armée si solide que nous avons connue. C'était la période ascensionnelle. Après tant de changements et d'améliorations, après l'adoption du service obligatoire et le vote des lois de 1872 et de 1889, on devait penser que la jurisprudence relative aux institutions militaires se trouverait désormais fixée, et le principe-base consacré immuablement.

La durée du service, fixée à trois ans, avait été abaissée autant que possible, en raison du contingent annuel et de l'obligation d'entretenir des forces suffisantes. On pouvait croire la période des mutations fermée et qu'il restait seulement à continuer, en polissant l'organisme militaire si laborieusement créé.

Il n'en était rien. Les chercheurs de noise, les partisans du désordre, se sont mis à battre l'édifice à peine élevé. De nombreuses chicanes ont été soulevées et on en est venu à contester le principe même du service obligatoire, en le qualifiant d'oppressif, d'inique, d'antilibéral, etc.

Les théories sociales se sont emparées de la question militaire et l'ont transformée. Beaucoup d'esprits, il faut le redire, ont été tentés par l'appât de la suppression du service, opposé à la prétendue rigueur de la vie militaire. Un mal important a été causé.

En réalité, il existe du malaise résultant de dispositions vicieuses des lois militaires. Ce n'est pas toujours une affaire de caprice ou d'opposition. Il se produit des souffrances, des contrariétés, des lésions d'intérêts familiaux, motivant des plaintes, en partie fondées.

Ces doléances ne sont pas particulières à la France; elles se retrouvent partout avec plus d'acuité encore. Les mêmes symptômes existent en Allemagne où l'application de la loi de recrutement est cependant plus souple, plus accommodante.

Les recrues sont incorporées dans le régiment le plus voisin de leur résidence; elles se trouvent rassemblées par communes ou districts, dans la même compagnie ou le même bataillon; des permissions fréquentes leur sont accordées. De la sorte, les relations avec les familles ne sont pas interrompues, les parcours n'étant jamais longs. Néanmoins on se plaint, l'autorité n'en tient pas compte. Elle ne voit que le but essentiel, la bonne et solide composition de l'armée. Tout s'efface devant cette considération.

On s'est efforcé de réduire le nombre des hommes non instruits. De là une charge plus grande comme service pour la population, et une charge plus lourde comme impôt. Quand la limite des perceptions a été atteinte, il ne fut plus possible de continuer l'augmentation des appelés sans excéder les ressources du pays. Il fallut adopter le seul mode possible, la réduction du séjour sous les drapeaux, d'essayer le service de deux ans, non comme une bonne chose, assurément, mais comme un corollaire forcé de l'instruction militaire donnée à tous.

On a subi la réduction, en Allemagne, pour une partie de l'armée, on ne l'a point acceptée avec plaisir, du moins le gouvernement.

En France, on a raisonné inversement, pour aboutir au même résultat. On a beau alléguer que les appels tardifs de la classe, sa libération anticipée, des permissions fréquentes accordées, pour les moissons et les vendanges, ramenaient en réalité la durée du service à deux ans. L'*Officiel* constate que plusieurs voix ont répondu : c'est ce que nous voulons.

Les moyens ne manquaient pas de l'établir par une disposition de loi. On a proposé de conserver le chiffre légal de trois ans, en libérant conditionnellement les hommes à la fin de leur seconde année.

On a conseillé de reprendre l'usage des semestres et d'accorder six mois de congé après la première année et autant après la seconde. Sous prétexte que les rigueurs de l'hiver ne permettent guère aux troupes de s'instruire, on licencierait à peu près l'armée, quatre ou cinq mois chaque année.

D'autres ont imaginé, afin d'avoir des hommes plus âgés, de reporter l'incorporation de la classe au 1er avril de l'année suivant le tirage, et de la renvoyer six mois avant l'expiration des trois ans, d'où il s'ensuivrait deux ans de service seulement.

On a encore présenté une autre combinaison de manière à établir dans les troupes une période à effectif très élevé, du 1er avril au 30 septembre de chaque année, et une période d'effectif restreint, presque nul, du 1er octobre au 31 mars. On espérait ainsi obtenir 18 mois seulement de service total, en trois périodes de six mois.

Quand les Allemands ont entrepris l'essai du service de deux ans, on s'est empressé, en France, de citer cet exemple comme une démonstration formelle, sans s'apercevoir qu'il était basé sur des principes différents. C'était pour accroître le nombre des hommes instruits et l'effectif de l'armée, au delà du Rhin, tandis qu'en deçà on cherchait à réduire l'un et l'autre. Peu importait aux adversaires de l'armée ; ils discernaient vite la possibilité d'un dommage pour nous, et ils ont poussé à l'imitation allemande.

Un conseil général, entre autres, a demandé que le service militaire fut réduit à deux ans, dès la mise en pratique de l'article 85 de la loi de 1889 (instruction préparatoire). Il n'a pas donné de raisons à l'appui et son vœu semble gratuit, car la condition d'exécution ne sera de longtemps remplie.

D'autres, plus pressés, ont cherché à émonder le service obligatoire en lui enlevant quelques lambeaux, de façon à en diminuer la longueur.

Divers conseils généraux émettent des vœux en faveur de dispenses en masse, de sursis d'appel généraux, concernant les réservistes et les territoriaux. Motifs divers allégués : inondations, gelées précoces, moissons, vendanges. Beaucoup ne donnent point de raisons.

A la fin de 1896, trois députés socialistes ont déposé sur le bureau de la Chambre un projet résumant plus radicalement tous ces vœux. Ils demandent simplement « l'abrogation de l'ar-« ticle 49 de la loi du 15 juillet 1889 sur le recrutement ». C'est-à-dire la suppression de la période annuelle d'exercice, des 28 jours et des 13 jours, méconnaissant ainsi la nécessité des réserves instruites.

Les fauteurs de projets ne se sont pas arrêtés là. Si, disent-ils, l'Allemagne nous a devancés pour le service de deux ans, soyons plus nets, devançons-la à notre tour par le service d'un an. Ce pitoyable argument a entraîné bien des gens.

Le mouvement, une fois donné, est bien difficile à arrêter quand il ne s'agit surtout que de théorie. On a prétendu que si une année suffit à instruire le tiers du contingent (la 2e portion), il était inutile de garder davantage les deux autres tiers et de maintenir une mesure aussi injuste que superflue.

Ces rhéteurs absolus savent pourtant que s'il est possible d'avoir un tiers de soldats à éducation incomplète, entraînés en cas de guerre par les deux autres tiers tout à fait formés, il serait fort imprudent de ne posséder que des hommes à peine dégrossis, dont aucun ne pourrait ni ne saurait enlever les autres.

Innombrables sont les demandes de réduction du service militaire, les atteintes directes à l'armée. A côté on rencontre des propositions en apparence opposées aboutissant au même résultat ou tout au moins en facilitant l'application.

Quelques personnes pourchassant l'idée contraire à celle des socialistes, se sont attachés à l'accroissement des soldats professionnels. Ils ont répété comme une vérité, vérifiée depuis des siècles, qu'un petit nombre de soldats vigoureux et aguerris a toujours eu raison des multitudes armées. Ils ont parlé d'Alexandre et de Darius, des soldats du premier empire, etc..., sans s'apercevoir que les conditions sociales, physiques et militaires avaient changé d'une façon si grave que les procédés d'antan ne sont plus applicables.

Envisageant surtout la solidité de l'instrument de combat, ils proposent d'introduire dans l'armée une proportion notable de vieux soldats, pouvant encadrer les contingents légèrement instruits.

Ils demandent l'autorisation pour les soldats de se rengager jusqu'à 15 ans de service. Ils voudraient constituer dans les régiments une sorte d'ossature de vétérans destinés à instruire, former, entraîner et soutenir les jeunes. On estime à 120,000 hommes le nombre des rengagés nécessaires. Si on les trouvait, il en résulterait quelques hommes dispersés dans les plus petites unités, deux par escouade dans l'infanterie, huit par peloton dans la cavalerie, etc... Leur influence serait bien faible ainsi répartis.

On a prononcé le mot de réserve, qui ne saurait s'appliquer à une pareille dissémination. Si on les groupait par corps d'armée au moment de la guerre, ils formeraient un groupe spécial de 5,000 à 6,000 hommes pouvant figurer comme réserve. Qui voudrait de cet assemblage improvisé? Personne. En tous cas, leur réunion empêcherait leur action sur les jeunes soldats comme on prétendait l'obtenir tout d'abord.

Mauvais, comme organisme, ce mode coûterait énormément. Il eût été bon d'indiquer le chiffre de la dépense, on ne l'a pas spécifié, reculant évidemment devant la grandeur de la somme.

Parviendrait-on, même au prix des plus grands sacrifices, à trouver cette quantité de volontaires? La réponse est fournie par l'armée coloniale, qui a tant de peine à se recruter par ce moyen.

Il est superflu de chercher des enseignements dans le passé; on rencontrait alors des hommes sans grands besoins, se pliant facilement à la discipline, servant consciencieusement et dépourvus d'ambition. A présent la névrose s'est développée, le cerveau plus affiné a des goûts très différents; les nerfs sont plus impressionnables, le joug pèse.

Les vieux soldats seraient de mauvaise qualité, d'un fâcheux exemple pour les jeunes qu'ils exploiteraient, et ils se montreraient sans doute trop prudents en campagne, contrairement à ce qu'on affirme.

On obtient des rengagés dans l'armée coloniale, attirés par le goût des aventures, une vie assez libre dans ses détails, la perspective de l'avancement, des terres peut-être à la retraite, si l'on se décidait à pratiquer sérieusement cette vieille méthode des Romains, de coloniser par les anciens soldats.

Sans ces attractions il est clair que, malgré la prime et la haute paye, on n'en trouvera guère consentant à faire le service de garnison en France durant 15 ans.

Ces considérations n'ont pas arrêté les fabricants de projets de loi. Citons en encore un, assez curieux et qui nous ramène bien en arrière.

Pour assurer certains services, notamment celui des colonies, un conseiller à la Cour de Rouen propose d'enrôler dans l'armée coloniale les ouvriers sans travail, les mendiants et les vagabonds que l'on voit rouler sur les routes ou végéter en prison. Il reconnaît considérable la dépense résultant du payement des primes d'engagement, mais, ajoute-t-il : « Payer pour payer, il « vaut mille fois mieux que ce soit afin d'avoir les soldats néces- « saires, que pour entretenir des détenus oisifs. »

C'est une autre forme de la théorie accep'ée par la Chambre : Nous ne voulons pas y aller, nous payerons d'autres gens pour s'y rendre.

Le danger serait encore accru par la proposition nouvelle. Il est étonnant de voir des hommes se disant conservateurs, soute-nant ce qui est bon et honnête, ne tenir pour l'armée aucun compte des sentiments d'honnêteté, de patriotisme et de devoir. Le magistrat de Rouen demande pour l'armée la lie de la popu-lation, comme autrefois Mécène, comme plus récemment encore le ministre de la guerre Saint-Germain.

Ces hommes n'ignorent pas seulement l'armée, ils ignorent l'humanité. Quelques mauvaises têtes se dissimulant dans le rang, contenues par les bons sujets ne causent pas trop de mal et sont faciles à réprimer. La troupe entièrement mal com-posée est sans doute susceptible de donner un grand coup dans des circonstances spéciales. Habituellement elle sera dé-testable, sinon dangereuse, et les populations repousseront son voisinage.

Il est singulier qu'on présente la justification de ces idées par des motifs étrangers à notre civilisation :

« C'est que la profession des armes, en répondant à un besoin social et politique, donne également satisfaction à des besoins individuels. Il y a des hommes qui sont incapables de se con-duire, qui ne savent pas prévoir le lendemain, qui ne compren-nent point la vie de famille et qui ne trouvent de plaisir que dans une existence errante ou aventureuse. Ces hommes sont nés pour obéir, pour être et vivre soldats ; en dehors de l'armée, ce sont des éléments de force inutilisés et partant dangereux pour la société ; l'armée coloniale semble faite précisément pour les mettre en valeur. »

. . . .

« Il y aura évidemment un choix à faire parmi les éléments à employer, peut-être des catégories à établir qui répondront, par exemple, à la composition des régiments de zouaves et de la légion, en laissant, bien entendu, les voleurs, etc., aux bataillons d'infanterie légère. Mais, si cette sorte d'enrôlement est pratiquée avec intelligence, la plupart des vagabonds et des mendiants, qui perdent leurs meilleures années à rouler sur les routes et à végéter en prison, comprendront qu'ils peuvent, tout en suivant leurs goûts, se faire une existence plus digne et plus heureuse. »

Ce doux utopiste ne recule pas dans l'application. Les engagements par force, par condamnation, ne l'effraient pas. Il les prononcerait comme autrefois pour les galères, sans sourciller il transformerait l'armée ou une portion de l'armée en une sorte de bagne.

Puis il compte sur les officiers pour améliorer ce rebut ; remède déjà indiqué autrefois.

« Les chefs sauront développer en eux l'esprit de corps, leur
« faire comprendre l'importance des services à rendre à la patrie
« et leur donner une haute opinion d'eux-mêmes. »

On l'a tenté maintes fois. On a toujours échoué. Sur quoi se base-t-on pour espérer qu'il en sera autrement avec des hommes de plus en plus tarés moralement ? Sur rien. On rêve et on l'écrit probablement pour l'amusement des simples.

On a aussi parlé d'une disponibilité pour l'armée coloniale. Si l'on commettait la faute de l'adopter, ce serait un pas de plus vers la suppression de l'armée permanente. Voilà un privilège, crierait-on de nouveau ; généralisons-le pour l'effacer ; appliquons-le à tout le monde. Tout homme instruit passera dans la disponibilité de l'armée de terre, où il sera prêt à répondre au premier appel.

Alors l'armée aura vécu.

De quelque façon qu'on les envisage, ces propositions de renforcement de l'armée par des vieux soldats rengagés, aboutissent également à la diminution de la durée du service pour les appelés. Si ces projets avaient chance de réussir, le résultat de leur adoption aurait un effet contraire à l'intention de leurs auteurs, en admettant même que la mesure fût bonne intrinsèquement.

Ces individus, qui sont des modérés, prêtent inconsciemment leur aide aux avancés. Ce fait s'est déjà souvent présenté. Il est typique à notre époque et mérite d'être signalé.

Tout récemment, un journal important a fait une campagne sur la réduction du service, écrivant, en exergue : Le service d'un an ou la ruine. Comme argument il invoquait la faveur accordée aux jeunes gens établis à l'étranger et il ajoutait : Puisqu'on l'accorde aux uns, il faut l'accorder aux autres. Toujours le niveau égalitaire. C'est continuellement le même procédé : solliciter comme un adoucissement nécessaire une dispense pour une catégorie. Aussitôt obtenue on crie au privilège et on la réclame pour tous. Le tour est ainsi habilement joué.

Les philanthropes et à leur tête Jules Simon ont mené une vigoureuse campagne en faveur du service d'un an. Toutes les ligues et congrès de la paix ont agi avec ensemble, soutenu la vieille thèse de la fraternité des nations, condamné la guerre et demandé le désarmement. En résumé ils veulent la suppression de l'armée et le rétablissement de la garde nationale qu'on appellerait milice.

Les socialistes, anarchistes, communistes, etc., ont adhéré aussitôt à ces rêves des idéologues et ils l'ont traduit en fait.

Le 19 décembre 1896, un socialiste a déposé à la Chambre des députés une proposition ainsi conçue :

« La Chambre invite le gouvernement de la République fran« çaise à provoquer une conférence de toutes les nations afin de « procéder au désarmement général progressif organisé, de telle « façon que les forces de chaque nation restent les mêmes. »

L'urgence demandée a été repoussée par 490 voix contre 35 ; c'est la condamnation momentanée de ce projet insensé. Toutefois, la cause n'est pas jugée définitivement. Elle se représentera encore, on n'en saurait douter.

On abuse des mots et même des idées. Le désarmement tendrait dit-on, à la paix. Tout indique le contraire et je l'ai montré dans un autre ouvrage (*La Chimère du désarmement*). C'est seulement une première phase pour réaliser la suppression de l'armée. On propose simplement d'ôter tout ce qui la constitue, de lui retirer ses bons éléments et d'y substituer une apparence, une milice valant moins encore que la garde nationale.

Il est impossible de s'y tromper, les ligues de la paix l'ont expliqué dans leurs écrits et leurs assemblées. Dès que les congrès socialistes ont pu se réunir, ils ont proclamé le mot d'ordre. Plus d'armées ! des milices !

Tel fût le desideratum formulé la première fois au congrès socialiste international de Hall, en octobre 1890.

Le congrès socialiste international de Bruxelles, en août 1891, a parlé dans le même sens. Les rapporteurs de France et d'Allemagne ont fait connaître que la commission s'élève avec énergie contre le militarisme.

A partir de ce moment, les congrès annuels se sont toujours prononcés dans le même sens et ont répété la même parole : Plus d'armées !

Chose étrange, les anarchistes le demandent et le crient; les modérés poussent au même but en croyant le combattre.

XXXI.

PROPOSITIONS DE SUPPRESSION DE L'ARMÉE PERMANENTE.

J'ai retracé brièvement les étapes des propositions décadentes, le mouvement descendant à l'égard des idées du recrutement. Les barrages ont beau lui être opposés, il continue sa course; en peu d'années, il a même parcouru beaucoup de chemin.

La résistance ne doit pas cesser, au contraire; il la faut redoubler et, au risque de répéter les mêmes choses, il est utile, nécessaire de continuer à combattre par tous moyens pour le maintien de l'armée, honneur et intérêt de la patrie.

Tout un parti s'agite et rivalise dans la présentation de systèmes amenant la suppression des forces permanentes. D'autres aveugles, cherchant vainement à les remplacer, aboutissent au néant. Deux séries travaillent parallèlement, l'une sachant où elle va, l'autre l'ignorant. Au fond, dans l'esprit de la coterie socialiste, l'abolition de l'armée est un dogme. Pour la justifier, toutes les vieilles théories humanitaires, remises à neuf, sont propagées avec abondance.

Les idées anarchistes, aspirant à diriger la politique, ont engendré des concepts aussi nouveaux qu'étranges. On en est venu à lier les armées permanentes à l'existence des monarchies, comme à identifier leur suppression avec la République. Mêler une institution militaire à la forme gouvernementale ne manquait pas de hardiesse. On a cité la Suisse et les États-Unis, qui n'ont point d'armée permanente, sans remarquer combien leur situation exceptionnelle prouvait peu en faveur du raisonnement.

D'autre part, on prétend que les armées permanentes, par leur constitution hiérarchique puissante, s'adaptent mieux que les milices à un régime personnel, qu'elles en constituent un soutien fidèle et dévoué, enfin ne se prêtent pas aux révolutions, aux pronunciamientos.

L'histoire condamne cette doctrine. En 1848, la révolution est venue aux portes de Vienne et de Berlin, malgré des armées permanentes très disciplinées.

L'Espagne a toujours possédé une armée permanente et la monarchie y a été souvent en péril, quelquefois renversée.

En France, l'armée permanente n'a préservé de la chute ni la monarchie ni l'empire.

Elle ne fait courir aucun danger à la République qu'elle sert avec dévouement depuis vingt-six ans.

D'autres pays constitutionnels, comme l'Angleterre, la Belgique, l'Italie et autres, ayant une forme républicaine avec des institutions monarchiques, n'ont point à se plaindre de leurs armées permanentes, dont la suppression ne changerait pas grand'chose à leur manière de se gouverner.

La vérité est que l'armée permanente forme une institution de protection nationale. Étrangère par essence à la politique, elle n'a pas à s'en mêler et l'organisation qu'il plaît au pays de se donner lui est tout à fait indifférente. Elle obéit au gouvernement quel qu'il soit. Elle l'a prouvé nombre de fois; son honneur est de ne s'être jamais élevée contre la volonté de la nation.

Les socialistes allemands semblent penser le contraire. A leur avis, l'armée permanente actuelle est un empêchement au progrès de la cause libérale, qu'ils appellent. Ils craignent l'esprit d'obéissance et de fidélité des troupes comme un obstacle ou au moins un gros retard à la réalisation de leurs projets. Aussi demandent-ils logiquement l'abolition de l'institution.

C'est ce qu'a préconisé le congrès de Hall en 1890. Un des principaux orateurs a dit : « Obtenons la suppression des armées « permanentes et dans vingt ans il n'y aura plus de monarchie « en Europe ».

Voilà un but avoué; un autre existe dont on ne parle pas. La transformation de la forme des gouvernements est secondaire; certaines gens voudraient surtout la transformation sociale. A ce point de vue, tous les revendicateurs socialistes, anarchistes, communistes, collectivistes, considèrent les armées permanentes comme une entrave à l'épanouissement de leurs théories, comme un empêchemeut à la réalisation de leur rêve.

Abstraction faite de la forme gouvernementale, l'armée constitue la meilleure et à peu près la seule garantie des droits de tous. Elle protège tous les intérêts respectables. Elle sert de barrière contre les insurrections, la déprédation en masse, comme la gendarmerie est la barrière contre la déprédation individuelle. Tous les perturbateurs, les transformateurs violents détestent l'armée, comme les malfaiteurs haïssent la gendarmerie. Rien n'est plus naturel.

Le nombre des socialistes est en progrès. Si leurs sectes ne sont pas toujours d'accord entre elles, sur les institutions à édifier, elles s'entendent assez bien sur les institutions à détruire. Les chefs du mouvement répugnent aux moyens lents de discussion. Ils tâchent d'arriver vite, sans reculer devant les procédés les plus expéditifs.

Le monde nouveau est en travail et prétend transformer rapidement le monde ancien. Celui-ci résiste à l'absorption et se défend. L'armée permanente se tient en dehors de ce conflit; elle s'oppose seulement à l'emploi des mesures criminelles ou antilégales. On le sait et, afin d'avoir le champ libre, les avancés ou les décadents cherchent à la supprimer. « Débarrassons-nous « de ce qui nous gêne ». Tel est l'aphorisme établi.

Toutefois, ou n'appuie pas sur cette corde de la conservation sociale, à laquelle se rattache l'immense majorité de la nation. On s'évertue à enguirlander les masses par des considérations de philosophie humanitaire. La guerre n'est plus ce choc inévitable, bouleversant et mêlant les diverses nations, renversant pour édifier, causant du mal momentané et occasionnant plus tard un bien durable.

Non, on n'y voit qu'un abus de la force, chacun cherchant à dominer les autres de façon à en tirer profit. Ils en attribuent la faute au nationalisme et le condamnent également pour cette raison.

Au point de vue humanitaire, ils ne voient que des hommes et proclament le dogme tout aussi abstrait de fraternité et de paix.

Partant de là, ils soutiennent que les peuples étant des créations artificielles, les frontières de simples fictions à effacer, les armées permanentes deviennent des monstruosités, constituant le dernier vestige des époques de barbarie, des institutions féodales.

Tous les discours, toutes les déclarations du congrès de Hall, en octobre 1890, sont imprégnés de cet esprit. Né en France, il s'est répandu au dehors et se retrouve maintenant partout, plus ou moins développé.

La rapidité des communications, la fréquence des relations ont diminué l'importance des frontières. On agit presque comme s'il n'y en avait pas. Les idées ont pénétré toutes les races, et les intérêts ou les appétits communs ont fusionné les socialistes de tous les pays dans un immense syndicat qui actionne les adhérents dans les diverses nations. Ne reconnaissant ni la famille ni la propriété, ils n'admettent pas la nation, foyer commun des gens de mêmes mœurs et de semblable langage. A force de regarder l'univers, ils ne voient plus la patrie.

Quelle étrange thèse soutiennent ces gens d'esprit! Aucun d'eux ne nierait le devoir de défendre sa famille, sa propriété, son honneur, ses droits. Aucun d'eux ne manquerait de le faire à l'occasion, puis, par un contraste illogique, ils renient ce devoir quand il s'agit de la grande famille nationale où les raisons sont absolument les mêmes en grand qu'en petit.

L'aberration ne saurait guère aller au delà. Un grand philosophe, Jules Simon, mort récemment, en soutenant des idées antimilitaires, savait cependant rester patriote. Il a écrit, entre autres, ces lignes qu'on devrait reproduire partout.

« Quelles que soient les tristesses du dedans, il faut défendre,
« il faut sauver la patrie; c'est le premier des devoirs. Il n'y a

« pas d'intérêt plus cher. La patrie perdue, il ne reste rien. Tous
« les droits périssent avec elle. Internationalisme, cosmopolisme,
« mots barbares, doctrine de néant. Le cœur n'aime plus à force
« d'aimer trop haut et trop loin. »

Magnifique langage contredit par l'auteur lui-même dans ses
efforts contre l'armée chargée de défendre la patrie et les droits
si exaltés d'autre part. Plus d'armée, plus de patrie, telle serait
la conséquence logique.

L'exemple de Jules Simon n'est pas isolé. La polémique présente beaucoup d'anomalies de ce genre. La même plume se
trouve entraînée tantôt à défendre une institution, tantôt à l'attaquer.

En soutenant la cause humanitaire, on rencontrait la guerre et
force était de la repousser. On a montré ses excès, ses horreurs,
ses ruines, ses malheurs. On a évoqué son spectre pour répandre
la crainte et l'effroi. C'est la partie dramatique.

Dans la discussion philosophique, on se plaît à propager de
vains axiomes.

Tout recours à la force est honteux et coupable.

L'appel à la force est une preuve d'impuissance.

La main frappe quand l'esprit est à court d'arguments.

Le triomphe de la raison est la véritable destinée de l'homme.
Plus il s'éloigne de la barbarie, plus il répugne aux luttes sangui-
naires.

Il faut se garder d'exalter la guerre, de parler de ses bienfaits;
on rougira peut-être un jour de l'avoir si longtemps faite.

On pourrait continuer longtemps encore; ces citations suffisent
à donner l'idée de l'esprit socialiste. La conclusion est naturellement la suppression de l'armée, cela va de soi. Cependant,
comme argument en faveur des milices, on admet la nécessité
de la guerre à en juger par la page curieuse reproduite ci-
dessous :

« L'anarchiste ne refuserait pas le service militaire si, au lieu
« de tourner vainement un fusil aux mains sur un champ de
« manœuvres durant trois années, il vouait sa jeunesse au bon-
« heur des hommes dans les plaines des Amériques, sur les pla-
« teaux africains, à travers la steppe et la brousse de tous pays,
« afin d'ouvrir le sein de la terre et d'y semer le grain.

« Les millions d'adolescents qui se désolent à suivre des cours

« de meurtre se réjouiraient en travaillant les sols vierges, de
« multiplier la vie. »

Or, les armées ont toujours été colonisatrices, tandis que les
anarchistes s'élèvent contre toute expansion coloniale. Quelle
logique!

L'inconséquence est dans les faits aussi bien que dans l'argumentation. Jamais peut-être on ne vit à un si haut degré la passion de l'uniforme, l'amour du plumet. A mesure qu'on répugne
au métier des armes, on devient plus glorieux du panache. Singulière contradiction, on veut avoir l'air militaire tout en médisant du militarisme; quoique d'ordinaire il ne soit pas de mode
de salir l'habit dont on prétend se parer. Si la forme, les avantages plaisent, on répugne au fond; on résiste aux devoirs, on
n'entend pas subir leurs exigences.

On réclame le droit de plus en plus étendu de revêtir l'uniforme en toute cérémonie publique ou privée, d'assister aux
revues, d'avoir part aux décorations; puis, quand il s'agit d'aller
à la caserne, on se rebiffe, on se fâche et, pour s'excuser, on en
dit du mal.

Autrefois, jusqu'au xviiie siècle inclus, les gouvernements seuls
s'intéressaient à la guerre. Les peuples y prenaient part uniquement comme instruments contraints et forcés. A présent les
choses ont changé. Les nations décident de leur sort; elles participent en entier à la guerre et ne l'envisagent plus du même
œil qu'à l'époque où elles fournissaient simplement quelques
contingents.

Des masses d'hommes poussées les unes vers les autres constituent un autre genre de guerre, prenant une intensité et une
généralisation inouïe, allant jusqu'à paralyser la vie industrielle,
commerciale, agricole, scientifique, littéraire, etc., l'absorbant
dans une seule chose, la lutte pour l'existence comme nation.

On s'en étonne. On doit pourtant s'y attendre, mais on est très
oublieux. On ne se souvient guère du passé et surtout de 1870-
1871.

Aujourd'hui, les conséquences seraient plus graves encore. Le
développement énorme de la production et des échanges commerciaux depuis 25 ans s'arrêtant brusquement par la guerre, préjudicierait fort aux masses ouvrières comme aux patrons. La pensée
d'une lutte survenant, cause dans tous les pays une appréhension

générale. Comment l'éviter? En étant fortement, très fortement armé.

Pourtant, plus on s'y prépare, plus l'inquiétude va croissant. Cette terreur est certainement une des causes du maintien de la paix, en France comme partout. Si les armements sont une solide garantie, il est désirable de les maintenir. Les supprimer conduirait à la guerre et à l'affolement du pays qui ne serait plus préparé.

Cette vérité élémentaire est notoirement méconnue. On prétend détruire la guerre. On fait appel à la science qui a posé mais non démontré les deux théorèmes suivants : « Deux forces combat- « tent contre la guerre, le socialisme et la science ». « Les pro- « grès dans l'art de détruire rendront eux-mêmes la guerre « impossible ».

Jusqu'ici la science a plus aidé à la guerre que contribué à l'empêcher. Les progrès réalisés transforment la lutte, la grandissent et ne la suppriment pas.

La contradiction est encore formelle entre les professeurs pacifiques et les faits de guerre continuels.

Les positifs réputent la guerre une nécessité appelée à durer longtemps encore, si ce n'est toujours. Les utopistes la déclarant une monstruosité, prétendent la détruire. Si les hommes pouvaient édicter l'abolition de la guerre, ce serait un signe de grand changement dans l'humanité. Les intérêts seraient alors remplacés par l'esprit de justice et de sacrifice, condition indispensable. Comme elle n'est pas remplie, on tourne dans un cercle vicieux, on caresse l'hypothèse, on se laisse aller à une espérance chimérique.

On se réfugie dans l'idéal en faisant force combinaisons pour empêcher la guerre d'éclater. Ceux-là suivent le rêve de l'abbé de Saint-Pierre et recommandent l'arbitrage. Après tant de discussions et de controverses depuis vingt-cinq ans, quelques petits conflits ont été arrêtés, mais la guerre s'est produite souvent. Elle existait naguère encore.

Les uns, émules de l'abbé de Saint-Pierre, sont simplement des chevaucheurs de chicanes, des rêveurs imprévoyants; les autres, les anarchistes, se présentent à nous comme méconnaissant toutes les exigences de notre époque. Ce sont des nihilistes.

Aux uns et aux autres on peut répondre par cette page si

vraie, si pratique, écrite il y a longtemps par le général de Guibert :

« Déclamer contre la guerre en vers et en prose, porter des
« anathèmes philosophiques contre elle, c'est battre l'air de
« vains sons. Mais ce qui peut et ce qui doit nécessairement en
« résulter *c'est d'éteindre peu à peu l'esprit militaire, de rendre*
« *le gouvernement moins occupé de cette importante branche de*
« *l'administration et de livrer un jour la nation amollie et*
« *désarmée, ou, ce qui revient à peu près au même, mal armée,*
« *et ne sachant pas se servir de ses armes, au joug de nations*
« *aguerries, qui auront moins de lumières peut-être, mais plus*
« *de jugement et de prudence.* » (*Politique et Sciences militaires,*
chap. IV).

Ce passage s'applique parfaitement à notre situation actuelle.
On n'oserait le nier. Néanmoins on continue quand même à propager, en sens contraire, les doctrines spécieuses et malfaisantes,
en insistant sur l'énormité des frais.

La dépense a été compendieusement étalée ; les millions ont
effrayé les yeux des petites bourses, auxquels on néglige de
montrer les services rendus et les bénéfices en résultant. Ces
frais sont analogues partout, les progrès divers, les moyens
perfectionnés, entraînent un accroissement de dépense presque
chaque année.

Nos voisins les Allemands sont las de payer et résistent autant
qu'ils le peuvent aux accroissements du budget de la guerre et
de la marine. Ils ne trouvent plus de sujets d'espérance devant
la force des choses qui les renverse. Ils n'oublient pas qu'un de
leurs ministres des finances a dit assez crûment au Parlement :
« Les meilleures années sont derrière nous ».

La France en a éprouvé bien d'autres sans se plaindre autant.
Elle a supporté d'énormes charges de reconstitution, puisqu'elle
avait tout perdu dans la défaite. Elle a pu y subvenir dans des
conditions qui excitent la jalousie de plusieurs. Elle est prête à
continuer ; elle le peut et il est fâcheux de lui affirmer le contraire. L'espérance l'a soutenue dans les revers et lui a montré
un avenir moins sombre. Elle peut dire, à l'inverse des Allemands : « Nos meilleures années sont maintenant devant nous ».

Les nuages se dissipent, le beau temps semble revenir enfin
pour notre pays. L'alliance russe en est le gage éclatant. C'est le

meilleur démenti offert à toutes les théories décadentes. On devrait se rallier aux beaux côtés de la situation, s'unir dans la joie, comme on a groupé les efforts dans la tristesse. Les intransigeants s'y refusent. Ils ne voient que danger et inquiétude, ils continuent leurs doléances,

Le côté financier, les dépenses, a fourni un argument considérable pour étayer la proposition de désarmement, ou le service réduit à un an pour tous. Les sociétés de la paix l'ont prôné et Jules Simon l'a défendu avec l'autorité de son grand talent.

Nous avons montré, dans une brochure récente, combien il se leurrait dans l'adoption de cette demi-mesure. Les économies se réduiraient à presque rien, et livreraient la France aux plus grands dangers.

On ajoute encore :

L'armée permanente est considérée, bien à tort, comme le seul instrument de guerre. Quand on possède l'instrument on a envie de s'en servir; si on ne l'avait pas, ce serait la paix. Piètre raisonnement sous tous les rapports. En supprimant l'armée on espère détruire les moyens de guerre ; c'est du moins ce qu'on affirme.

Si tout le monde agissait en même temps et de bonne foi, l'équilibre se maintiendrait. Ceux qui procéderont les premiers et complètement, auront une situation bien inférieure, vis-à-vis des retardataires n'ayant que peu ou point supprimé de leurs forces actives.

Il est facile de railler les prudents, travaillant sans cesse à préparer la guerre de manière à la retarder, sinon à l'éviter. Jules Simon aurait voulu redresser le vieil axiome latin et le remplacer par cet autre : « Si vous voulez la paix, préparez la « paix ». Il ne voyait pas les passions humaines discordantes. Elles ne se laissent pas séduire par la généreuse folie de la fraternité universelle. Elles ne s'arrêtent que devant la force. C'est la seule chose qu'on respecte en internationalisme, en invoquant toujours le droit, quand on ne peut le violer.

Arrière donc, les décadents et les anarchistes, unis dans le but autant qu'opposés dans les théories. Réprouvons les modérés, qui, dans d'excellentes intentions humanitaires, font le jeu des radicaux en poussant comme eux à de détestables mesures, amoindrissant la puissance militaire de notre pays.

Redoublons d'efforts et de préparatifs, surexcitons les cœurs, échauffons l'enthousiasme. Tâchons d'être de plus en plus prêts, pour l'heure qui peut sonner. Retardons la guerre; soit. Mais soyons préparés à la faire le plus brillamment possible si elle se présente. L'état si tendu dans lequel se trouvent les nations ne s'adoucira que par le sang. Si le moment vient de le répandre, qu'il nous profite cette fois. Gardons-nous de toucher à nos moyens, de nous affaiblir en quoi que ce soit.

Ce qui guide et soutient l'armée, c'est le sentiment élevé de patriotisme, indifférent à la politique, supérieur à tous les partis. Son rôle de protection est bien marqué à l'extérieur comme à l'intérieur. Elle considère comme adversaires l'étranger et l'anarchiste; elle met en pratique cette belle parole de Jules Simon :
« En guerre étrangère, il faut être pour la patrie; en guerre
« civile pour la liberté! Patrie! Liberté! Il n'y a que cela de
« grand après Dieu. »

XXXII.

L'INSTRUCTION PRÉPARATOIRE AVANT LE SERVICE MILITAIRE CONDUIT A LA SUPPRESSION DE L'ARMÉE.

Parmi les motifs allégués à l'égard de la suppression de l'armée permanente figure une confusion d'idées, si ce n'est une grossière erreur, assez importante à redresser. Elle repose sur l'inutilité de l'instruction professionnelle complète et sur la promptitude possible de l'enseignement des éléments indispensables.

Si cette assertion pouvait être démontrée exacte, il n'y aurait presque plus besoin de casernes, le soldat disparaîtrait, le milicien seul existerait et le service obligatoire effectif aurait vécu. Il ne resterait rien, sinon peu de chose. Le rêve des libertaires, des utopistes de toute sorte, serait accompli. La France privée de son armée ne s'appartiendrait plus.

On improvise sur ce thème dangereux une foule de variations. On s'y abandonne volontiers, surtout dans notre temps de réglementation du travail.

Partout on tâche de restreindre le nombre des heures occupées, en prétendant qu'on n'y perd pas. On s'occupe avec plus de zèle et d'attention pendant moins de temps, et le résultat n'est pas amoindri. On le certifie pour le labeur manuel comme pour le labeur intellectuel, malgré l'absence d'analogie ; on l'affirme également bien à tort pour l'instruction militaire.

Le travail prolongé est proscrit ; on en demande la limitation légale à huit heures par jour. On va jusqu'à dire que les manœuvres ne devraient pas excéder huit heures, aller et retour compris ; c'est la logique dans l'absurde. On en a ri. Dans quelques années, on n'en rira peut-être plus.

Nos instincts gaulois, plus belliqueux que militaires, portent vers les combats en répugnant à la préparation ; on pense être habile au métier des armes sans l'avoir appris. Le moral, assure-t-on, est l'essentiel ; le mécanisme, peu de chose.

On se trompe, les éléments de la guerre ne sont pas indépendants les uns des autres ; leur action est réciproque ; les facteurs matériels bien acquis, bien pratiqués, exercent une influence sur le développement des facteurs moraux. On le constate dans les effets de l'éducation physique sur l'éducation morale et intellectuelle.

On l'admet dans ce dernier cas, sans être du même avis en ce qui concerne l'armée. On assure que le métier militaire peut s'apprendre dans un temps fort court ; du moins tout ce qui est nécessaire, sinon à un soldat, du moins à un combattant.

Les publicistes, souvent peu versés dans les questions militaires, tranchent sans hésiter. Ils se souviennent des volontaires, des mobilisés, de tous les improvisés, et pensent que les connaissances rudimentaires de ceux-ci suffiront dans l'avenir. Ils déclarent assez d'apprendre à l'homme à manier son arme, à tirer, puis à exécuter quelques mouvements fort simples, résumés dans l'école de section.

C'est tout et ce n'est guère.

Partant de cette base absolument fausse, ils s'étonnent d'entendre réclamer des années pour former un soldat. La petite somme de connaissances à acquérir semble disproportionnée au temps employé. Cela dépend de ce qu'il s'agit d'enseigner : question d'intensité seulement.

L'obligation d'instruire tout le monde a forcé de recourir à des procédés expéditifs à l'égard d'une partie : la seconde portion du contingent, les dispensés. Ils reçoivent en quelques mois des notions du métier, ils apprennent à figurer dans le rang ; en réalité, ils ne sont pas instruits.

On a célébré le service complet, appris en cinquante heures, à raison de deux heures par journée. Dès le cinquième jour, les hommes marchaient et manœuvraient comme d'anciens soldats ; au bout de vingt-cinq jours, ils formaient une troupe d'élite. Ainsi, est-il écrit dans une brochure de l'inventeur. Je le rapporte en n'y croyant guère.

Si de pareilles choses étaient possibles, comment admettre que le corps d'officiers de l'armée, si intelligent et si dévoué, ne s'en soit pas encore aperçu et ne le pratique pas ?

L'apprentissage matériel paraît facile, à n'en considérer que le mécanisme, assez simple en réalité ; on ne voit pas les difficultés d'application. Charger une arme, tirer un coup de fusil n'est pas long à enseigner ; arriver à la pratique du tir est tout autre chose. Pour devenir bon tireur, il faut beaucoup et longtemps s'exercer, puis s'entretenir constamment.

La pratique du terrain et des formations de combat, si importante dans la guerre nouvelle, réclame de l'habitude et, par conséquent, du temps.

Il en est de même des connaissances accessoires. La formation hâtive des recrues ne fut et ne sera jamais qu'un expédient, un pis aller, acceptable dans des circonstances pressées, mais à rejeter comme mode normal.

On répond que cette instruction développée, cette pratique prolongée, cet assouplissement continu, ne sont nullement indispensables pour former le soldat, tel que le réclament les armées futures. On conteste l'utilité des connaissances et des habitudes professionnelles. On nie de même l'avantage de l'éducation militaire, de l'acquisition des qualités morales : l'énergie, la trempe, la patience, la résignation, la solidarité donnant la valeur au soldat ; la discipline, qui place la troupe dans la main du chef ; la confiance entre chefs et subordonnés, qui double la valeur : toutes choses ne s'obtenant qu'avec une longue patience.

On s'élève contre cette doctrine, fruit de l'expérience de tous les temps. Un conscrit préalablement dégrossi, puis appelé annuellement durant quelques jours, vaudra mieux, écrit-on, que l'homme retenu contre son gré au régiment pendant un an ou davantage et rappelé ensuite sous le drapeau à de longs intervalles.

Ces étranges idées se rencontrent en diverses publications civiles. On ne cite pas un militaire qui les ait soutenues.

Vers l'an 440 avant notre ère, à ce que l'on rapporte, la représentation de l'*Antigone*, de Sophocle, eut un tel succès que les Athéniens enthousiasmés élurent ce poète au nombre des dix stratèges commandant, avec Périclès, l'expédition contre Samos.

Les gens d'Athènes nommèrent Sophocle à cause de la supériorité de son intelligence, qui, dans leur pensée, devait suppléer au défaut de capacité professionnelle. Ils eurent tort incontestablement. L'exception confirme l'aphorisme, et l'on ne saurait imaginer tous nos jeunes hommes intelligents faisant d'excellents soldats sans avoir jamais rien appris du métier.

L'absurdité est évidente, mais elle convenait à la thèse soutenue. Cette base fausse acceptée comme vraie, l'argumentation en découle naturellement. Plus d'instruction, plus d'encasernement. Le service obligatoire en temps de paix n'a plus de raison d'être. La mobilisation appellera tout le monde en cas de guerre, et la préparation avec ses exigences demeure supprimée. Ainsi disparaîtrait le service obligatoire, non en droit, mais en fait.

La durée restreinte du service et, à plus forte raison, sa suppression, aboutit nécessairement à des miliciens, non à des soldats. Cette théorie, poussée à l'extrême comme on le fait à présent, mène à cette conclusion : Les nations armées tendent fatalement à devenir des milices, lorsque la longueur du service au drapeau se restreint.

La milice, faible assurément, est encore une force ou une apparence de force militaire. On l'admet en ce qui concerne la défense du foyer. Elle représente la défensive quand même, seule obligation acceptée par les socialistes. Elle se concilie mal avec une intention de porter la guerre sur le sol de l'assaillant. Elle est en opposition avec toute pensée offensive, la meilleure et la plus prompte manière de conduire les opérations de guerre. Son caractère typique est la résistance : c'est ce qui la met en faveur auprès de grand nombre de gens.

Le milicianisme est le contraire du militarisme, comme organisation et comme application. Il est en opposition avec nos intérêts et les exigences de notre époque. Au milieu des nations en armes, la France se débarrassant des siennes jouerait un étrange rôle.

Les anciens peuples, convaincus de la nécessité de la guerre, s'y préparaient sans cesse, cherchant à s'y rendre aptes par tous les exercices de force. Les Gaulois présentaient une exception. Chez eux la soudaineté, l'impétuosité, l'intrépidité, étaient presque exclusivement prisées. On préférait l'action au travail; on y trouvait plus d'entraînement que de prévoyance.

Leur foule immense et ignorante fut facilement battue par les Romains, moins nombreux, mais habitués aux armes et à la discipline. César a fort maltraité nos ancêtres dans les combats et plus encore dans ses écrits, où il les montre passionnés pour la guerre, sans avoir jamais su la faire.

Nous ne valons peut-être pas beaucoup mieux à présent, après avoir été meilleurs. La preuve s'en trouve dans le dédain de préparation qui nous est propre. Que disent en effet les décadents? « Si la guerre éclate, qu'on nous appelle. Nous irons au combat faire notre devoir, verser notre sang et donner même la vie. En attendant, qu'on nous laisse tranquilles ».

Les idées ont beaucoup marché dans ce sens. La milice proclamée est encore quelque chose; elle astreint à certaines exigences et à une légère préparation au métier des armes, pour ceux qui reconnaissent l'obligation de la défense du pays. D'autres vont plus loin. Supprimons la guerre et la milice même cessera d'exister. On s'étonne d'être obligé de discuter encore cette question. Puisqu'on ne cesse de la poser, il ne faut pas cesser d'y répondre.

Tout récemment, les pacifiques, socialistes et anarchistes ont redoublé leurs prédications sur l'abolition de la guerre abstraite, la seule qui leur soit familière. En face de la vieille politique nationale, impliquant la défense des frontières comme la sauvegarde d'une race ou d'un pays, ils élèvent la théorie nouvelle de la fraternité universelle. Ils nient les races, les nations, les traditions, et boivent à la communion de toute l'humanité.

Cette conception fantaisiste supprime, d'un trait de plume, le sentiment de l'individualisme des peuples et l'idée de la patrie. En théorie c'est facile. Toute autre est la pratique. L'évolution vers la fraternité des peuples sera sans doute très longue, bien qu'on l'annonce prochaine.

Aussi, on s'élève vivement contre la prétention modeste de ceux qui admettent provisoirement le meurtre international en cherchant à le raréfier, à obtenir qu'on se tue un peu moins de jour en jour. Les pressés veulent en finir promptement et proposent l'unification des législations, avec l'établissement d'une langue universelle, d'où résulterait la suppression de la guerre.

Le moyen n'est pas nouveau, il demanderait de longues années et assurément il ne vaut rien.

D'ou vient l'espèce de faveur que rencontrent ces harangues. Ces bavardages de congrès, divisés sur toutes les questions pratiques, n'ont aucune importance appréciable; ce sont des mots, on pourrait dire comme Proudhon, des blagues, et pourtant ils séduisent.

De là le vague, l'inquiétude de notre nation encore vacillante, après la grande épreuve. Depuis longtemps résignée, elle s'est astreinte à toutes les prudences pour éviter la guerre. Elle s'est résignée. Elle vit sans satisfaction, souffrant de sa blessure, s'efforçant de calmer ses tendances, ses aspirations vers les grands élans. Elle a comme la conscience de son impuissance à défendre les belles et nobles causes et de servir encore l'humanité entière.

Il suffit, pour le moment, de cette esquisse d'une situation depuis longtemps fausse et douloureuse. Des événements favorables semblent destinés à la modifier en bien. A en juger par certains écrits, la conclusion serait de diminuer, de supprimer nos moyens militaires. Le but n'est pourtant pas atteint, partant le système contraire s'impose. Il faut soigner notre organisation, accroître s'il se peut nos effectifs, et nous maintenir par le travail incessant au plus haut point de vigueur. Grâce à cela, nous sommes redevenus quelque chose. Si nous perdions notre puissance militaire, ce serait l'anéantissement.

XXXIII.

LA VALEUR DES RÉSERVES VIENT DE L'ARMÉE ACTIVE.

L'armée active n'est qu'une partie de la puissance militaire, la

meilleure, le modèle, l'éducatrice et la directrice des autres portions, qui forment la réserve.

Si l'armée disparaissait, l'amoindrissement des réserves s'ensuivrait aussitôt. Si l'on donnait satisfaction aux critiques, aux
protestations antimilitaires en supprimant l'armée, on aboutirait
du même coup à annuler les réserves. Il n'y aurait plus que des
milices, ce qui est loin d'être la même chose.

Question des plus graves dans sa simplicité. Les uns s'illusion-
nent sur les conséquences certaines; les autres cherchent à l'em-
brouiller afin d'empêcher la vérité d'apparaître et de dérouter
l'opinion. Celle-ci ne s'entend pas très bien aux organisations
militaires; elle confond ordinairement les réserves et les milices.
Elle vit sur des légendes, sur des affirmations plus ou moins
patriotiques, sans se demander ce qu'elles présentent de réel.

L'armée de seconde ligne, la plus nombreuse, devrait, dit-on,
être mise sur le même pied que l'armée de première ligne.
Puisque l'on mélange les éléments de l'une et de l'autre dans les
formations de mobilisation, l'unification paraîtrait naturelle.

Raisonnement tout à fait spécieux.

On se fait une idée très fausse de la valeur des réserves. On
raisonne sur ce qu'elles ont été, sur ce qu'elles sont encore en
partie et non sur ce qu'elles sont en train de devenir, dans un
délai assez rapproché, si l'on écoute les anarchistes.

On lit ou l'on entend répéter souvent des aphorismes du genre
de ceux-ci :

Les réservistes valent mieux que l'active, les territoriaux sont
préférables encore; les hommes étant plus âgés, plus résistants,
supportent mieux la fatigue, sont plus calmes, plus disciplinés.

Les jeunes soldats, les mobilisés, les volontaires, sont supérieurs aux anciens soldats. Ils ne connaissent pas le danger, possèdent plus d'élan, subissent plus facilement l'enthousiasme.

En d'autres termes cela revient à dire : La capacité professionnelle est inutile; les milices, les gardes nationales, les forces
improvisées sont aussi bonnes, sinon meilleures, que les troupes
permanentes entraînées et instruites.

Ces assertions trouvent facilement écho. Elles flattent l'instinct
du public, réputant quiconque apte à faire un combattant émérite. Elles endorment l'attention, elles stupéfient l'énergie et
constituent un véritable danger.

Une manifestation de cette pensée s'est produite à la dernière revue de Longchamps. Les troupes ont été acclamées, assurément; les bataillons territoriaux ont été salués au passage de bravos plus accentués peut-être. Leur vue semblait agir d'une façon plus intime sur les cœurs des assistants. On cherchait à en faire les héros de la fête. Aux regards de beaucoup ils semblaient incarner de nouveau ces soldats-citoyens, cette garde nationale, la grande calamité de ce siècle dans notre pays.

Défions-nous de ce triste rapprochement, ne retombons pas dans ces engouements si décevants.

Les généraux inspectant généralement les troupes qu'ils commandent, sont enclins à louer le zèle dont ils sont les témoins. Les félicitations, les éloges ne manquent pas. Les ordres d'inspection en sont remplis, on les considère comme des stimulants, meilleurs que des critiques ou des blâmes. Si on les rassemble, si on les résume, tout est bien, tout est admirable. On le dit et cependant on ne le pense pas. La lecture de ces documents porte à penser que les hommes sont déjà faits au bout de trois mois de service, qu'ils ressemblent à de vieux troupiers avant un an.

Ces exagérations provenant d'un bon sentiment, d'une excessive bienveillance officielle, ont le grave tort de laisser croire qu'il serait facile de diminuer beaucoup la durée du service.

De son côté, l'armée active elle-même, par une pensée patriotique : le désir d'encourager ses réserves, de les pousser à bien faire, a contribué par ses louanges un peu exagérées à répandre ces appréciations.

Au point de vue de la solidité du corps, de la résistance à la fatigue et aux maladies, le réserviste vaut mieux que le jeune soldat de l'armée active; autrement dit, l'homme fait est préférable à l'adulte, incomplètement formé physiquement.

Sous tous les autres rapports : instruction et discipline notamment, ce n'est plus exact.

Les réserves procèdent de l'armée, elles en ont fait partie, elles y reviennent. Leur valeur se mesure à leur degré de ressemblance plus ou moins grand avec les forces permanentes. Plus leur organisation approchera de la sienne, plus elles conserveront les qualités distinguant les troupes; plus elles seront teintées de militarisme, mieux elles seront réincorporables et plus elles constitueront une véritable force militaire.

Les réservistes sont bons parce qu'ils ont longtemps servi, les territoriaux également. L'ancien soldat revenant au régiment se retrouve, se reprend, se reforme très vite. Ceux qui n'ont pas été soldats, ou qui ont accompli une période de quelques mois, sont très inférieurs. Les dispensés, les hommes dont l'instruction fut à peine ébauchée, comptent comme nombre, non comme valeur.

C'est la vérification de l'observation si ancienne de Végèce : « Le soldat non instruit n'est jamais qu'un conscrit, quelle que « soit son ancienneté. »

Ainsi s'établit le problème si difficile à notre époque, d'avoir une quantité de combattants et en même temps de très bonne qualité. La première condition s'obtient, la seconde se réalise imparfaitement.

Une certaine durée du service produit une sorte de compensation profitable des deux conditions. La réduction de plus en plus marquée du service y apportera un trouble grave. L'armée active sera moins bonne et la valeur des réserves baissera encore davantage.

A partir de 1871, la réserve comprenait presque exclusivement des soldats congédiés. Elle constituait une sorte de prolongement de l'armée active et formait la partie la plus considérable des troupes en cas de guerre.

Les hommes ayant été bien dressés, puis remis en main par quelques appels, présentaient un élément assez solide. Mêlés à l'armée active, ils pouvaient en doubler ou tripler l'effectif sans en affaiblir sensiblement la valeur. C'étaient d'anciens soldats rappelés. Ils offraient les caractères d'une véritable réserve.

Depuis quelques années la proportion des réservistes s'est beaucoup accrue. On y a introduit une foule d'hommes ayant peu ou point servi, et l'ensemble de cette catégorie a diminué de valeur.

L'armée territoriale présentait à un moindre degré les mêmes avantages ou inconvénients que les réservistes. Comprenant beaucoup d'hommes ayant servi, elle avait une certaine capacité. Son personnel éloigné depuis plus longtemps de l'armée active que les réservistes, offrait moins de technicité professionnelle que ceux-ci. On y a depuis introduit quantité de gens sans aucune instruction militaire, et son niveau s'est abaissé.

Considérée d'abord comme la garde du territoire, elle pouvait suffire à ce rôle. A présent la nécessité d'accroître sans cesse le chiffre des unités mobilisables, conduit à puiser dans l'armée territoriale et à introduire dans les forces actives des éléments moins bons encore que les réservistes. La réduction du service actif aura les mêmes effets désastreux, sur les territoriaux que sur les réservistes.

Les réservistes et les territoriaux étaient par essence d'anciens soldats. Connaissant le métier, exercés périodiquement, ils pouvaient reprendre utilement leur place dans le rang. A présent ils se trouvent mêlés à une foule d'hommes à peu près dépourvus d'instruction technique. La quantité des peu instruits augmentera rapidement et dans la proportion même de la diminution de la durée du service. Quand elle sera réduite à peu de chose ou même à rien, les réservistes et les territoriaux perdront toute valeur professionnelle. Une réserve deviendra inutile alors qu'il n'y aura plus d'armée active, et tous les combattants formeront une masse unique sous le nom de milice. C'est le rêve des congrès socialistes.

La milice n'a aucun rapport avec la réserve. Elle en est l'opposé. L'homme de réserve a été plus ou moins soldat. Le milicien est au contraire un individu n'ayant jamais servi. En cas de guerre, le réserviste est rappelé pour faire le métier qu'il a déjà appris; tandis que le milicien est appelé pour accomplir une besogne qu'il connaît peu, sinon pas du tout.

Les deux situations sont tout à fait dissemblables et il n'est pas superflu d'insister sur cette différence si capitale dans leur constitution et dans leurs effets.

A l'origine des sociétés tout homme libre, tout citoyen était un guerrier, un combattant. Prenant accidentellement les armes, il rentrait chez lui après la campagne. Les Latins le nommaient *miles*, de *militare* combattre.

Ce terme a engendré les expressions : militaire et militarisme; elles ne désignent nullement le soldat, l'homme de profession, mais simplement les choses de la guerre.

De la même racine provient également milicien, représentant le combattant accidentel, le citoyen appelé pour soutenir les droits de son pays ou concourir à sa défense.

Guerrier, désigne l'homme porté à la guerre, plutôt que propre à la guerre.

Soldat, est l'individu admis à la solde, après avoir déjà servi, ayant appris le métier de la guerre et sachant l'accomplir.

Ces différences d'expressions, dont on méconnaît aujourd'hui la signification exacte, se traduisaient autrefois par des faits. Les instruits, les non instruits, toutes les réserves judicieusement organisées ont eu pour base ce principe indispensable.

Tous les grands écrivains militaires en ont recommandé l'application. Jomini insiste particulièrement dans ses *Institutions militaires*, sur un système de réserve bien organisé. Le général Monand, dans son livre si pratique (*De l'Armée selon la Charte*), a établi nettement les bases, dont nous nous éloignons tous les jours. Il fallait, suivant lui, ne rien négliger pour conserver dans la réserve l'esprit militaire. Ce sont des soldats, et tout en se livrant aux occupations de la vie civile ils doivent se tenir prêts à entrer en campagne.

Il faut surveiller les réservistes pour qu'ils ne perdent ni leur instruction ni l'habitude de la subordination. Il importe que les hommes ne croient pas tout fini dès qu'ils ont quitté le corps, qu'ils aient encore des devoirs à remplir, mais faciles et sans nuire à leurs travaux.

Il demandait enfin que, tous les dimanches, les soldats du même village, de la même ville, fussent réunis en uniforme par leurs chefs, de manière à tenir en haleine la réserve instruite (page 16).

Avant ces maîtres, le général de Guibert avait parlé comme eux et recommandé de veiller à la bonté des réserves, qu'il considérait comme une partie importante de l'armée.

On pourrait apporter bien d'autres témoignages; ceux-ci suffisent pour établir la tradition, la continuité des doctrines fondamentales. Bien coupables sont ceux qui cherchent à l'interrompre pour nous lancer dans l'inconnu, dans le désordre certain.

Les protestations continuent à s'élever, tantôt légères, tantôt haineuses, tantôt destructives : alors qu'on pousse de plus en plus à l'instruction sous toutes ses formes, on repousse l'instruction militaire si indispensable; on tâche de la faire prendre en grippe surtout par les réservistes.

On écrivait ces jours passés, en 1897 : « Les 28 jours, les « 13 jours, apparaissent de plus en plus à la population « comme un cauchemar ahurissant et baroque. Tracasseries

« étranges, désordre dans les convocations et dans les appels,
« bizarreries, excès d'indulgence ou abus de sévérité : tel en est
« le bilan ».

Voilà comment un grand journal apprécie et résume les efforts
de l'armée, le dévouement de son corps d'officiers. C'est inexact
assurément, mais le mal causé est plus grand qu' ne le soup-
çonne l'auteur de ces lignes décadentes.

Les institutions militaires tiennent une grande place dans la
vie des nations. On ne saurait trop les faire aimer par les populations. Les tourner en ridicule, les attaquer, les mépriser, c'est
faire le jeu des anarchistes et de l'ennemi, c'est préparer l'invasion venant de l'intérieur ou de l'extérieur. On n'en a sans doute
pas conscience, mais le mal n'en est pas moins commis.

Les institutions militaires sont un composé facile à comprendre,
long à ordonner. Elles transforment en troupe la multitude, permettant, grâce à la discipline, de diriger les efforts de tous vers
le point utile, de les faire mouvoir selon les intentions du chef.

Toute réunion d'hommes a besoin de discipline, lien qui en
soude les divers éléments : exploitation agricole, usine, chemins
de fer, fabrique, partout le principe vital est la subordination au
chef. Le désordre commence dès qu'elle se relâche ou cesse. Il est
étrange qu'en l'adoptant pour tous les groupements civils, on la
repousse dans l'organisation militaire.

L'armée ne saurait être une sorte d'émanation de la garde
nationale, plus active et plus mobile que le reste; quelque chose
comme le premier ban des forces du pays, conduit par des
hommes peu au courant des choses de la guerre. Non, c'est une
catégorie spéciale, dont l'influence est énorme. De son sein sor-
tiront les hommes éminents, les autorités militaires qui auront
un jour à porter le fardeau de la défense nationale.

L'histoire montre très rarement de bons chefs à la tête des
mauvaises armées. Au contraire, chez les bonnes troupes, les
généraux capables ne font pas défaut. Il y a une relation naturelle et obligée entre l'état moral d'une force militaire et les chefs
qui la dirigent. Ils sortent d'elle, ils en sont l'expression et le
reflet. On peut juger d'une troupe par la valeur ou l'incapacité de
ceux qui la conduisent.

Si les bons généraux, les grands capitaines ont une influence incontestable sur les forces militaires, il faut reconnaître aussi qu'ils ne surgissent que chez les armées où règne une activité féconde, où coule une sève abondante faisant éclore les hautes capacités.

Lorsque au contraire, l'esprit militaire décline, la vitalité se ralentit, l'atonie s'empare de la masse, et les chefs qu'elle enfante sont atteints de la même anémie morale dont souffre l'ensemble. Une réaction réciproque de bas en haut et de haut en bas, développe la paralysie générale. Les sentiments passifs se substituent aux actifs. L'insouciance, l'indifférence, le modérantisme, le quiétisme, ramollissent la fibre vigoureuse. On n'est pas mauvais encore ; on n'est cependant plus bon. Les passions énergiques, les ardeurs mâles, les sentiments caractérisés s'émoussent et s'effacent. Le refroidissement s'opère graduellement et la fécondité disparaît sous ces souffles glacés.

Quand une armée est atteinte de cette contagion, non seulement elle n'engendre plus de chefs éminents, mais elle voit décliner comme elle les hommes de valeur qu'elle avait produits, et la décadence s'accélère d'autant.

On devrait bien se souvenir des tristes jours qui nous ont assaillis naguère et qui semblent déjà si loin.

Quand advinrent les malheurs de 1870, l'armée, non coupable d'avoir été mal engagée et en petit nombre, se vit l'objet des accusations les plus frivoles de la part de tous les vaniteux qui certifiaient avoir sauvé la patrie. Le dénigrement s'éleva d'autant plus qu'en frappant l'armée, qui ne le méritait pas, on se décernait à soi-même des éloges encore moins mérités.

A ce moment, les têtes étaient un peu troublées par des situations anormales ; tout le monde prétendait être, ou avoir été militaire ; on déniait presque cette qualité à ceux dont c'était la profession.

C'est l'irréflexion humaine de tous les temps. Elle pardonne tout au succès, amnistie les fautes heureuses, acclame la réussite ; elle accable ceux qui succombent, sans se soucier de leurs efforts. Ils sont tombés, tant pis pour eux ; elle célèbre ceux qui sont restés debout, n'importe comment. . . . .

. . . .

L'extension des armées, les moyens perfectionnés, l'intelligence plus développée des masses, rendront la guerre de plus en plus difficile à conduire : il y faudra des chefs capables et surtout des âmes supérieures en état de soutenir la lutte. Il importe que la nation soit imbue de la vertu militaire, afin de seconder leurs efforts, de les suivre dans leurs succès, et de ne point les accabler dans la défaite imméritée.

Cette vertu militaire s'acquiert par un travail long et patient. Elle a besoin d'être cultivée et sans cesse entretenue. C'est elle qui, par une pratique continue de l'abnégation, prépare l'initiation au sacrifice s'il devient nécessaire, et enseigne la modestie dans le succès.

La puissance de l'armée réside, dans son esprit militaire. C'est la force morale indispensable à la force matérielle. C'est elle qui met la seconde en mouvement. De l'esprit militaire dépend la solidité de l'armée en campagne. On ne saurait assez l'exalter. Il existe encore, mais tend à se relâcher sous l'impression des publications décadentes. Il faut le réveiller, le cultiver, et l'on y arrive par l'éducation militaire.

L'éducation patriotique s'y joindra nécessairement, de façon à fortifier l'unité nationale. Nulle société ne peut subsister, si chacun n'est prêt à payer la sécurité et les bienfaits de tous, par l'accomplissement complet de son devoir militaire. Il importe d'inculquer de bonne heure aux enfants cette idée fondamentale, commune à tous tout en restant modéré, on ne doit pas supporter d'affront national. Son intensité se multiplie par le nombre de ceux qui portent le nom de Français, tous doivent le ressentir vivement, et courir à sa réparation.

Ces sentiments se rencontrent en majorité chez nos nationaux. L'évolution du sentiment patriotique s'est manifestée vers l'idée de patrie depuis le commencement du siècle. Elle n'a pas fléchi avec son déclin. Certains actes, certaines manifestations montrent qu'il est en progrès.

Les décadents ont beau écrire et parler, ils n'ont pas obtenu de diminution. Cela ne veut pas dire qu'il faille laisser le champ libre à leurs prédications. On y parviendra surtout par l'éducation patriotique donnée partout à la jeunesse. Là, est la véritable préparation à l'éducation militaire qui viendra la compléter, la fortifier.

Elle apprendra notamment aux jeunes hommes toute la puissance du patriotisme, et en même temps, combien l'anémierait

un manque d'organisation militaire, combien est fatal le défaut
d'éléments aptes et préparés au moment d'aborder la lutte,
combien, enfin, est chimérique l'idée d'une milice remplaçant
l'armée.

Beaucoup acceptent le service militaire en guerre et le repoussent en paix. La bonne volonté n'est pas douteuse, mais la capacité.

La garde nationale, les volontaires, les mobiles, les corps
francs de toute espèce, sont des exemples irréfutables. Ils
montrent que l'entrain, le dévouement ne suffisent pas à compenser l'incapacité professionnelle.

L'opinion, en France, reste toujours favorable à ceux qui
affrontent le danger, et font preuve de dévouement envers leurs
semblables ou envers la Patrie. Ceux qui, à divers titres, se font
dispenser du service militaire devraient perdre une partie de
leur considération, dans notre nation, où les sentiments d'honneur
et de bravoure sont restés si vivaces.

On envisage la chose ainsi, s'il s'agit de guerre, de marcher à l'ennemi. S'il n'est question que de préparation, et d'aller
à l'instruction, on devient déplorablement indifférent.

Ce sont là des contrastes, des incohérences, des illogismes,
propres à notre tempérament. Il serait bon de combattre ces
erreurs, ces illusions dès le jeune âge.

XXXIV.

LA FORCE ARMÉE QUI VOTE DÉTRUIRA L'ARMÉE QUI NE VOTE PAS.

La tendance est certainement vers la réduction du service. On
la désire, on en parle, on la discute, on la demande ; bientôt on
l'exigera peut-être. La question s'agrandit en approchant du but.
Les raisons ne manquent pas à l'appui ; j'en ai signalé quelques-
unes chemin faisant ; d'autres vont corroborer les précédentes.

En fait, beaucoup acceptent le service obligatoire en guerre et
le repoussent en paix. On consent bien à être combattant, on
ne veut pas être soldat. D'une part on allègue la garde nationale,
les mobiles, les volontaires, les francs-tireurs, etc. On sait cependant que leur bonne volonté, leur dévouement ne compensaient
pas leur incapacité professionnelle.

Ce souvenir semble s'effacer. L'armée reste forte, brillante, dévouée ; on la proclame inutile ou dangereuse, on sollicite sa suppression. A notre époque, où le garantisme est si fort répandu dans toutes les sociétés commerciales, industrielles, agricoles, on prétend détruire l'assurance nationale constituée par l'armée, et y suppléer par une apparence de forces, sous le nom de milices.

Cette appétence du repos, ou cet éloignement du service militaire, conduit à rechercher ce qui se fait ailleurs pour l'implanter chez nous, si possible. Après avoir copié la Prusse avec engouement, et constitué une vigoureuse armée, on regarde avec une envie injustifiée d'autres pays où l'armée n'existe pas : la Suisse et les États-Unis ; ou encore l'Angleterre où l'armée est entièrement composée d'engagés presque volontaires.

Le système suisse paraît surtout plaire aux décadents, parce qu'il comporte moins d'obligations apparentes. On le prône à présent, on cherche à faire naître une sorte d'engouement. On évite de descendre au détail.

Les qualités civiles du peuple suisse lui attirent des éloges mérités. Sa valeur individuelle, son patriotisme, son grand amour pour les armes, sa passion du tir et surtout sa docilité de caractère, toujours respectueux de la loi, font de chaque citoyen une sorte de militaire habitué aux armes et discipliné. Où retrouverait-on ailleurs de semblables conditions, permettant d'asseoir une milice sur des bases rationnelles acceptées et obéies de tous ?

Néanmoins, l'individualisme, trait distinctif du citoyen suisse, tout en présentant de grands avantages, ne suffit pas à donner à la réunion des combattants de cette contrée la solidarité, la cohésion indispensables dans les armées actives, surtout en envisageant les crises futures possibles.

L'infanterie est assez bonne : troupe de ligne suffisamment résistante, elle n'est pas préparée à la guerre, offensive surtout. Elle ignore ce qui concerne le service en campagne. Quant aux autres armes, on est forcé de convenir que leur faiblesse est encore plus manifeste. Elles connaissent peu leur service de guerre ; l'aptitude fait défaut par manque de pratique.

Est-ce cela que l'on prétend nous imposer ? On répond non, et c'est pourtant là qu'on aboutit fatalement.

Le système suisse s'applique également en paix à cause de la puissance de la légalité en ce pays. Les hommes viennent apprendre, pendant quelque temps, les rudiments du métier ; ils répondent exactement aux convocations successives et obéissent assez bien à leurs chefs du moment. Ils conservent chez eux leurs effets d'habillement, d'équipement, même les munitions, en prennent soin, et se présentent en grande tenue aux inspections annuelles dans de bonnes conditions.

Imiter ces dispositions en France semble impraticable, sans soulever une foule de complications, de révoltes, d'embarras, de difficultés inextricables. Les inspections passées par des militaires professionnels paraîtraient vexatoires. Les plaintes surgiraient de tous côtés. On protesterait contre les punitions infligées. On veut bien la milice, mais sans les conditions qui la rendraient un peu moins funeste.

On a cru en France, pouvoir fondre l'armée et la nation, en former un tout homogène et vigoureux : elles sont restées juxtaposées seulement. On ne s'est pas aperçu que leur union vicierait leurs caractères particuliers ; que leurs qualités réciproques s'annuleraient au lieu de se fortifier et que leur dissemblance amènerait fatalement la destruction de l'une ou de l'autre. La nation ne pouvant périr, l'armée permanente devrait donc disparaître.

Le service d'un an, c'est encore l'armée ; les anarchistes n'en veulent plus. La défiance jalouse à l'égard de l'armée continue de subsister. On l'entretient avec persistance. Elle est honnête et modeste, et, comme le remarque Cicéron, c'est ce qu'on supporte difficilement.

« Pas de supériorité parmi nous, disaient absurdement les « Ephésiens ; s'il se trouve un homme éminent, qu'il s'en aille « chez un autre peuple, répétaient-ils, en bannissant un des « leurs de haute distinction. »

L'envie est un grand fléau dans notre pays si avide d'égalité. L'armée l'a subie et l'éprouvera encore. Redoutant la force permanente qui ne vote pas et qui obéit, on cherche sans cesse des mesures de précaution superflues. En même temps on flatte l'armée de réserve qui vote et par conséquent commande à ses mandataires : les députés.

Là est le péril ; on va le voir.

Les sociétés de la paix, les congrès anarchistes, les décadents, ont donné le mot d'ordre, propagé la formule : Plus d'armées !

des milices ! Ces quatre mots résument tout un programme net et absolu. Suppression des institutions militaires actuelles, conception de l'organisation militaire future. Le passé et l'avenir se trouvent réglés ; le présent reste indéterminé et en grand danger naturellement.

Ce n'est qu'un vœu, dit-on ; toutefois, renfermé dans ce texte lapidaire, il ressemble plutôt à un décret à échéance plus ou moins éloignée. On s'efforce de le faire agréer par la masse des réservistes, électeurs comme chacun sait, et d'influencer par eux les députés du Parlement.

C'est l'arbitraire tout-puissant du nombre. On peut l'éclairer quelquefois, on ne saurait lui résister. Le socialisme tâche de disposer de cette force et cherche à grandir son rôle, d'autant mieux que rien ne lui fait réellement obstacle.

Les idées sont tournées dans ce sens en toutes les contrées où l'on discute, où l'on raisonne, c'est-à-dire à peu près partout à présent.

L'assimilation de la question sociale à une actualité, à un tremplin électoral, est inexacte ; on se trompe encore davantage en y joignant la question militaire. Elle a une portée plus haute et plus vaste.

Quand la situation politique du monde et l'exemple de diverses nations accroissant leurs forces permanentes, mettent en évidence l'obligation d'en posséder, les socialistes s'élèvent contre les armées professionnelles et en réclament la disparition. Ils sont soutenus dans cette campagne par beaucoup de gens les aidant de la parole ou de la plume, et par la foule acceptant leurs doctrines sans les discuter.

La question posée très nettement est soutenue avec vigueur ; il faudra bien qu'une solution intervienne tôt ou tard.

Entre les deux parties des forces combattantes, l'inégalité est flagrante dans le nombre, supérieure encore dans les idées et immense dans la puissance ; l'une ayant le pouvoir électoral et l'autre non. La fusion réclamée entre les deux n'est possible que si l'une absorbe l'autre. Or, c'est l'armée active, l'armée permanente qu'on cherche à éliminer en la fondant dans une milice.

Si l'on ne s'y oppose, l'armée qui vote détruira fatalement l'armée qui ne vote pas. Il n'y a pas d'illusion possible. On ne s'en cache pas ; on le dit, on l'écrit, on le proclame partout et en tout pays.

Une foule de causes mentionnées dans le courant du présent ouvrage concourent à la réduction de la durée du service effectif. Leur condensation, leur résultante, aboutit à la suppression de l'armée permanente et à l'organisation de la milice pure.

Quatre millions et demi d'électeurs sont plus ou moins atteints par la loi militaire. Le jour où ils voudront une modification, un adoucissement, la suppression même du service obligatoire, qui pourra s'y opposer ? Ce tremplin électoral sera trop bon pour ne pas être saisi avec empressement, et, quand les électeurs le désireront, les députés le voteront sans aucun doute.

On crie sur tous les tons : « Le pays est maître et non pas « serviteur ; il n'a pas à obéir, il ordonne ».

Qu'est-ce que le pays ? Ce sont les électeurs, dont la moitié au moins appartiennent à la réserve ou à la territoriale.

Au premier congrès socialiste de Hall, en octobre 1890, la question de guerre a été soulevée. On s'y est élevé avec beaucoup de violence contre les armements sans cesse étendus, en les qualifiant de danger incessant pour le maintien de la paix.

Un député allemand proposa le remplacement des armées permanentes par des milices. A son avis, ce moyen assurerait la défense de chaque pays en lui enlevant le moyen d'attaquer les autres.

On se demande ce que masque cette argumentation si fausse. Pourquoi assurer la défense si personne ne peut attaquer ? Pourquoi entretenir des milices si la paix est irrévocablement fixée ? Au fond on sent bien que les peuples continueront à se battre avec des troupes ou des milices, tant qu'il y aura des causes de guerre, et c'est cela qu'on ne peut détruire.

La réduction du service conduit à rechercher s'il ne vaudrait pas autant n'avoir point d'armée que d'entretenir une fiction de forces militaires. Quelques-uns se demandent à quoi peut servir l'armée et pourquoi les citoyens doivent y consacrer un si long temps de leur jeunesse. Des milices, c'est-à-dire rien ou presque rien, ne pourraient-elles suffire ? De toutes manières, on revient au même point. On tourne en cercle, au lieu de marcher droit au but. Et l'étranger armé jusqu'aux dents ? Et ses forces qui nous menacent sans cesse, avec quoi les repousserons-nous ? Pas avec les milices bien sûr.

Préconiser celles-ci, c'est ouvrir la France, livrer la Patrie. Aussi cette idée se retrouve dans tous les congrès anarchistes.

Depuis la réunion du congrès de 1890, la question a pris une forme positive et s'est sans cesse accentuée tous les ans.

En 1893, un certain nombre de socialistes ont déposé sur le bureau de la Chambre française un projet de loi tendant à la suppression de l'armée permanente et à sa transformation progressive en milice sédentaire.

Peu après, un député socialiste a proposé de réintégrer l'armée dans la nation et de lui rendre l'exercice du droit de vote.

Les idées gagnant du terrain, on ne s'est plus contenté de formuler des souhaits, on a exprimé des volontés. Le 30 juillet 1896, le congrès international de Londres a voté l'abolition des armées permanentes et décrété une fois de plus l'arbitrage international.

La même chose a été décidée plusieurs fois dans les congrès successifs. Jusqu'ici les gouvernements n'en ont tenu aucun compte et ils ont eu raison.

Les socialistes le demandent au point de vue de la destruction des gouvernements monarchiques. Les internationalistes ne le réclament pas moins au nom de la fraternité des peuples. A l'intérieur, tous les exhubérants, les déclassés, les pêcheurs en eau trouble repoussent de même les troupes permanentes, appuyant l'autorité, faisant respecter les lois, barrant le chemin aux excès, au pillage, aux revendications violentes, et leur préfèrent de beaucoup les milices qui, dans la plupart des cas, ne sont pas prêtes à marcher et apportent une certaine mollesse dans leur action.

C'est ce qui a fait dire à Clausewitz : « Au point de vue politique, l'organisation en milices, c'est la législation de l'anarchie. » (T. II, p. 281.)

Il est donc tout naturel que les anarchistes la réclament. Toutefois, ceux qui ne sont pas anarchistes feraient peut-être bien de s'y opposer, au lieu d'y pousser pour recueillir les suffrages des anarchistes. Leur rôle rationnel serait d'éclairer les esprits, de résister aux tendances fâcheuses répandues et de combattre les mesures favorisant les doctrines destructives au lieu d'en précipiter l'avènement.

Jamais la différence n'a été plus grande entre la théorie et l'application. L'une est séduisante, l'autre détestable. La nation est la seule puissance souveraine. La majorité fait la loi, parce qu'elle a le pouvoir de l'imposer, comme disait justement Proudhon. Elle fait ce qu'elle veut et organise la force armée qui convient à son esprit ou à ses mœurs. Si elle désire une armée fin de siècle, elle la trouvera plus facilement qu'elle ne ressuscitera les légions d'autrefois. Si la masse dédaigne la préparation à la guerre, si elle juge à propos de ne plus veiller aux frontières du pays, si elle trouve la servitude étrangère préférable au service militaire, elle est libre. Toute considération disparaît devant le fait brutal : le vote.

Le principe est incontestable; avant d'en arriver à ce vote, il conviendrait d'éclairer les votants, de leur montrer les dangers d'une pareille mesure, dont les applications néfastes équivaudront, pour le pays, au suicide.

Voilà ce qu'il serait indispensable de bien mettre en lumière et de répéter à satiété. Pourtant on parle peu dans ce sens, tandis que beaucoup de publicistes flattent la manie courante. On ne saurait trop le déplorer.

A l'exemple de Gneisenau, les reproducteurs modernes de son organisation militaire ont cru à son excellence. Ils doivent reconnaître à présent combien ils se sont largement fourvoyés.

L'inconséquence saute à tous les yeux. On s'est leurré à l'idée merveilleuse d'une nation armée, se levant tout entière comme jadis, mais cette fois aguerrie, organisée, formidable. L'armée cessant d'avoir un caractère spécial, la nation et l'armée se confondant dans une splendide unité : voilà ce que l'on a dit, ce que l'on a écrit depuis un siècle sur un mode aussi lyrique que varié. Ces affirmations séduisantes ont trouvé dans les foules un écho facile à éveiller.

Du mirage à la réalité il y avait loin.

Nation armée, c'est exact; le matériel nécessaire à son armement existe; mais nation constituant à l'occasion une armée, est une assertion fausse, une pure erreur.

L'accroissement du nombre des gens armés tend à dénaturer peu à peu le caractère du combattant. Beaucoup ne font pas attention à cette transformation lente et certaine dont les conséquences commencent à se manifester. Peu sensibles encore, on n'y attache pas d'importance. Quand elles apparaîtront plus sérieuses on les apercevra, trop tard peut-être.

Les vices d'une semblable institution s'accuseront dorénavant avec une intensité de plus en plus néfaste et forceront de la reviser. Cette modification sera forcément péjorative et c'est en cela que le danger s'annonce comme grave.

Le service obligatoire n'est pas uniquement une loi militaire, quoiqu'on lui donne ce nom; il est surtout social et les législateurs ne s'en sont point assez inquiétés. Tant que le service militaire n'a concerné que le petit nombre, la majorité l'a accepté sans sourciller; à présent la majorité, presque l'universalité, est atteinte et elle regimbe.

L'exemple de la Suisse et des États-Unis n'est pas de nature à forcer l'imitation. Au contraire.

Ce qui suffit à la Suisse neutre, ou aux États-Unis sans voisins, ne répond pas aux besoins des autres États. Les populations s'y prêtent d'ailleurs avec moins de facilité. La rapidité de la mobilisation, la soudaineté des opérations entre pays limitrophes imposent l'obligation de veiller sans cesse, d'être toujours en partie prêts, à faire face aux prodrômes d'agression sur une frontière.

Aussi toutes les grandes puissances ont considéré comme une nécessité d'avoir des troupes plus solides, mieux instruites, en situation de marcher au premier signal et par conséquent de posséder une force entretenue, autrement dit une armée permanente.

Cette obligation s'est même imposée aux petites nations couvertes cependant par la neutralité. Elle était suffisante quand le droit se trouvait respecté. La force ayant prévalu, la neutralité devient mauvaise garantie.

On admettait bien chez les neutres quelques forces défensives, pour faire respecter la frontière et s'opposer à une violation de territoire par quelques détachements des armées belligérantes. La neutralité armée dans ce but n'enlevait en rien le bénéfice de la neutralité.

Le cas, exceptionnel autrefois, semble se généraliser à présent. Les puissances fortes se gênent peu avec les neutres faibles. Ceux-ci sont menacés dès l'ouverture des hostilités. On parle de l'envahissement de leur territoire comme d'une chose toute simple, tant le respect du droit s'est oblitéré. Les petits États sont obligés de se précautionner contre cette éventualité dont on ne fait pas mystère. Tous reconnaissent qu'au temps actuel la seule garantie des neutres est d'être en état de se défendre.

Les événements des dernières guerres montrent le danger des agressions inopinées; les petites puissances pourvues seulement de milices, ont peu à peu acquis la conviction que des troupes actives devenaient nécessaires et elles s'efforcent de les créer ou de les accroître.

L'augmentation des forces militaires en Belgique, en Hollande et autres pays se poursuit activement. L'Angleterre renforce ses troupes permanentes. Les États-Unis, obligés d'entretenir des forces militaires pour lutter contre les Indiens de l'Ouest, réclament une organisation plus solide. Enfin la Suisse elle-même vient d'organiser ses milices en corps d'armée et elle songe à se donner quelques troupes permanentes pour garder les forteresses récemment élevées.

Pendant que les efforts en faveur de la réduction du service, de la diminution de l'armée et même de sa suppression, sont trop fréquemment tentés en France, l'Allemagne sans cesse augmente son armée et ses moyens militaires d'action.

Le véritable objectif serait de préparer dès à présent les moyens de parer aux inconvénients de la foule armée quand son adoption deviendra inévitable.

Dans la capitale de la Prusse, qui a donné l'essor à toutes les nations armées, une feuille gouvernementale a protesté contre ces immenses préparations de combattants, en élevant des doutes sur leur efficacité future. La *Gazette de la Croix*, examinant les progrès réalisés par l'armée allemande en 1890, aboutit à cette conclusion : *Qu'il faudra tôt ou tard abandonner le principe du service militaire obligatoire.* Voilà qui est assez significatif.

Les Allemands, tout en glorifiant le principe de la *nation armée*, ne méconnaissent pas les dangers graves inhérents à cette organisation.

Les hommes des réserves ayant servi redeviennent de bons soldats et, venant doubler seulement l'effectif actif, il en résulte des troupes suffisamment solides. Il n'en est plus de même quand il s'agit de sextupler l'armée active en y appelant une foule d'individus ayant peu ou point servi. Elle est alors noyée dans un flot médiocre, et au même moment on l'énerve en la dépouillant d'une partie de ses meilleurs éléments.

On prend une portion des officiers et des sous-officiers pour encadrer les troupes de nouvelle formation. On mélange des fractions anciennes avec des fractions de réserve. On crée des unités mixtes qui séduisent les superficiels organisateurs.

Ils ne voient pas que ces dilutions successives aboutissent à un affaiblissement considérable de la force morale. La discipline s'affadit, l'esprit militaire disparaît. Cette mixture n'est plus une armée. C'est la foule courant aux croisades, ruinée par la misère sur les routes, battue par l'ennemi sur le champ de bataille.

Les gens de métier répugnent à ces moyens d'accroître le nombre en diminuant d'autant la valeur. A leur avis il serait mieux d'éviter ces amalgames et de maintenir, en dehors des légions de miliciens, une armée restreinte et vigoureuse. Composée de volontaires à long terme et munie de bons cadres, elle conserverait l'esprit militaire, instruirait les masses venant transiter dans ses rangs, donnerait en toute occasion l'exemple et constituerait à la fois une armée d'instruction, une troupe d'entraînement ou une réserve d'élite.

Ces symptômes sont de nature à nous éclairer. Veillons avec soin, défions-nous de l'emballement. Nous avons déjà fait de grands pas dans l'amoindrissement de notre puissance militaire par la séduction du nombre. Il est de mode à présent de diluer une unité active dans deux unités territoriales. Avec cela on fait de l'abondance, une apparence sans solidité. Le service de deux ans puis d'un an aggraverait ces fâcheuses tendances et préparerait à bref délai l'avènement des milices : beaucoup de guerriers mais peu de soldats.

Le mouvement social y contraindra sans doute quelque jour. Trop de gens y sont intéressés. Les réserves qui votent, détruiront l'armée qui ne vote pas. Cela paraît probable; tout engage à retarder ce moment le plus possible et non à en hâter la venue . Il est toujours facile de s'affaiblir. Rien ne presse.

L'idéologie qui cherche à primer, revient sans cesse sur le projet de confédération universelle, où la raison triomphera seule, où le droit de la force sera détruit. On le disait déjà en 1789, on le répéta encore en 1897 durant la guerre gréco-turque, et les choses ne se sont pas sensiblement modifiées.

Les uns proposent de restreindre la durée du service militaire, par l'instruction préparatoire donnée à toute la jeunesse ; les autres demandent la suppression du service militaire, en alléguant l'impossibilité de la guerre, alors qu'elle se poursuit sous leurs yeux en divers endroits.

Ce sont deux degrés dans l'utopie et presque aussi absurdes l'un que l'autre, la réalisation étant impossible.

XXXV.

LA GRÈVE ROUGE.

Les auteurs de ces songes creux, semblent eux-mêmes s'en être rendu compte. Ils jugent l'émission de l'idée de peu de succès, et ils y ont joint la menace, ayant plus d'effet, selon eux.

En sociologie, toutes les théories convergent vers un but habituellement malfaisant. Un courant de grève remue quelque peu les peuples. C'est la conséquence de l'imprudente institution des syndicats, plaçant la masse des travailleurs dans la main des meneurs, qui la gouvernent à leur fantaisie.

La grève noire ou grève des mineurs a engendré beaucoup de misère. La grève des verriers, celle des cochers de fiacre, puis la grève des tisseurs, etc., ont assurément fait plus de mal que de bien.

Les meneurs seuls y ayant gagné, cherchent à développer ce champ d'exploitation profitable pour eux. Après les grèves dommageables aux travailleurs, ils ont imaginé les grèves nuisibles à la nation. Ils ont proposé la grève des mécaniciens et employés de chemins de fer, pour affamer les grandes villes, ou empêcher les transports de troupes. On a indiqué dans les congrès internationaux la grève rouge ou refus du service militaire en cas de guerre. Celle-ci ne serait pas plus singulière que les autres. C'est la lutte contre la société, remplaçant celle contre l'étranger ; la guerre intérieure, au lieu de guerre extérieure.

Cette vérité est frappante, beaucoup la comprennent ; un certain nombre se refusant à ouvrir les yeux, s'associent inconsciemment aux desseins des anarchistes.

Le socialisme veut atteindre le capital par la réduction puis la suppression de l'intérêt ; les banquiers, financiers, capitalistes y aident inconsciemment par une spéculation intensive.

Le socialisme veut également atteindre l'armée par la réduction puis la suppression du service obligatoire, et les militaires y aident inconsciemment en vantant outre mesure l'instruction rapide et en exaltant les réservistes.

De bien des côtés, on semble pousser à l'accélération de l'évolution sociale. Comment éprouverait-elle du retard ou de la résistance, quand les plus intéressés à la combattre sont atteints de cet aveuglement, de cette faiblesse qui, non seulement concède tout, mais offre davantage.

On devrait pourtant y voir clair. Les avertissements ne manquent pas.

Les déclarations du congrès de Hall de 1890, dont les conséquences ont été la manifestation du 1er mai 1891, ne laissent aucun doute sur les intentions.

Manifester d'abord pacifiquement, c'est-à-dire affirmer la solidarité, indiquer la volonté, montrer la puissance,

Recourir ensuite à la grève, comme en Belgique, en France et ailleurs, pour obtenir des concessions,

Enfin, dans les pays de suffrage universel, se servir du bulletin de vote pour les imposer.

Le jour où on voudra restreindre ou détruire le service obligatoire, on emploiera cette dernière forme, et il faudra bien céder. Les électeurs seront maîtres de la situation.

Les congressistes, chaque année, stigmatisent la guerre, proposent la réduction du service militaire, le désarmement proportionnel, la substitution des nations armées aux forces permanentes, soit la création des milices, gardes nationales de l'avenir. Ils déclarent avoir en vue la suppression de la guerre, et ils en connaissent l'impossibilité. Ils invoquent alors le refus de marcher et préconisent la grève rouge.

Le congrès de Bruxelles de 1891 n'en a point fait mystère.

A la séance du 21 août, on aborda la question capitale, ainsi présentée : « De la position et des devoirs de la classe ouvrière vis-à-vis du militarisme ».

Les rapporteurs pour la France et l'Allemagne, firent connaître que la commission se prononce avec énergie contre le militarisme. Leurs conclusions violentes déclarent que le seul moyen de conjurer la catastrophe d'une guerre générale, dont les travailleurs auraient à supporter tous les frais, est de réagir énergiquement et incessamment contre toutes les velléités de guerre et les alliances qui les favorisent; elle recommande surtout de hâter, par le développement de l'organisation internationale, le triomphe du socialisme.

Le congrès, adoptant ces considérations, s'est prononcé en faveur de la paix universelle, contre le militarisme et pour la grève en cas de guerre.

Deux ans après, au congrès international de Zurich on a agité la question suivante : Quelle doit être l'attitude de la démocratie en cas de guerre?

Un délégué hollandais a précisé fort nettement la pensée un un peu voilée des rapporteurs. Il a demandé aux socialistes de tous pays de répondre à une proclamation de guerre, par un appel aux peuples, afin de déclarer une grève générale.

Le congrès a repoussé il est vrai cette proposition, et a voté seulement la liberté d'action de chaque nation au mieux de ses intérêts.

Les grèves de toute sorte se sont produites déjà avec un caractère d'intensité et parfois de généralité qui donne à réfléchir. La grève rouge, la grève du service obligatoire sera leur corollaire. Elle se discute depuis longtemps sans avoir atteint encore le même degré d'adurance; elle aura aussi son heure, si des mesures intelligentes, si des transformations pratiques venues à propos ne la retardent ou ne la suppriment pas.

Il importe de se bien placer en face de la situation qui tend à s'établir actuellement. Accroissement des salaires, diminution des heures de travail, réduction ou suppression du service militaire, sont trois parties adéquates de la même question sociale.

La France n'a pas le monopole de ces opinions. Elles se manifestent d'une manière analogue presqu'en tous pays, et s'expriment dans les congrès internationaux.

La grève rouge a donc été nettement indiquée, comme le moyen de faire passer dans la pratique les théories de pacification universelle. Il n'y a pas à tenir grand compte de ce refus de service en cas de guerre. Il n'est ni dans le caractère ni dans les mœurs de la France. Si quelques cas isolés se produisaient, la loi donne le moyen de les réfréner et il appartiendrait à l'énergie des chefs militaires, de l'appliquer par une vigoureuse et prompte répression.

Cette manifestation n'est pas à craindre avec l'organisation actuelle. Le bon esprit de l'armée, sa force morale est un sûr garant de l'obéissance des réservistes rappelés. On sent toute la différence, si l'armée n'existait pas, si tous les combattants réunis seulement par le faible lien d'une milice, se trouvaient, par le fait, isolés au moment d'une mobilisation, livrés aux exhortations malsaines des meneurs socialistes, et sans crainte de la puissance d'une force organisée.

On a parlé très carrément dans les réunions socialistes ; on a menacé dans les congrès internationaux, et proposé la grève des réservistes et des miliciens, en cas de guerre, afin de la rendre impossible. Cette trahison envers le pays est dans le rôle des anarchistes et ne surprend pas.

Que dire au contraire, de la faute énorme commise en poussant dans le même sens, par tant de publications décadentes émanant d'hommes modérés entraînés par le rêve, l'utopie !

Tolstoï entre autres, dans son livre *La Guerre et la Paix*, a soutenu aussi la grève rouge, cherchant à couvrir de son style élégant, la hideuse laideur du raisonnement.

Il n'est pas seul, à propager ces doctrines empoisonnées, faisant si bien l'affaire de tous les destructeurs, en séduisant les âmes naïves. Ceux-là s'efforcent ainsi de ruiner notre organisation militaire, si bien conservée jusqu'ici malgré tant de difficultés, par le corps d'officiers, ces dévoués éducateurs de notre virile jeunesse.

Secondé par le corps des sous-officiers, il constitue le rempart sans cesse battu par les tentatives sectaires. Il résiste bien, et tout convie à le défendre, comme un devoir patriotique. On travaillerait sûrement à sa ruine, bien plus, on ouvrirait les portes de la France, en se laissant aller par faiblesse de caractère, par intimidation, à des réductions successives de la durée du service militaire, qui aboutissent fatalement aux milices.

XXXVI.

LA CAPACITÉ PROFESSIONNELLE MANQUE AUX MILICES.

En poursuivant cette analyse, il est ressorti de l'examen des faits, la presque totalité des inconvénients, et des dangers par conséquent, de la milice, en ce qui concerne surtout la France.

Il reste à compléter cet examen sur certains points et à en déduire la conclusion. Ecartons tout d'abord la perspective aussi trompeuse que charmeresse, de la suppression de la guerre. Elle existe encore en ce moment, et durera longtemps sans doute. Qu'on se serve de troupes aguerries ou de volontaires, d'armées permanentes ou de milices, les peuples se battront toujours probablement. C'est une question oiseuse, dont le débat serait sans profit; il est plus utile d'examiner comment on luttera le mieux dans les conflits de l'avenir.

Un fait positif est que les guerres de milices durent plus que les autres. Elles demandent des sacrifices d'argent plus grands et entraînent la perte de plus d'hommes. En toute circonstance l'histoire est invariable sur ce point.

La guerre de la sécession d'Amérique en offre l'exemple le plus manifeste. Beaucoup de valeur y a été déployée, une force de volonté extraordinaire s'est produite. Certaines parties forcent l'éloge et l'admiration. A côté, les détails, le manque d'organisation, le recrutement, tout cela détonne singulièrement, et a empêché les résultats de se produire promptement.

La mobilisation de la milice même fort bien organisée, comme en Suisse, est une affaire très longue. Le rassemblement des hommes ou des animaux, la délivrance du matériel de toute espèce, réclame beaucoup de temps en supposant que tout soit demeuré prêt et bien entretenu.

Si les choses existaient ainsi, en France, chacun se rendrait-il à son poste dans le moindre délai possible? Vrai pour quelques-uns, combien se trouveraient en retard. Le retard ne serait pas énorme si l'on veut, mais le trouble en résultant deviendrait considérable en ce moment où les instants sont si précieux.

Le tableau de ces difficultés réitérées tiendrait une vaste place;

sans en développer les détails, on aperçoit facilement la confusion, presque le désordre. La constitution des unités a été préparée; les hommes s'y rendent à peu près tous. Le rassemblement existe; il faut l'organiser, assigner à chacun son poste ou son emploi. Les cadres viennent également d'arriver. Ils doivent agir immédiatement. Ils ne se connaissent guère, ils ne savent pas très bien où sont les choses nécessaires. Il n'y a point de base, pas de canevas. La meilleure bonne volonté ne suffira pas à empêcher les tâtonnements, les erreurs, les pertes de temps par conséquent.

Quand les unités simples seront à peu près formées et pourvues, plusieurs journées auront passé. On comptait autrefois quatre jours pour mobiliser les régiments, c'est-à-dire pour recevoir les réservistes, prendre la tenue de campagne, les munitions etc. Il est à supposer que le temps deviendra plus considérable, lorsqu'il n'y aura personne pour recevoir les arrivants; lorsque tout le monde sera nouveau venu, chef ou soldat.

La bonne volonté des inférieurs se verra en partie paralysée par les cadres mêmes destinés à la mettre en œuvre. Avant de guider, d'instruire les autres, ils auront à se former, à se réinstruire. Ils le feront rapidement, soit; ils déploieront d'énergiques efforts pour se débrouiller; ils y parviendront, mais le temps aura marché. Pourrait-on l'estimer au double de ce qui se produit avec l'armée actuelle et fixer la mobilisation à huit jours? Quiconque connaît la multiplicité des détails à accomplir, ne l'admettra pas. N'en a-t-on pas la preuve dans la guerre franco-allemande de 1870. Les organisations improvisées loin de l'ennemi ont été lentes et dispendieuses. Près de la frontière il n'y aurait pas eu possibilité.

La constitution de la milice a donc pour conséquence un temps prolongé de mobilisation et l'obligation de l'accomplir loin de l'adversaire. C'est le contraire de ce que l'on souhaite à présent.

Le caractère de plus en plus marqué de la guerre future sera la soudaineté. On entrera en campagne en même temps qu'on déclarera les hostilités. A cet effet, on tend à renoncer aux opérations longues de mobilisation, pour l'incorporation des réservistes. On partira avec ce qu'on aura de force active sous la main. Aussi on s'efforce d'obtenir des effectifs renforcés autant que possible dans le voisinage de la frontière, afin de pouvoir commencer sans délai les opérations.

Comment concilier une situation si différente? D'un côté une armée active prête, de l'autre une milice se rassemblant, s'organisant avec une certaine lenteur. Ou c'est la déroute immédiate, ou c'est l'envahissement d'une bonne partie du pays, jusqu'à ce que les troupes enfin réunies commencent à opposer quelque résistance. Ces considérations ne laissent pas de doute sur l'issue. On s'étonne de l'aberration de ceux qui poussent notre pays à jouer une pareille partie, où tous les atouts seraient du côté de l'adversaire.

Les événements se sont produits partout de la même manière, avec les armées improvisées; c'est ce qu'on reverrait sans aucun doute, si l'on adoptait le système des milices. L'évidence parle plus haut que tous les raisonnements. Pourquoi discuter?

Le fondateur de la république américaine, Washington, soutenant au congrès de son pays la nécessité d'une armée permanente, disait entre autres choses : « L'expérience qui est la « meilleure des règles de conduite, entraîne d'une manière si « décisive à la condamnation des milices que personne, pour « peu qu'il fasse cas de l'ordre, de la régularité, de l'économie « et de son propre honneur, de sa réputation, de sa tranquillité « d'âme ne voudra accepter la direction d'une guerre entreprise « au moyen de milices. » Il ajoutait : « Le peu de temps passé « sous les drapeaux et une confiance mal fondée dans les milices, « sont les causes de nos échecs et de l'augmentation de notre « dette. »

Il ne convainquit peut-être pas ses compatriotes, toutefois il obtint ce qu'il jugeait nécessaire : l'organisation d'un petit corps de 6,000 véritables soldats, qui termina la guerre.

De même, les raisonnements, les exemples, plus nombreux encore en notre temps, ne convaincrait point les illuminés qui réclament les milices, au point de vue social, humanitaire, libéral, mais non au point de vue de la guerre dont ils ne veulent pas.

En les laissant de côté, il est permis d'espérer qu'une argumentation rationnelle agira sur la masse des indécis bien intentionnés, soucieux de l'honneur comme de l'indépendance du pays. A ceux-là, on peut répéter : aujourd'hui on ne réussit que par la force morale ayant à son service une grande habileté professionnelle.

Il ne saurait en être autrement. La capacité technique manque forcément au milicien. S'il vaut un peu plus qu'un garde national, il est inférieur au territorial et encore plus au réserviste. Or la capacité est un facteur plus essentiel qu'autrefois. La guerre a vu s'accroître ses difficultés, et le maniement des engins est devenu plus délicat. L'habileté pratique y jouera un rôle plus important.

L'organisation, l'instruction, l'éducation sont des éléments ayant acquis une influence qu'elles ne possédaient pas à beaucoup près dans le passé, où on les dédaignait souvent, malgré les fâcheuses conséquences de cette insouciance.

Les peuples ayant exclusivement compté sur leur bravoure ont péri. Les Gaulois, les Turcs, les Mamelucks, les Arabes, tous ces intrépides guerriers sans instruction, sans solidarité, versaient largement leur sang et donnaient leur vie sans profit pour la cause à laquelle ils consacraient tant de dévouement.

La vaillance sans direction, sans savoir, sans prévoyance, s'est incarnée dans la chevalerie. Malgré d'admirables prouesses, elle a fini par disparaître devant une organisation supérieure.

Les volontaires, à toutes époques, sont bravement morts, sans pouvoir triompher.

Ces enseignements devraient profiter à présent. A en croire certaines gens, ils semblent insignifiants. L'erreur ancienne reparaît et conduira, si elle prévaut, à des malheurs analogues.

Lors des luttes futures, les proportions seront agrandies de toute façon, les difficultés croîtront en nombre et en intensité. Pour les surmonter, il faut porter les moyens à la même hauteur, faire concourir tous les facteurs à la réussite, et ce serait volontairement s'affaiblir que d'en négliger un seul.

L'organisation, la préparation, la discipline, l'esprit de corps, sont des éléments essentiels. Ils ne peuvent produire tout leur effet sans l'habileté professionnelle.

On s'imagine, bien à tort, que dans les futures immenses réunions armées, l'individu disparaîtra dans la masse, deviendra un élément entraîné par l'ensemble et perdra sa personnalité, son initiative propre. On a déduit de ce raisonnement inexact l'inutilité de la capacité technique. La conclusion est fausse comme les prémisses.

L'homme reste dans les grandes armées comme dans les

petites, l'élément essentiel de la guerre, avec ses qualités et ses défauts, sa force et ses faiblesses physiques ou morales. Il agit par son adresse dans le tir, par son habitude du terrain, par sa connaissance des procédés de formations, par sa sagacité à se diriger ou à se protéger. Le soldat conserve une notable initiative dans son association avec son arme, dont il fait un emploi plus ou moins judicieux, comme dans son association avec le sol dont il tire une protection plus ou moins efficace.

Cette union de l'homme avec son arme et avec le terrain, devient une puissance considérable lorsqu'elle est bien réalisée, et reste sans profit si l'on ne sait en faire emploi.

Envisagée de la sorte, on reconnaît combien est importante l'habileté professionnelle. Nous ne prétendons point exagérer la part qui lui revient, nous ne pouvons consentir à son amoindrissement.

On reproduit sans cesse cette idée fausse que des soldats même instruits, constituent une armée. L'erreur est profonde ; sans solidarité, sans discipline, sans éducation militaire, il n'y a rien ou du moins peu de chose.

Les facteurs moraux resteront toujours l'essentiel, le principal à la guerre. Tout en reconnaissant leur prépondérance, il ne faut point négliger la partie mécanique qui leur sert d'appui et exalte leur puissance.

L'homme acquiert la confiance par la certitude de sentir en soi une puissance physique, une capacité professionnelle, lui permettant de supporter les crises violentes, de surmonter les obstacles, de se tirer du péril.

Tout individu brave peut sauter sur un cheval, mais s'il n'est pas cavalier sa bravoure ne l'empêchera pas d'être bientôt par terre.

Tout individu généreux peut s'élancer dans l'eau pour sauver son semblable, pourtant s'il ne sait nager, son dévouement amènera deux noyés au lieu d'un.

Tout individu de haut cœur peut aller fièrement sur le terrain, mais s'il ne sait tenir une épée, il sera promptement blessé ou occis par un adversaire exercé.

Ainsi sans l'habileté professionnelle, les facteurs moraux sont de peu d'effet, sinon impuissants. Le vaillant inhabile peut se faire tuer hardiment, mais sa vaillance n'est d'aucun profit à sa cause. Il le sent bien lui-même et la conviction de sa faiblesse physique paralyse son ardeur. A tous les degrés, la capacité, l'aptitude, l'adresse, la force matérielle est un soutien indispensable de l'énergie morale.

Il est impossible de séparer les deux valeurs de l'homme. Leur union est absolument nécessaire dans le combattant.

La capacité physique résulte d'une instruction solide, comme d'un entraînement prolongé. Unie aux facteurs moraux, elle constitue la valeur individuelle, et cependant cette valeur personnelle ne suffit pas encore à constituer un soldat vraiment utile.

L'homme n'agit pas isolément ; dès l'instant où il se meut en liaison avec d'autres, il contracte des devoirs envers ses chefs, ses égaux, ses inférieurs. S'il ne les remplit pas exactement, il n'y a plus une troupe, mais une bande. Tous les mérites privés au lieu de s'ajouter se neutralisent les uns les autres ; chacun travaillant pour son compte, aucun sérieux résultat n'est possible. On gaspille sans profit d'excellentes qualités.

Afin de leur faire produire de bons effets, il importe de relier les individus, de sommer leurs qualités, de condenser leurs efforts ; on y parvient seulement par la discipline si justement nommée : la force des armées.

La discipline est un ensemble de bien des qualités. On la possède seulement par un apprentissage prolongé qui constitue l'éducation militaire. Beaucoup ne veulent pas croire à la difficulté d'obéir, oubliant que c'est l'acte répugnant le plus à la nature humaine. On y arrive par la conviction absolue de sa nécessité.

Le sentiment de la solidarité et de la soumission, n'a pas toujours existé assez vigoureusement dans les armées permanentes ; il a sans cesse manqué dans les armées improvisées et c'est le vice radical qu'on leur a reproché dans tous les temps.

La discipline différencie le soldat et le milicien. Un état semblable ne peut exister de même chez l'un et chez l'autre. Admettons qu'il soit possible d'élever l'instruction militaire du citoyen au même point que celle du soldat ; supposons qu'ils aient l'un et l'autre le même entrain, le même dévouement patriotique, ils n'agiront point néanmoins de semblable façon. Le soldat aura un caractère particulier, des aptitudes spéciales, une valeur professionnelle qu'il devra à la discipline, à l'habitude du métier et à l'esprit de corps.

Cette différence a des conséquences considérables. Quelle que soit la solidité à laquelle on espère porter la milice, elle présentera toujours plus de qualités défensives qu'offensives. Elle sera plus propre à la résistance qu'à l'attaque.

Les Turcs quoique sans organisation, ont montré dans la défense des places ou des retranchements, à Plewna comme à Silistrie, une ténacité, une constance considérable.

On cite divers exemples du même genre, et, dans la campagne de 1870-1871, on voit aussi la défensive prévaloir plus que l'offensive. Les troupes improvisées résistaient encore assez bien ; elles n'attaquaient pas avec l'énergie, la persévérance nécessaire.

En maintes circonstances des gens de cœur, des femmes mêmes ont défendu vaillamment des remparts. On peut en certains cas, dans les massifs montagneux par exemple, occuper énergiquement les passages retranchés, y tenir tête longtemps aux entreprises de l'ennemi, et l'empêcher même de pénétrer dans l'intérieur du pays. Le courage et le patriotisme suffisent à soutenir les défenseurs.

Tout autre est la guerre de campagne, la guerre de mouvements, la guerre offensive qui est par rapport à la précédente, ce que la navigation hauturière est au cabotage.

Pour marcher sur l'adversaire et l'obliger à subir l'attaque ; pour soutenir avec une énergie sans limite les longs combats aux fronts immenses se prolongeant jour et nuit ; pour maintenir les formations sous un feu des plus violents, supporter virilement les formidables crises d'un assaut donné à découvert et le mener à bien ; pour souffrir avec résignation les plus durs travaux, les privations les plus pénibles ; enfin pour conserver la confiance dans les chefs au plus fort du danger et surtout dans la défaite, il faut chez les combattants des conditions qu'on ne rencontre pas chez les miliciens.

Une organisation solide et une forte éducation militaires deviennent indispensables. La réussite exige absolument dans les troupes la vertu guerrière, c'est-à-dire l'ensemble des qualités militaires portées à leur plus haute perfection.

Sans elle on a fait de belles choses, ayant il est vrai plus d'éclat que de durée, plus de brillant que de solide. Les Vendéens se sont bravement battus, les Suisses, les Américains, les Espagnols modernes ont eu des succès sans posséder la vertu guerrière. Les circonstances permettent parfois de s'en passer et de réussir quand même.

D'ordinaire et surtout dans l'état actuel des nations, il est impossible d'opérer une campagne heureuse sans posséder cette force morale d'une si haute puissance, qui se résume en un mot : la discipline.

L'accroissement du nombre la rend plus nécessaire que jamais ; seule elle en permet l'utilisation, en fournissant le moyen d'obtenir le concours, au lieu de la divergence des efforts.

L'éducation militaire aboutit en somme à inculquer la discipline. Tous les devoirs militaires se réduisent à obéir. En effet, l'obéissance comprend tout : seule elle confère le caractère du soldat.

Porter l'uniforme, manier un fusil, planter une balle dans la cible, déployer de la bravoure, est le fait d'un milicien, aussi bien que d'un soldat ; tandis que posséder l'esprit militaire, la vertu guerrière, est chose différente, et les milices en manqueront toujours. Quiconque n'a pas été formé, instruit, éduqué spécialement, ne saurait avoir l'assouplissement de la volonté indispensable pour assurer la solidarité, ni l'abnégation qui met à la hauteur des difficiles épreuves et constitue le double caractère des armées solides, aptes aux grandes luttes.

Il importe d'insister sur ce point.

Une troupe ne peut bien exécuter sur le champ de bataille que les mouvements auxquels elle a été rompue par de fréquents exercices, qui sont passés, comme on dit, dans la chair et dans le sang des hommes ; sont devenus pour eux, en quelque sorte, une seconde nature, et s'accomplissent à la parole de chefs connus. Quand ces conditions existent, aux heures les plus critiques, tout s'efface : danger, crainte, fatigue, défaillance, tout disparaît, hormis la voix du commandement, dont l'action habituelle continue à prédominer, à entraîner.

C'est là le propre des troupes exercées. Les milices ne réunissent naturellement pas ces conditions si nécessaires, résultant uniquement d'une éducation spéciale et d'un entraînement prolongé. Elles ont autant de bravoure que les soldats, elles montrent parfois plus d'entrain ; toutefois, elles ne les égalent point en solidité. Dans le premier choc, elles sont susceptibles de beaucoup d'intrépidité; bientôt la constance, la persévérance leur font défaut; c'est ce qui a fait dire à Clausewitz :

« Les milices se comportent dans le combat comme des troupes
« de qualité inférieure, elles y apportent beaucoup de puissance
« dans l'élan, mais leur sang-froid et leur ténacité s'épuisent
« vite. » (T. II, p. 288.)

Ce n'est pas leur faute, mais le vice même de leur institution. Elles ont l'aspect des troupes sans offrir leur consistance. La masse retient la masse tant que les événements se déroulent bien; dès qu'un accident survient, dès qu'une fissure se produit, l'ensemble ébranlé se disloque avec une déplorable facilité.

Les milices n'ont et ne peuvent avoir la réunion des qualités : facteurs moraux, capacité technique, discipline, solidarité, constituant la vertu guerrière, ou, si l'on veut, le militarisme, qui est l'essence même du soldat.

XXXVII.

L'ESPRIT DE CORPS MANQUE AUX MILICES COMME A TOUS LES COMBATTANTS IMPROVISÉS.

La capacité technique, l'habileté professionnelle, manquent inévitablement aux milices. Elles sont surtout dépourvues de l'esprit de corps qui unit les hommes, et elles restent, par cela même, des combattants improvisés.

Il importe de ne pas confondre la vertu militaire, le militarisme, avec l'esprit guerrier, la tendance belliqueuse. On s'y trompe facilement. En jugeant sur les apparences, on est exposé à prendre pour vertu militaire l'excitation un peu factice des armées improvisées. On reconnaît leur différence au manque d'adhérence des hommes entre eux, au défaut de liaison des unités, résultant de l'absence de l'esprit de corps. Cette force immense, engendrant la confiance et la solidarité, est impossible à obtenir des milices, et cependant, en son absence, il est difficile de faire sérieusement la guerre.

Dans les moments de crise nationale, surtout dans les revers, on a célébré les généraux, les administrateurs qui, en peu de jours, armaient, habillaient, équipaient de nouvelles levées, improvisaient des officiers et formaient des armées, ou du moins des réunions d'hommes armés. On sait le triste sort de la plupart de ces créations hâtives, dont l'existence a été si brève.

On reconstruit du matériel, on lève des hommes, on forme des rassemblements, on les dénomme : régiment, division, corps d'armée. Tout cela s'accomplit sans trop de difficulté et assez vite ; c'est bien connu. On a procédé ainsi plusieurs fois en France ; l'expérience nous l'enseigne. Elle apprend aussi que les résultats ont été chaque fois médiocres.

On obtient des miliciens, ayant bonne volonté et manquant absolument des qualités militaires. On peut répéter à leur égard ce que Lanoue écrivait autrefois sur ses recrues : « Les uns se « disent gens d'armes, les autres archers, mais peu sont sol- « dats. » C'est-à-dire des combattants utiles.

Ce qui manque essentiellement à ces organisations précipitées, c'est l'esprit de corps, la solidarité, la discipline. L'esprit de corps ne se produit qu'avec un temps assez long. Il se perd vite, surtout quand on le ridiculise et qu'on le sape de toutes'les manières. Une fois disparu, il se refait difficilement.

Sa destruction est peut-être une des lois fatales de l'avenir. Tant pis. Un précieux élément de force aura disparu. Il serait sage de le garder le plus longtemps possible ; de conserver au moins l'égalité par rapport aux autres nations ; de le maintenir encore, s'il s'affaiblissait ailleurs, afin d'en recueillir quelque supériorité, et, en raison de ces motifs, éviter de l'amoindrir volontairement par un dénigrement si contraire à l'intérêt national.

C'est d'autant plus indiqué, que notre mode de recrutement et nos organisations ne tendent pas précisément à renforcer l'esprit de corps.

En Allemagne, on le conserve assez bien, grâce au recrutement local. L'esprit de district, de canton, de village, solidarise les hommes d'un même régiment, développe ou remplace l'esprit d . corps.

Il est regrettable de ne pas adopter des mesures analogues en France et de ne pas porter des vues analogues dans les formations de guerre. On devrait tendre à grouper les populations et non à les disperser. Les régiments de marche, tant usités autrefois, étaient une détestable chose; les régiments mixtes, organisés actuellement, constituent de même un fâcheux expédient et non une solution.

Ceux qui préconisent ces organisations irrationnelles souhaitent néanmoins d'y voir de l'esprit de corps. Il y a manque de logique, impossibilité du résultat, quoique reconnaissance du principe essentiel.

L'esprit de corps est une des plus importantes puissances morales à la guerre. Il porte à un niveau très élevé la valeur des troupes. Il permet des prodiges de dévouement, de vigueur, d'opiniâtreté, de mépris du péril, sans lesquels les capitaines éminents n'eussent jamais mené à bien leurs plus belles conceptions.

Le danger actuel est qu'un funeste sentiment égalitaire n'arrive à tuer cet esprit de corps, si précieux, si fécond en grandes choses. On a peine à comprendre les attaques dont il est l'objet.

L'esprit de corps est une force considérable ne coûtant rien au budget. Il n'en est point de plus économique. Pourquoi s'en priver volontairement? Toute de sentiment, elle est digne de considération et de respect. L'honorer, l'accroître, est œuvre patriotique. Bien coupables sont ceux qui travaillent à la détruire. C'est une perte sans compensation, car ils n'ont rien à mettre à la place.

Dans le but de se justifier, les publicistes qui attaquent, invoquent les principes, c'est-à-dire des arguments spécieux ou vides. Ils considèrent l'esprit de corps comme partie intégrante du militarisme, comme sa base même. On voit pourtant l'esprit de corporation animer les individus ayant la même profession; artistes ou mineurs, gens de lettres ou tapissiers, se considèrent avec raison comme solidaires les uns des autres.

Critiquer ce sentiment chez les militaires est donc une erreur manifeste et quelques écrivains l'ont reconnu. Voici comment s'exprime l'un d'eux :

« Cet esprit de corps, je l'avais partagé mes cinq ans durant,
« mais depuis ma libération, Paris et la vie littéraire aidant, je
« ne m'en souvenais que pour blaguer mes juvéniles convictions,
« quand, correspondant du *Figaro* au Tonkin, je compris de
« quel héroïsme ce préjugé restait le grand facteur. Et je m'en
« voulus d'avoir plaisanté de cette force. » (Paul BONNETAIN.)

Quelle charmante amende honorable ! Combien elle est douce au cœur ! Beaucoup sans doute pensent de même ; peu ont le courage de l'exprimer publiquement.

Les troupes n'acquièrent leur maximum de valeur que par leur état moral. A défaut d'esprit militaire, on a cru à diverses époques y suppléer par les qualités nationales naturelles, par des passions vives, autrement dit par l'enthousiasme. On s'est trompé manifestement. Au lieu de le considérer comme un facteur surérogatoire excellent, on a prétendu lui attribuer une valeur prépondérante, essentielle, positive, qu'il est loin de posséder.

On s'est abusé dans le passé ; l'expérience n'a pas dessillé les yeux, on partage encore les mêmes idées fausses aujourd'hui. Notre caractère a ses bons côtés ; il en comporte aussi de bien médiocres. La déception irrite sa vanité ; on ne veut pas admettre une défaite résultant d'un état d'infériorité momentané. C'est toujours la faute de quelqu'un si les choses ont mal marché, et le public ne croit jamais être le coupable.

Les combattants improvisés ont surtout ce travers ; au premier échec ils crient à l'incapacité, à la trahison. Ils n'admettent pas l'erreur. Autrefois on a guillotiné des généraux accusés de s'être fait battre, comme si l'on faisait ces choses-là exprès, comme si l'on cherchait à se déshonorer pour jouer un bon tour à son gouvernement, et pourtant ces niaiseries trouvent encore à présent une crédulité non moins énorme.

Se basant sur d'anciennes légendes, fréquemment exagérées ou inexactes, on se plaît à penser qu'à un moment donné les milices futures s'exalteront comme par le passé et que leur enthousiasme patriotique suppléera les qualités militaires qui leur font défaut. Notre pays en a présenté de beaux exemples. Lors de la guerre des Gaules, le sentiment de l'indépendance nationale remua tout le pays ; à l'époque des croisades la foi religieuse entraîna les foules ; avec Jeanne d'Arc l'horreur de l'étranger s'empara de tous les Français ; il y a un siècle la passion de la liberté galvanisa tous les cœurs.

Les périodes d'enthousiasme extrême se reverront-elles ? Là est le doute. Malgré de considérables déceptions, bien des gens modérés admettent encore ces généreux élans, ces splendides manifestations et croient possible leur réalisation. La légende semble leur donner raison; l'histoire réelle, impartiale, oblige à en rabattre si l'on prétend rester sur le terrain pratique.

Les mouvements de haute surexcitation ont engendré de remarquables dévouements et produit quelques brillants triomphes. En définitive ils ont toujours abouti à l'écrasement de la patrie, au temps de Vercingétorix, à la fin du siècle dernier, comme en 1870-1871.

On a démontré ces faits nombre de fois sans persuader personne ; en somme on s'adresse à des gens qui ne veulent pas être convaincus.

L'enthousiasme est un feu de paille, flambant et s'éteignant rapidement. Force instantanée, elle est sans durée. Telles troupes improvisées, pleines d'entrain un jour de bataille, refusèrent de marcher peu de temps après, ou de dépasser les frontières. Dumouriez notamment l'éprouva dans la campagne de Belgique. De même, on a discuté récemment en France pour savoir si l'on avait le droit d'envoyer l'armée territoriale au delà des limites du territoire, et par conséquent s'il était licite de l'introduire dans les formations de première ligne. Ce symptôme n'est pas bien rassurant.

D'un autre côté, tout a tellement changé qu'on ne peut déduire du passé les pronostics de l'avenir. On aime à rappeler la légende des volontaires de la Révolution, légende singulièrement exagérée, comme chacun sait.

Les quelques milliers d'hommes qui obéirent momentanément à la réquisition, n'ayant ni instruction ni éducation militaire, ne surent d'abord rien faire. Durant des années, ces milices improvisées subirent des échecs constants que ne rachetaient pas quelques succès éphémères. Elles payèrent bien cher leur apprentissage.

C'étaient cependant des volontaires possédant la foi patriotique, l'enthousiasme. Cette catégorie n'existera plus désormais.

Dans les nations armées, tout homme valide jusqu'à 45 ans environ sera combattant, milicien. On ne rencontrerait de volontaires que parmi les hommes mûrs, ayant dépassé la limite d'âge et rentrant dans le rang de leur plein gré. Il seront naturellement en petit nombre et constitueront une exception.

L'enthousiasme animant jadis les volontaires pourra-t-il envahir au même degré les miliciens régulièrement convoqués à la mobilisation? C'est peu probable, leur situation d'esprit étant tout à fait différente.

Le volontaire s'engageait sous l'impulsion d'une passion élevée. Le milicien se conformera à un ordre d'appel. Celui-là accourait généreusement au secours de la patrie en danger, celui-ci obéira à une prescription de la loi. Le premier se présentait librement, le second viendra contraint et forcé.

La liberté, chose nouvelle autrefois, échauffait les cœurs, ravissait les imaginations, entrainait les jeunes hommes. Cette ardeur passionnée se conçoit et s'explique ; cependant, ceux qui en furent embrasés ne formaient pas la majorité.

L'illustre général de Guibert l'avait bien prévu quand il écrivait :

« L'amour de la liberté pourra, en élevant une nation au-des-
« sus d'elle-même, tenir lieu de tous ces détails d'art et de dis-
« cipline vantés par les gens de guerre..... Ce sentiment qui fait
« quelquefois des héros parmi les individus, est pour la multi-
« tude un véhicule moins sûr que la discipline. » (T. III, p. 227 et 229.)

Cette opinion n'a pas tardé à se vérifier. Les volontaires de 1791 et 1792 vinrent en petit nombre et s'en retournèrent volontairement chez eux en grande quantité.

On voit à quoi l'entrain se réduisait alors ; cela n'a rien de surprenant. On constate le même phénomène chez toutes les nations et dans tous les temps. L'enthousiasme est impuissant à donner des armées ; il faut, comme le disait Guibert, employer des moyens plus efficaces et plus durables.

Ils sont plus que jamais nécessaires à présent. La surexcitation est moins facile à provoquer aux époques sensualistes, énervées, sceptiques. Les grandes voix d'un Pierre l'Hermite ou d'un Camille Desmoulins ne feraient plus tressaillir les cœurs. On est devenu trop positif, moins accessible aux élans supérieurs.

Le patriotisme, mobile admirable, flamme si pure, est nié carrément par les internationalistes. D'autres en font une question politique, l'étalent, le prodiguent, l'accommodent à toutes les opinions, à toutes les circonstances, le transforment en réclame et non plus en croyance. A force de le présenter de la sorte, on l'amoindrit, on l'émacie, on lui ôte son prestige ; chez bien des gens il devient un voile de « respectability », rien de plus.

Compris de la sorte, traité de cette façon, comme le drapeau il perd une partie du respect et la principale part de sa puissance magique. Compter sur lui dans l'avenir pour provoquer une explosion d'enthousiasme serait faire fausse route. En l'admettant même égal au passé, il ne suffirait pas seul à procurer la puissance militaire indispensable pour soutenir avec succès les luttes futures.

Les conditions de la guerre ont subi des modifications profondes. Les nouveaux engins, le perfectionnement des armes, donnent plus d'influence à l'organisation, au mécanisme, aux procédés, et diminuent dans une certaine mesure la partie presqu'exclusivement réservée à l'élan, à l'entrain, à l'intrépidité.

Naguère encore on s'exaltait à la vue de l'ennemi rapproché, déployant ses lignes, formant ses colonnes d'attaque. A cette sorte de provocation, de défi, on sentait une impérieuse envie de lui courir sus; on avait quelquefois peine à modérer l'impatience des troupes. Tous les éléments passionnels entraient en jeu, et si l'on ne pouvait interpeller l'adversaire, à la façon des héros d'Homère, du moins on le distinguait, on le dévorait du regard, on cherchait l'endroit propice pour assaillir ou frapper. La possibilité des corps à corps stimulait l'audace et la valeur personnelle.

La lutte revêtait un caractère de grandeur morale par l'action individuelle, par l'entraînement plein d'imprévu. Dans ce haut et poétique duel on se trouvait face à face, on se battait à découvert. C'était le beau temps; les traits d'héroïsme se multipliaient, quoiqu'on ne les célébra pas tous, tant s'en faut.

Il n'en est plus tout à fait ainsi. Les choses ont sensiblement changé. L'usinage a matérialisé la guerre; les forces aveugles ont pris une place au détriment des forces intelligentes. Aujourd'hui il faut au combattant une énergie immense et stoïque pour attaquer l'invisible, pour aborder l'adversaire mystérieux. Le danger incertain est plus difficile à supporter que le péril connu. Le combat à distance réclame des qualités de résolution, de discipline plus solides que par le passé.

L'artillerie et le fusil actuels, aussi puissants comme portée que comme précision, envoient la mort avant l'apparition de l'ennemi. Comme pour la foudre, on sent le choc avant d'avoir vu l'éclair. Bientôt peut-être des tours cuirassées, traînées sur les champs de bataille, décimeront à coup sûr ; machines de guerre renouvelées de l'antique, mécanismes de lutte, triomphateurs sans gloire, menaces perpétuelles.

· Le ravin, le bois, le fossé, la haie, où rien ne se découvre, recèlent peut-être ces engins sans bruit, sans fumée, sans lumière. Tout devient mystère et incertitude. On est frappé sans savoir même d'où le coup est parti. La machine a raison de la vaillance. L'obus, la torpille aérienne, le feu de salve fouettent le sol et fauchent les troupes inexpérimentées comme la rafale renverse les tiges des blés mûrs.

Dans ces circonstances, l'impuissance des milices est évidente. Un moment entraînées, elles déploieront beaucoup de bravoure et d'élan dans l'attaque, puis leur sang-froid, leur ténacité s'épuiseront vite. L'impressionnabilité, le nervosisme prendra la place de la raison. Sans confiance acquise les uns dans les autres, les éléments se désagrègeront ; elles faibliront, parfois même sans motif sérieux.

Les milices ou populations armées ont montré en quelques occasions de l'initiative individuelle et une certaine entente en terrain très coupé, où l'ordre dispersé convient à leurs qualités natives. Elles ne peuvent faire bonne figure dans d'autres circonstances. Elles manquent des notions premières de la guerre ; l'habileté professionnelle leur fait défaut ; elle ne connaissent pas les procédés techniques propres à diminuer le danger ou à augmenter les obstacles du sol. Elles sont enfin dépourvues des qualités indispensables à l'action en masse, et souvent plus nuisibles qu'utiles si on les emploie de la sorte.

Forces auxiliaires, profitables souvent en union avec les troupes régulières, elles tiennent mal leur place dans le combat si elles s'y trouvent seules. On cite de nombreux exemples de ces circonstances, où les populations insurgées, soulevées, poussées à l'ennemi ont montré tantôt leur énergie et tantôt leur faiblesse.

· Instrument de grande résistance stratégique, employées en ordre dispersé et comme diversion, les milices ont bien rarement prouvé une véritable vigueur dans le combat régulier. Quelques faits de guerre brillants ont parfois fait éclater leur héroïsme ; habituellement leur attitude a montré que les opérations de guerre restent toujours douteuses avec des forces improvisées, des milices fraîchement convoquées.

La guerre de 1870-1871 vient encore révéler le défaut de consistance des nouvelles levées. Comme en 1792, l'anéantissement des armées régulières obligea de recourir aux forces plus ou moins irrégulières ; mal outillées, mal encadrées, encore plus mal employées, les résultats se réduisirent à une série de défaites, entre lesquelles figurent quelques beaux faits d'armes.

En ces douloureuses circonstances, la France vaincue ne perdit ni le courage ni l'espérance, elle essaya de continuer la lutte ; sa constance étonna, lui attira l'estime et le respect du monde, sans pourtant ramener la victoire. Son effort fut aussi considérable sans doute qu'en 1792 ; s'il sauva l'honneur, il ne put préserver le pays de l'invasion.

On aurait pu et dû tirer de ces événements d'utiles conséquences et reconnaître que sans une armée solidement constituée il n'y a rien à espérer à la guerre.

Les conclusions furent opposées. L'opinion se fourvoya. Les souvenirs primèrent le jugement. Beaucoup de gens avaient été : mobiles, mobilisés, gardes nationaux, volontaires, etc. Une portion d'entre eux avait marché et même combattu. Tous croyaient avoir été soldats, tous s'imaginaient avoir mieux fait que l'armée régulière. On l'écrivait, on le célébrait sur tous les tons, chacun se figurait sincèrement s'être couvert de gloire. Leur bonne volonté est leur excuse, elle ne saurait pourtant remplacer la vérité.

Elle est peu agréable à entendre et moins encore à dire. C'est pourtant un devoir à remplir et un service à rendre. A ce moment les rôles se trouvèrent inversés, bouleversés, comme il advient d'ordinaire dans les époques troublées.

Des politiciens s'emparèrent de la direction des opérations militaires aux lieu et place des généraux. Leurs bévues nombreuses ne sont pas pour étonner. Ignorant la besogne qu'il assumaient, il est naturel qu'ils l'aient mal accompli.

Les quelques officiers véritables dont ils disposaient encore, furent éconduits ou mis en sous-ordre. En revanche des amiraux dirigeaient les divisions et les corps d'armée ; d'anciens préfets, des journalistes commandaient des camps et instruisaient les nouvelles levées.

La propension pour les corps irréguliers s'accusa sur une grande échelle. Les corps francs se multiplièrent. Les volontaires s'y présentèrent nombreux. Là ils trouvaient une certaine liberté, presque la licence, car leurs chefs élus se voyaient forcés de laisser la discipline assez vague.

A la tête des corps francs de toutes espèces et de toutes dénominations, figuraient des magistrats, des ingénieurs, des professeurs, des industriels, des propriétaires; on n'y voulait pas de militaires. Le courage et l'entrain ne manquaient pas, la capacité professionnelle et la discipline faisaient également défaut.

Chefs improvisés ils accomplirent mal une tâche qu'ils ne connaissaient pas; ils dépensèrent sans profit le zèle et la bonne volonté de leurs troupes, faute de savoir les utiliser.

On ne voulut point l'admettre au moment où régnait encore l'émotion des événements récents. On répugne même à le confesser, à présent, dans le calme et malgré l'évidence. Tous les gens ayant plus ou moins participé aux erreurs de la défense nationale avaient et ont encore intérêt à n'en point convenir.

Un écrivain distingué, a écrit avec raison : « Jamais on n'a « émis autant d'idées fausses, fabriqué autant de légendes men- « songères que sur la guerre de 1870. » (Jules RICHARD).

A certains moments il n'est pas surprenant de voir tant de têtes tourner, tant d'esprits s'abuser. C'est le résultat ordinaire des grandes commotions. Un intérêt de glorification nationale a conduit à l'exaltation des volontaires plus ou moins réels de 1870-1871, comme on avait célébré les plus ou moins réels volontaires de 1792-1793. La légende s'est constituée pour les derniers comme pour les anciens, et rien n'est difficile à déraciner comme ces légendes qui ont pénétré la fibre nationale. Les discuter seulement semble antipatriotique.

Maintenant la vérité est bien connue, et c'est un service à rendre au pays de la lui rappeler, pour l'empêcher de retomber dans ses fautes passées.

L'apothéose des volontaires incite à croire l'armée inutile. D'aucuns la considèrent comme une institution surannée, n'ayant plus de place dans le futur ordre social. Selon eux, la milice seule est « fin de siècle ». Elle est surtout commode, dispense du service obligatoire et réclame peu de dépense.

Un terrible argument s'y oppose. La milice, c'est l'amoindrissement de la puissance militaire du pays, sinon sa suppression.

Les citoyens appelés sous les armes n'apporteront pas uniquement dans les troupes des idées patriotiques. Électeurs, habitués aux controverses, à la critique, ils viendront avec des idées sociales, politiques, internationales.

L'enthousiasme se produira, il y a lieu de l'espérer ; la galvanisation des cœurs sera vigoureuse sans doute, mais, s'ils ne s'élevaient pas à la hauteur nécessaire, les éléments de la force morale se trouveraient défectueux. En même temps le manque d'habitude de la discipline, une solidarité douteuse, une habileté professionnelle défaillant, il ne resterait vraiment pas grand'chose. On possédera le nombre, à la condition de réduire notablement la valeur des troupes à opposer à celles de l'adversaire.

C'est évident ; néanmoins on lisait encore cette année même dans un journal : « Les mobiles qui ont si vaillamment fait leur « devoir, qui ont si bien résisté aux soudards aguerris de Guillaume, ne nous ont-ils pas montré que pour résister à « l'ennemi, le combattre même avec avantage, nos jeunes Fran- « çais n'ont pas eu besoin et n'auront pas besoin, si l'occasion « en vient, d'avoir passé trois des plus belles années de leur vie « dans les casernes ? »

Est-ce sérieux ? Il ne le semble guère. Quand on sait ce qui se passe de l'autre côté de la frontière, quand on en perçoit les manifestations incessantes : les effectifs sans cesse plus nombreux, mieux instruits, menaçants à nos portes, se renforçant continuellement, prêts on peut dire à s'élancer sur notre pays, on se demande quelle fatalité pousse des écrivains à revendiquer une situation tout opposée pour nous.

Le danger est considérable de présenter à un adversaire complètement armé des forces improvisées n'ayant à leur actif que le courage et l'enthousiasme. Il semblerait revoir ces bandes d'infanterie d'autrefois, allant se faire immoler par les chevaliers bardés de fer.

Le duel futur des armées n'exige pas seulement le nombre égal ; il y faut encore la capacité égale dans le combat ; la discipline et la résignation dans les labeurs si durs de l'état de guerre, poussant les fatigues, comme les privations, aux plus extrêmes limites.

Si l'on pense que des troupes improvisées, volontaires ou miliciens, sans éducation militaire, résisteront à une pareille tension morale, on se trompe. Elles ne l'ont jamais fait. L'histoire rappelle qu'à toutes les époques, l'enthousiasme n'a pu compenser la capacité technique.

Autre chose est agir vigoureusement sur un champ de bataille, et soutenir, endurer la guerre. L'une est affaire d'un moment, l'autre est une longue période. La persévérance est le fait des soldats, non des milices.

La présence au drapeau forme le véritable critérium des forces disciplinées. Quand le soir il ne manque personne, c'est de la troupe. Quand la dispersion se produit, quand les hommes, sont égarés, restés en route, arrêtés dans quelques maisons, c'est de la milice.

Ceux qui parlent avec sincérité de la guerre de 1870 en conviennent. Ils rappellent tous ces faits regrettables déjà usités chez les premiers volontaires de la Révolution. Cela peut-il donner confiance ? Non assurément. Les milices de 1870 ont prouvé surabondamment qu'elles ne pouvaient lutter avec succès contre des troupes ; les milices de l'avenir seront encore dans le même cas, si le malheur nous oblige à y recourir.

Les mêmes causes amènent les mêmes résultats. Aussi de tout temps on a condamné les milices. Montecucculi disait avec beaucoup de raison : « Le but de la guerre est de combattre « l'ennemi en campagne et de gagner une bataille. Bien loin de « la gagner on ne peut pas même la hasarder prudemment avec « de nouvelles troupes qui ne sont ni disciplinées ni aguerries. » (*De la Guerre.*)

XXXVIII.

POUR COMBATTRE L'ADVERSAIRE, IL FAUT LE VALOIR.

Le peuple romain, si souvent vainqueur à ses débuts, ne manquait jamais après une campagne d'adopter certaines armes ou méthodes de ses adversaires, dont il avait éprouvé la valeur. On semble aujourd'hui chez quelques écrivains préconiser le système inverse, et demander la suppression chez nous de ce qui fait la force de nos voisins.

Le courage et le dévouement ne suppléent pas l'insuffisance de la préparation des troupes, ni le manque de capacité des cadres.

On improvise parfois des soldats, jamais des chefs de valeur. Or, où le chef manque, tout manque. L'enthousiasme des milices a bien rarement compensé l'infériorité de leur direction. Son influence était moindre au temps des armées restreintes et des procédés simples. Aussi est-il permis d'affirmer que lors de la guerre future, le succès des batailles dépendra surtout des généraux.

Le moyen de réaliser les conceptions du chef, c'est la discipline, et elle n'existe que chez les troupes formées et instruites. Le nombre n'est pas tout. Ce n'est qu'un facteur, et la valeur des hommes en constitue un autre plus important encore.

Nous savons combien ont été faibles sous ce rapport les improvisations de la guerre fatale. Cette instruction ne saurait être perdue pour nous et elle se complète, s'accroît par les efforts réitérés de nos voisins. Ils nous offrent un enseignement des plus précieux, car ils l'ont puisé chez nos maîtres à nous, et ont su l'appliquer avec une grande résolution.

Les Allemands savent que la cohue est d'autant moins bonne qu'elle se trouvera plus grande. Ils reconnaissent que leurs efforts ne pourraient parvenir à la former, à l'instruire autant qu'il est nécessaire pour l'action primordiale de guerre. Cette considération les a conduits depuis longtemps déjà à modifier leur système et à revenir à l'ancienne méthode française, l'armée de première ligne et les réserves.

En 1870, ils ont agi avec une extrême prudence, se sont mobilisés lentement et ne sont entrés en opérations qu'après l'arrivée des réservistes. Leur opinion a complètement changé à présent en raison évidemment de la quantité d'hommes fournie par le service obligatoire, et dont l'instruction reste forcément assez incomplète.

Le mode de gonflement des forces actives par la prompte arrivée des meilleures classes de réservistes, a des limites assez restreintes. De Moltke indiquait pour le pied de guerre, moitié de soldats, moitié de réservistes. Il pensait que cette proportion donnerait des troupes solides, et l'on en a eu la preuve en 1870.

Peu à peu les Allemands ont jugé la proportion trop forte pour l'avenir et ils n'ont cessé de la restreindre. Plus une unité contient de réservistes, plus sa valeur diminue; l'idéal serait de n'en point avoir au début. Ils ont successivement accru les effectifs de paix surtout sur les frontières, de manière à ne plus avoir besoin d'appeler que deux cinquièmes de réservistes, puis seulement un quart et même un cinquième.

Cette idée se perfectionnant, ils en viennent à supprimer les réservistes dans l'armée du début, l'armée de choc. L'obligation d'opérer promptement les engage à détruire toutes les causes de retard. L'attente des réservistes en est une, la nécessité de consacrer quelques jours seulement à leur assimilation en est une autre. En supprimant ces deux causes on sera prêt à agir dès le début. Les troupes seront moins nombreuses il est vrai, mais leur valeur sera bien supérieure.

Dans ce but ils ont créé naguère 173 demi-bataillons en réduisant le service effectif à deux ans pour ne pas trop accroître le budget. Ils viennent de les réunir deux à deux et de les transformer en 86 bataillons, formant de nouveaux régiments, ce qui augmente la force totale de l'armée, de la valeur de quatre corps d'armée.

Les Allemands n'en font pas mystère. Leur ministre de la guerre l'a dit sans embage au Reichstag, l'année dernière.

« C'est l'armée de campagne qu'on doit rendre plus forte et « spécialement cette partie de l'armée de campagne qui est « appelée à porter le premier coup en cas de guerre. . . . . « L'armée de campagne de première ligne, celle qui est appelée « à livrer les batailles, est et doit demeurer l'armée du pied de « paix rendue mobile. . . . .

. . . .

« Les formations de réserve et les formations nouvelles ne sont « pas des troupes d'élite; j'estime qu'il faut regarder à deux fois « avant de se risquer à les mettre en première ligne dès le début « de la guerre. . . . . Elles peuvent avoir très belle apparence, « mais elles sont au début incapables de supporter les chocs et « les fortes secousses. . . . .

. . . .

« Une troupe de nouvelle formation, dont un faible noyau « aura été constitué en paix, sera préférable à une autre impro-« visée de toutes pièces; mais elle sera cependant de qualité « inférieure et ne saurait se comparer à une troupe du pied de « paix que l'on aura mobilisée en partant d'un état de qualité « réelle. . . . . »

Le ministre allemand concluait ainsi :

« L'unique moyen d'accroître la puissance effective de l'ar-
« mée de campagne consiste à augmenter les forces consti-
« tuées sur le pied de paix ; pratiquement on ne renforce rien en
« plaçant sur un même rang les formations déjà existantes et les
« nouvelles mises sur pied au début de la guerre pour les
« envoyer côte à côte contre l'ennemi. »

La pensée est très nette. Les Allemands veulent entrer en campagne sans nul retard, avec une armée de paix bien instruite, considérable et suivie d'énormes réserves. Ils se gardent de mélanger les catégories.

Ils envisagent ainsi deux phases dans la guerre à venir. Agir sans retard avec l'armée permanente, toujours prête, et briser tout d'abord la résistance de l'ennemi. Cela fait, les réserves arriveront, étendront les opérations. On usera sans délai des troupes de première qualité, sans mélange aucun de réservistes, ensuite on emploiera la quantité.

L'idée est donc d'employer l'armée active permanente à se ruer immédiatement sur l'adversaire, afin de faire un trou et d'amener ensuite les réserves de manière à l'agrandir et à compléter l'effet du premier choc.

Le prix du temps a une haute valeur. Attaquer immédiatement avec de bonnes troupes prêtes, sans rien attendre au premier moment. Irruption soudaine et vigoureuse, tel est le plan arrêté et exposé à la tribune du Parlement. Aucun doute ne saurait exister.

C'est à cette force instruite et préparée qu'on se heurtera en cas de lutte future. Serait-ce possible avec des volontaires ou des milices? Non assurément. Dans l'état actuel du monde ce serait le suicide.

L'évidence frappe tous les yeux, même ceux des plus pacifiques. Aussi, tout en repoussant le militarisme, les prud'hommes de la fraternité des nations sont assez d'avis d'avoir une puissante armée. Ils pensent parfois à la dignité, à l'honneur du pays; ils ont la conscience de sa grandeur historique, ils savent le rôle nécessaire que son passé assigne à son avenir, et ils considèrent comme un devoir de n'y jamais renoncer.

Après ces belles paroles, cette explosion de superbes sentiments, on s'attendrait à voir soutenir, exalter l'armée qui est indispensable à cet effet. Pas du tout, les mêmes gens s'élèvent contre le militarisme! singulière inconséquence. Ils prétendent être fiers de l'armée et ils cherchent à lui enlever l'esprit militaire qui constitue sa force. Alors ils ne veulent pas d'armée et se déclarent en faveur des milices. C'est reprendre l'idée socialiste, poursuivre à la fois deux idées inconciliables.

Si l'on pense résister avec des phrases contre des nations positives, on se trompe fort. En répandant de pareilles idées on ne va pas du côté de la revanche, mais de la ruine.

Il ne faut pas se payer de mots. Qui veut la fin veut les moyens. Entretenir l'idée de relèvement complet du pays, l'espoir d'une réparation future de nos désastres par le retour de nos provinces séparées, c'est très bien, c'est parfait. En regard il convient de montrer comment on peut y parvenir, d'indiquer les sacrifices à consentir, les efforts à tenter, d'inciter à faire mieux que le voisin, afin de se trouver à hauteur dans les luttes à venir.

Deux modes sont présentés, absolument opposés, et détruisant à peu près notre système militaire actuel. L'un consiste à revenir à l'ancienne armée permanente avec des rengagements à long terme. Elle serait peut-être bonne, mais à coup sûr beaucoup trop faible, et formerait une insuffisante protection pour le pays.

Le second c'est la milice avec le nombre, les retards de mobilisation, le manque de solidité et de capacité technique. C'est le système le plus en faveur auprès de tous les décadents, pour lesquels le vote est tout, le reste rien.

Ils profitent de l'aveuglement de leurs adversaires. Ceux-ci n'ont point aperçu la répercussion de la loi électorale sur la loi militaire. On a cherché le nombre des combattants, toujours le nombre, sans se demander quelle serait la valeur de cette foule appelée au service, sans s'inquiéter de son influence sur les institutions militaires. On a donné des armes à l'armée en lui ôtant le droit de vote; on a retiré les armes à la réserve sans oser lui retirer le bulletin de vote. La puissance lui est restée en définitive, et il ne manque pas de gens pour l'exciter à en user, au vif dommage du pays.

Il en résulte une difficulté extrême d'obtenir les choses les plus utiles et depuis longtemps urgentes pour rendre l'armée plus forte : la création des quatrièmes bataillons en partie réobtenue.

Le dédoublement du 6ᵉ corps qui va s'accomplir enfin, mesure insuffisante réclamée et étudiée depuis si longtemps. La constitution des régiments de réserve préparée dès le temps de paix, dont on sent la nécessité et dont l'application semble toujours reculer. L'adoption du recrutement régional, tant de fois demandé et continuellement repoussé, etc., etc.

A toutes ces mesures et à bien d'autres ayant pour but de donner plus de cohésion, plus de puissance à l'armée, il faudrait convertir l'opinion s'y montrant parfois un peu rebelle. C'est une question de tradition, un peu irréfléchie en France, où l'atavisme gaulois a jeté des fondements tenaces.

On devrait répéter de tous côtés que la loi fondamentale du travail est aussi applicable dans les choses militaires que dans les autres ; qu'on ne sait rien en définitive sans l'avoir appris, et que la guerre ne peut bien s'effectuer sans un apprentissage très sérieux.

Il importerait surtout de se garder de préconiser les mesures désastreuses qui livreraient la France sans défense aux dispositions préparées de l'autre côté du Rhin.

Il conviendrait de s'élever notamment contre un projet naguère colporté dans les salons par quelques dames désireuses de fomenter une ligue en faveur du désarmement général. L'idée est généreuse autant qu'inopportune. Ce n'est pas en France qu'on peut la répandre. Ses initiatrices oublient le démembrement de la France et il ne s'agit pas de se livrer au sentimentalisme quand tout nous invite à faire des soldats.

La *Gazette nationale de Berlin* écrivait au mois d'août 1896, au sujet d'une guerre future :

« Si nous étions victorieux, nous prendrions sans ménagement « des mesures afin de rendre les vaincus pour longtemps inof- « fensifs. »

On a parlé aussi de la ligne du Rhône à donner comme frontière à l'Italie ; de la ligne de la Saône à attribuer à l'Allemagne. Exagération si l'on veut ; toutefois ces avis ne laissent pas de donner à réfléchir. Ils constituent une réponse formelle à ceux qui poursuivent, par le rêve des milices, l'affaiblissement de notre organisation militaire.

XXXIX.

CONCLUSION.

L'étrangeté de l'état de l'Europe est extrême. Tous les cœurs sont à la paix, tous les intérêts la réclament, l'humanité la conseille, tous les discours affirment son maintien. En même temps, les actes semblent opposés : tous les soins vont à la préparation de la guerre, objet des préoccupations générales.

Les soucis d'accroître les forces militaires dont ils disposent dominent la politique des souverains qui nous touchent à l'Est. L'Italie a élevé de quelques millions son budget ordinaire. L'Allemagne augmente sans cesse son armée active. La Belgique supprime le remplacement et ajoute 15,000 hommes au chiffre de son contingent annuel, de manière à créer une armée plus sérieuse qui, en cas de complications, jouerait un rôle important, etc.

Telle est la situation ; nous ne l'avons pas créée, nous ne pouvons empêcher qu'elle n'existe, et pour longtemps sans doute. Il faut agir non à notre volonté, mais en raison des dispositions de notre voisinage. La complication est très manifeste. Le tirage est vif entre nos sentiments et la nécessité. Membre d'un système d'États indépendants, la prudence la plus élémentaire oblige à nous maintenir à hauteur des autres, à être en mesure de repousser des attaques que nous ne cherchons pas, mais que nous ne pouvons subir.

Diminuer nos forces ne se peut ; les détruire serait un immense péril. Celui qui entrera le premier dans cette voie pacifique est sûr d'être opprimé, conquis par les voisins restés armés, et sans doute bafoués, par-dessus le marché, pour avoir eu cette folle confiance.

Quelques-uns le concèdent en spécifiant qu'ils ne poursuivent qu'un désarmement général simultané. C'est la grande théorie des ligues de paix. La disparition de la guerre supprime tous les armements. Écartons par conséquent cette objection sans y répondre. La chose peut advenir un jour; elle n'est pas venue encore et c'est du présent qu'il importe de se préoccuper. Malgré la bonne volonté générale, l'habileté des diplomates, les causes de guerre subsistent, on les sent courir sous l'épiderme des nations, comme la fièvre sous la peau. Elles peuvent éclater un jour ou l'autre.

Il faut être prêt à tenir tête à l'orage dès qu'il se produira. Il n'y a pas à sortir de là. C'est impossible, objectera-t-on? Il suffit que ce soit possible, pour déterminer notre conduite.

Si l'armée était remplacée par des milices, assurent d'autres pacifiques, cela n'empêcherait en rien, au moment du danger, la France d'être debout. Sans doute, mais dans quelles conditions? Le courage, la bonne volonté, l'héroïsme ne pourront suppléer l'organisation, l'éducation méthodique, l'habileté professionnelle, l'entraînement ininterrompu. C'est la question suprême qui obsède. On entrevoit la défaite assurée.

L'enthousiasme patriotique, l'ardeur belliqueuse, tous les facteurs moraux ne suffisent pas à assurer le succès en ce temps de mécanisme et d'usinage. Il est indispensable d'y ajouter la valeur matérielle, de les seconder par l'habileté professionnelle. Les milices en seront toujours dépourvues et leurs efforts chevaleresques se briseront facilement contre des troupes exercées.

Tel est le point dominant du débat, le principal, l'unique à considérer. Pour lutter il faut être fort. On ne le devient que par la pratique, les expéditions lointaines, s'il se peut; à défaut par une solide préparation, des exercices prolongés, un travail opiniâtre. En dehors de ces nécessités de tous les temps, il n'y a que rêves et chimères conduisant sans aucun doute à la ruine.

Ce n'est pas nouveau, il y a plus de cent ans le général de Guibert proclamait cette vérité en écrivant :

« Il ne s'agit plus comme on faisait sous Louis XIV, et comme
« on a continué de faire longtemps après lui, de lever de grandes
« augmentations à la guerre pour faire ensuite de grandes
« réformes à la paix. *Les progrès de l'art, la nécessité de l'in*
« *struction, l'importance de la discipline, obligent à faire de la*
« *paix l'école de la guerre et à entretenir les armées sur un tel*
« *pied qu'elles puissent entrer en campagne au premier signal.* »
(*Politique*, Chap. IV.)

Plus que jamais on est forcé de réunir du matériel, de confectionner des armes perfectionnées, de préparer des engins excellents, des moyens supérieurs et pour les mettre en œuvre de forger sans cesse durant la paix, des troupes excellentes habituées à leur maniement.

Les utopistes de toutes nuances mettent sans cesse en avant les intérêts commerciaux, industriels, agricoles. Ils proclament la nécessité de ne pas leur nuire par l'entretien d'une grande force militaire. Ces intérêts mêmes ont avant tout besoin de la liberté, de l'indépendance de la patrie, et celle-ci ne peut se réaliser que par l'existence d'une armée bien organisée. Il n'y a pas opposition entre ces deux nécessités, mais co-existence. Le but consiste à les accorder le mieux possible, sans sacrifier l'une à l'autre.

Les uns évoquant, à contretemps l'exemple de la Suisse, ne voudraient que des réserves en paix, l'armée n'existant qu'en guerre. C'est la réduction de la puissance militaire à son minimum, si ce n'est sa suppression totale. C'est sa destruction inévitable et prompte lorsqu'elle abordera des troupes permanentes bien instruites. L'adoption des milices, c'est la France ouverte, c'est la France perdue.

Nos voisins recherchent sans cesse la qualité unie à la quantité, afin d'atteindre le maximum de puissance. Jadis ils ont pratiqué la prudence, attendu la fin de la mobilisation pour entrer en campagne en masse, comme en 1870. Depuis leurs idées se sont modifiées; s'inspirant de la stratégie de Napoléon, ils ont reconnu que toute guerre à venir se réduirait à l'importance des premiers chocs obtenus rapidement et suivis d'une poursuite sans relâche.

Leur but est de surprendre, de manière à profiter de tous les avantages, de la préparation sur qui ne l'est pas, et, par une action sans trêve, empêcher l'ennemi de regagner l'avance perdue. Ils prétendent étourdir l'adversaire par des coups imprévus et le traquer sans relâche.

En conséquence ils veulent assaillir soudainement, avec leurs forces de paix, sans aucun retard. Ne rien attendre de la mobilisation pour le premier choc, et agir avec un nombre suffisant de troupes exercées, de façon à gagner la première partie, la partie décisive. Pour cela, ils constituent une armée de paix, rassemblée, instruite, exercée, prête à se ruer au premier signal. Toutes leurs préoccupations tendent à ce but.

En guerre le soldat français se forme vite grâce à ses aptitudes. Il faut cependant un certain délai; nos adversaires le savent bien et ils voient dans la rapidité d'action le moyen de nous enlever cet avantage.

Ne serait-ce pas folie de se borner à leur opposer des milices ? Aurait-on l'espoir insensé de les voir triompher, quand tout en démontre l'impossibilité ? Le nombre ne suffira point à la première rencontre. Il y faudra des forces de premier choix, instruites et solides, depuis longtemps prêtes à agir, car le début sera l'essentiel. Tant pis pour qui sera insuffisamment préparé. Et cela nous adviendrait si, à la place de nos belles et bonnes troupes de couverture, on installait des milices, si l'on échangeait de l'or contre du billon.

Ceux qui vantent et réclament les milices ne se souviennent donc plus ? Faut-il leur rappeler les torts de ces hommes qui empêchèrent de préparer la défense du pays ? Pris au dépourvu en 1870, surpris, envahis, il nous en a coûté cher. On nous conseille de reprendre ce système de dupes, de nous livrer encore une fois désarmés. Pareille conduite serait insensée.

On allègue la diminution des dépenses ; on annonce la réduction, même la suppression du séjour au régiment. On promet de ne rien affaiblir dans la force du pays. On assure que les troupes devenues plus jeunes reproduiront l'ancienne valeur d'autrefois. On leurre l'opinion par des côtés qui lui sont sensibles. On la flatte en parlant de revanche, tout en ôtant les moyens de l'obtenir par la transformation de l'armée en milice.

L'esprit public glisse facilement sur cette pente, sans s'en apercevoir. S'il était éclairé, et c'est le but de cette étude, il ne manquerait pas de protester, de réagir. On lui masque la décadence en faisant miroiter à ses regards, l'immense quantité des combattants, des armes, du matériel. Les chiffres ont leur magie ; ils éblouissent.

On se garde de montrer l'envers de la médaille. L'accroissement-quantité parle à l'imagination ; l'accroissement-qualité est difficilement perceptible quand les transitions sont lentes. C'est ce qu'on prétend obtenir. L'armée se transformera peu à peu, diminuera de valeur, disparaîtra, et la milice lui succédera sans la remplacer, cela va de soi.

Une certaine insouciance, puis le manque de connaissance de la question, prédisposent les esprits à accepter l'évolution présentée. Elles les trouvent même assez sympathiques à cette conception. Les progrès dans le relèvement, une alliance considérable, de notables intérêts engagés partout, portent à réputer la guerre impossible désormais. On se demande pourquoi entretenir un état militaire si considérable, si coûteux, s'il ne doit plus y avoir de guerre.

Cette littérature appréciée, n'est pas seulement le sommeil, c'est la mort pour notre pays, et il faut la combattre avec la dernière vigueur, partout et toujours.

Quand une masse solide, fort exercée, réside sur notre frontière, nous menaçant sans cesse d'une nouvelle invasion, il serait ridicule de penser l'arrêter par le patriotisme, l'enthousiasme de légions improvisées, par une milice sans qualités militaires.

Il importe au contraire de maintenir, de fortifier notre puissance militaire en rejetant toutes ces propositions utopiques colportées au nom de la fraternité des peuples. Le sentimentalisme fait absolument défaut entre les nations. Les voix humanitaires clament et ne sont pas écoutées. Les peuples se préoccupent seulement de leurs intérêts et notre plus strict devoir est de sauvegarder les nôtres.

Notre bonne armée solide, instruite, disciplinée et se perfectionnant sans cesse, sera longtemps encore la meilleure protection de toutes les libertés à l'intérieur, comme elle est la plus sûre, si ce n'est l'unique garantie de l'indépendance de notre pays. Il importe de faire comprendre sans cesse sa nécessité, de ne point se lasser de la démontrer à ceux qu'entraînent de déplorables chimères.

Les économies tant prônées seraient de bien peu de valeur si l'indépendance nationale était atteinte. Elle se trouve liée à l'existence de l'armée, et toute tentative pour l'amoindrir ou la supprimer serait un crime envers le pays.

Ne tombons pas dans le piège, repoussons les conseils perfides. Souvenons-nous du passé et que l'expérience nous profite. Troupes improvisées, troupes impuissantes. La France est assez riche pour entretenir une bonne armée. Des économies n'amélioreraient guère sa fortune, et la conduiraient à sa perte. Le choix n'est pas douteux, et, si le pays veut continuer d'exister prospère, il faut absolument écarter le danger des milices.

TABLE DES MATIÈRES